公能

GONGNENG

班东江 总编

课程与课堂

卢 琪 主编

CURRICULUM AND SUBJECT

天津社会科学院出版社

图书在版编目（CIP）数据

课程与课堂 / 卢琪主编 . -- 天津 : 天津社会科学院出版社 , 2021.5
（“公能”课程丛书 / 班东江主编）
ISBN 978-7-5563-0732-6

Ⅰ . ①课… Ⅱ . ①卢… Ⅲ . ①基础教育—课程建设—研究—南开区 Ⅳ . ① G632.3

中国版本图书馆 CIP 数据核字 (2021) 第 105023 号

课程与课堂
KECHENG YU XUEKE

出版发行：天津社会科学院出版社
地　　址：天津市南开区迎水道 7 号
邮　　编：300191
电话 / 传真：（022）23360165（总编室）
（022）23075303（发行科）
网　　址：www.tass-tj.org.cn
印　　刷：英格拉姆印刷(固安)有限公司

开　　本：787 × 1092 毫米　1/16
印　　张：21.75
字　　数：390 千字
版　　次：2021 年 5 月第 1 版　2021 年 5 月第 1 次印刷
定　　价：68.00 元

谈谈在新时代课堂教学重建中价值取向的变化（兼为序）

我从教36年了，经历了20世纪80年代素质教育的推进、本世纪初叶分学段推进的中小学课程改革实验，以及党的十八大之后全面启动的以普通高中考试招生制度改革为撬动点的教育综合改革。作为这一段教育发展历史的见证者与亲历者，我尤为深刻地感受到我国基础教育的跨越式、迭代式发展。

中国教育的奇迹已经发生，而创造中国奇迹的核心密码是什么？中小学教研制度，是中国教育特色，也是创造中国基础教育奇迹的核心密码。我们沿着这个思路进一步追索——中小学教研部门长期致力于做什么呢？一言以蔽之，教研员作为教学改革的引领者，落实国家教育改革的政策要求，致力于促进基于课堂教学改进的教师专业发展。我们经常说，教研的主阵地在课堂。课堂观察、诊断、优化，以及教师教学行为的改进，是教研部门着力进行探索的领域。天津市南开区教师发展中心，以教研为主体，实现与科研、培训、信息化等多向度工作的整合，基于区域公能课程建设，立足课堂教学的质量提升，积极探索并构建体现新时代特征的新课堂。这本《课程与课堂》正是他们深化区域课程改革的重要学术成果，在重构与新时代新课程相适应的新课堂上取得了长足进步。

一、问题聚焦

我国基础教育有一个顽疾，被概括为“高负低效”，即学生负担重而教学效益低。这与应试教育的价值导向有关系。推进素质教育自然需要减轻学生过重的课业负担，向课堂45分钟要效率。课堂是教学的主阵地，是师生双边活动的主要场所。现实课堂教学的主要弊端体现在：重视知识轻视能力，学生发展高分低能；课堂教学主要采用灌输式，学生学习具有被动性，缺乏兴趣和主动性；课堂教学效率不高，课上不足课下补；搞题海战术，进行过度训练，等等。2001年启动的新课程改革实验，意在以丰富多样、具有学习选择性的课程建构来带动教学改革，提高教学效率。至今这个问题也没有得到根本解决，课堂教学改革的诉求和呼声依然时常出现在学术讨论中。

二、语境转化

教育现代化发展已经进入新时代，教育生态与之前大不相同。灌输型的教学少了，学生学习的主动性得到了增强，高强度和大密度训练的现象得到一定程度的改变。随着课程改革的深化与新思想新理念的传播并融入学科教学，教师的教学方式也在发生重要改变。正在推进的高中考试招生制度改革增加了选考，相应需要学校落实“选课走班”，这便为学生自主学习和自主发展开辟出一条课程学习通道。因需学习、因材施教、以学定教，这些教育原则的应用取得了一定效果。

推进普通高中考试招生制度改革实验、全面应用新课标教材、义务教育统编三科教材的使用、高中学校招生制度改革的实施、全领域各层面的深层次、系统化、制度性改革，这一系列的重要教育改革政策落地，正如“春风吹皱了一池春水”，引发了教育生态环境的重大改变。传统意义的课堂，从教室的布局、教师的教学占位与态度、教学方式、学习方式、教学模式等产生连锁性适应性变革。这种变革主要体现在，由“小课堂”已经转向构建“大课堂”。小课堂局限在教室的学习空间,限定在教材内容,受限于学科知识与教学重点的讲授;而大课堂更加强调学科的整合性和综合性学习、跨学科的学习、项目式学习、探究性和研究性学习。基于特定生活情境的,由任务驱动和问题解决导向的学习,客观需要课内外结合,并且把一节一节课连贯起来,统合服务于学生学习并形成学习成果。自然,这种课堂与社会之间的屏障被打破,社会、家庭与学校都指向一个教育目的,促进学生自主发展。2014年版、2017年版、2017年版2020年修订,三版的课程标准均强调要坚持五育并举,落实立德树人的根本任务,发挥课程育人的主渠道作用。为此,新课程方案确立了国家课程各学科核心素养,把学科专业化学习与“为国育才、为党育人”的目标统一起来,将这两者进行深度融合。这就意味着,推进课程建设与教学改革要积极探索构建落实学科核心素养的教学,所谓新课堂建构的基本导向如此。

三、课堂重建

我过去做学生,课堂面貌是一个模样;等自己做了老师,那时的课堂已经发生了一些改变。而今历史翻开新的篇章,我们所期待的未来课堂是什么样子呢?

事实上,我们各自心里都有自己的理想课堂图景。我以为大家共同关注和研究的大致包括三种课堂形式。一种是教师自己构建的,可操控的课堂,这叫作个性化教学。学校在整体推进教育改革之中,关于学校发展与作为发展基础的课堂也有一些勾画、描述、设计,这一般是所谓规范性教学。专家学者作为课程教学改革的引领者,他们期待的课堂教学具有理想化色彩,我们可以叫作理想化教学,特别强调之于现实教学的问题解决与不断优化。南开区推进课堂教学改革,最终荟萃的这本著作,其实是把三种课堂融合起来了。这里可以看到教研人员与专家学者之于新课堂建构的阐述与设计,也可以看到一些学校的管理者在优化课堂教学中所构建起来的教学模式,更多展示的是优秀教师教学实践的重要成果，他们不断总结和培育教学经验，改进学科教学，提高课堂教学质量，从而构建具有个性化和可控性的课堂教学范式。这些模式都有一定的借鉴和推广意义。

三种课堂模式最终要走向融合，我们应该可以达成一些共识。一是我们已经引导教师逐步建立稳定、有效、可控的课程教学模式。这个模式未必是最理想化的教学方案，与专家学者的想法还有距离，然而这是教师最可行的教学模式，具有高度适应性。或许没有最好的课堂教学，最具有适应性的教学往往就是最优化的教学。二是教师一旦建立教学模式，便具有稳定性，不容易改变，甚至是墨守成规，这与教育的快速发展形势构成矛盾。为此需要专家学者以及各层级的教育管理者关注、融入、参与、干预教师的实践探索，提供先进的教育思想、理论与方案等。教学要逐步规范化，要不断优化，而持续改革是我们需要坚持的教科研大方向。三是课堂重建还应该有一个参与者，那就是学生。学生是课堂建构的重要对象，即我们需要构建起来充分激发学生主动学习、深入探究、自主发展的课堂教学模式。这是新课堂普遍具有的教学特点。四是课堂教学的价值导向在发生重要改变。这个价值导向的发展脉络可以概括为“效率—效益—品质”。知识性教学看重的是教什么，即教学内容，所凸显的就是知识，以知识为中心。以此构建起来的教学观即追求课堂教学的效率。说到本质上，这是一种工业化思想在教育中的应用。知识的理解、应用是可以测量的，即可测量一节课的知识落实效果。而效益观，则看重知识转化，即强调知识运用的能力，以及教育对于一个人态度与价值观形成的深刻影响。按照三维目标的设定，过程与方法、情感态度与价值观等是难于测量的，不是能够“一课一落实”、做到“堂堂清”的。南开区在构建与新时代新课程相适应的新课堂的时候，提出了“品质课堂”的概念，以为在课堂教学中一个人的品质发展尤其要得到重视，主要体现在四个方面：有价值、有味道、有生成、有生命。这个课堂认知观念，把客观性的、教师主导的、时空概念的课堂，与学生主动发展、社会价值需求，以及学科教学的规律运用等融合起来。这个课堂显然更具有人文性，强调学生与教师的对话与生命影响。

南开区进行课堂重建，其背景是新课程新教学的改革，其原动力是构建基于课程标准的教学。这是改革的基本定位，因此我们看到的这本著作，研究人员、管理者、教师，他们普遍增强了课程意识，坚持课程育人，这就让这里所呈现出来多样性、个性化的课堂教学模式，都有一个共同的底色，那就是时代性。课堂教学改革的时代属性与历史轨迹是非常清晰的。

我们要强调的是，每一次教育的重大革新与思想更迭，都是基于传统教育文化的扬弃，即不是全盘否定。在课堂教学价值导向上，我们说“效益”与“品质”追求很重要，不是说不要“效率”了，知识教学和学科专业化不重要了。新课程改革推出“微课”“小课”“大课”，以及各种类型的课堂。教师要上好课，这个基本要求没有改变。教师要注重优化教学，体现教学有效性，做到每一节课、每一分钟都要落实，从而提高教学效率；要建立课程育人观念，即在课程实施中落实立德树人根本任务；还要建立正确的学生观，让学生参与到课堂文化重建，在学校小课堂、生活大课堂的环境融入中发展综合素质。

赵福楼

（作者系天津市教育科学研究院课程教学研究中心主任）

2020年2月

绪　论　聚焦品质课堂的建设与实施　/001

课程是架构起学生、教师、课堂三者之间的立交桥，是提升教育教学质量的有效途径，是落实立德树人根本任务的有效途径。天津市南开区以“公能”课程思想为引领，以学科为主线的学生素养培育贯彻落实于课堂，切实发挥课堂教学育人功能，不断推进课程改革。

学科核心素养培育视域下的课堂重构　/ 003
全景式综合实践活动大课堂的区域实施　/ 007
聚焦校本课程　提升课堂品质　/ 015
在探索区域课程群新样态中提高课堂效能　/ 023
精雕课堂教学　打造品质课堂　/ 028

第一章　成功开端——让课堂更引人入胜　/037

导入环节是课堂教学的重要组成部分，被看成是激发学生学习兴趣的关键步骤，甚至是决定一节课成败的重要因素之一。精彩的导入能抓住学生的心理、激发学生的求知欲望和学习兴趣，使其达到“课未始，兴已浓”的状态，这是教师教授新课的关键。成功的导入环节应做到先声夺人、激趣课堂。

信息技术课堂中的游戏情境导入法　/ 039
“两步走”玩转信息技术课堂导入　/ 043
英语课堂“动起来”　/ 047
用“人民币”导入地理课　/ 051
因材施教　激活潜能　/ 055
自主课堂的多策略导入　/ 059
树深时见鹿　文盛处寓理　/ 063
以“吵架”导入的历史课堂教学　/ 068
历史课堂中的情境教学导入　/ 073
先声夺人　激趣课堂　/ 078

第二章　多元互动——让课堂更活跃　/083

课堂教学是实现教学活动的主阵地。教师作为新课程标准下课堂教学的组织者和参与者，更应该转变观念，以学生的发展为本，把学生作为学习的主人，大胆放手，为学生提供更多的参与机会，积极实现师生互动、生生互动，构建高效课堂。

核心素养背景下交互式课堂教学　/ 085
涵养美感　和谐身心　/ 089
自主探究与网络技术结合教学　/ 093
新冠肺炎疫情背景下直播课中师生互动的有效方式　/ 097
巧起标题，让语文课堂更活跃　/ 101
针对学生差异的“多元互动”语文课堂模式　/ 106
自评与互评，让学生在交流中共同成长　/ 110
初中英语听说课中指向思维品质的问题链设计　/ 114
互动有“度”　/ 118
巧用课堂问题设置　促进教学目标达成　/ 123
立足核心要素　着眼整体设计　/ 127
在课堂互动中倾听学生的差异　/ 132
巧用课堂提问构建高效的小学数学课堂　/ 138
有效提问是课堂教学的生命力　/ 142
教会徒弟“吃饱”师傅　/ 150
道德与法治课的品质课堂建设　/ 154

第三章　兴趣探究——让课堂更多彩　/157

新课程标准倡导探究性学习，课堂教学强调引导学生主动参与、亲身实践、独立思考、合作探究。带着兴趣进行探究，以改变学生的学习方式为着眼点，帮助学生主动探究知识，提高解决实际问题的能力，有利于提升学生的核心素养，促进其全面发展。

运用项目式教学方法　丰富化学水资源课程　/ 159

创设生活问题情境　培育化学学科素养　/ 164
以兴趣为径　探究生命教育的教学策略　/ 168
情境教学助力学生兴趣探究　/ 172
巧用思维导图　提升读写素养　/ 176
授之以鱼，不如授之以渔　/ 181
提高学生主动参与度　师生共建课堂更精彩　/ 185
让每一株幼苗都能在兴趣的浇灌下生根发芽　/ 189
边说边演——教室里的小剧场　/ 193
运用情境教学　构建心育活力课堂　/ 199
巧借思维导图　助力英语教学　/ 204
幽默艺术　寓教于乐　/ 208
音乐课堂中的教与学　/ 212
集中识字和随文识字的教学策略　/ 216
用熟悉事物的陌生点激发学生的学习兴趣　/ 221

第四章　精引资源——让课堂更延展　/225

在教学过程中，教师不仅要紧扣教材文本，更要捕捉生活素材，巧用多方资源，积极开发并合理利用校内外各种课程资源，组织多样、生动的教学活动，促进学生在教师指导下主动、富有个性地学习。

教师在史料教学中存在的问题与对策　/ 227
以信息化教学方式提升语文教学效率　/ 231
多元化教学资源在历史课堂中的妙用　/ 235
STEAM 思想让课堂延伸　/ 239
初中数学作业的别样风景　/ 242
案例教学在“旅游资源的类型”中的应用　/ 247
研学课程资源的开发　/ 251
从课堂微课中窥见世界　/ 255
借助英语微课资源　培养学生文化意识　/ 260

整合课程资源　拓展课堂内涵　/ 265
多角度思考　引导学生理解数学　/ 270
走进经典　滋润心灵　/ 275
整合绘本资源　让数学课堂生动有趣　/ 279

第五章　策略评价——让课堂更有效　/283

在教学过程中使用形成性评价，是为保证教学目标得以实现、教学内容得以完善、教学方式得以调节而进行的确定学生学习成果的一种方式，是对教学工作质量所做的测量、分析和评定。

项目写作教学的探索　/ 285
信息化学习评价在高中英语写作中的应用　/ 291
心理绘画在生涯规划课堂教学中的应用　/ 296
自主学习课堂的总结环节　/ 300
以复利思维助推化学智慧课堂的构建　/ 305
小学生课堂自主学习能力的培养　/ 310
作业激励性评价——学生成长的助推器　/ 315
基于戏剧化教学的小学英语课堂教学　/ 319
基于学生需求的语文课堂中的有效倾听与反馈　/ 324
《草船借箭》教学目标的设计与达成　/ 328
做点亮学生心灵的明灯　/ 333

绪论

聚焦品质课堂的建设与实施

课程是架构起学生、教师、课堂三者之间的立交桥，是提升教育教学质量的有效途径，是落实立德树人根本任务的有效途径。天津市南开区以“公能”课程思想为引领，以学科为主线的学生素养培育贯彻落实于课堂，切实发挥课堂教学育人功能，不断推进课程改革。

学科核心素养培育视域下的课堂重构
全景式综合实践活动大课堂的区域实施
聚焦校本课程　提升课堂品质
在探索区域课程群新样态中提高课堂效能
精雕课堂教学　打造品质课堂

学科核心素养培育视域下的课堂重构

文/卢 琪

随着课程改革的不断深入，"课程"这个词已耳熟能详。而"课堂"就更不用说，自我们走向教师岗位，就植根于课堂、成长于课堂。对于这两个为人熟知的专用名词，我们却并没有对它们之间的关系进行论证，而其却恰恰成为当今课堂教学未能真正意义上走向以课程统整为旨向的课堂重构的关键问题。

综合相关课程论书籍，笔者深入对"课程"与"课堂"进行了语义解读：课程的原意为跑道，即学习过程，它是学校一切教育教学活动的总和，是学校教育目标与教育价值得以实现的载体。可以说，学校有什么样的课程就有什么样的学生，它决定了一所学校的学生可以学到什么，进而成为什么样的人。因而，课程也叫"路程"或者"学程"。课堂是什么？一般来说，课堂是指学校规定的一定学时的教学课堂（包括生活大课堂）。师生在校一天几乎80%以上的时间是在课堂上度过的，"课堂"是学校育人的主渠道，进而成为教学的代名词。

从课程为跑道的原始界定去阐述"课程—学科—课堂"三者之间的关系，笔者认为课程即跑道；学科即跑道上由一条又一条清晰可见的白线条所圈定的区域，它规定了参赛者所代表的不同队伍和路线要求（每门学科都有自己不同于其他学科的课程标准）；而课堂即是每一名参赛者跑步的过程，它呈现了在规定路线上，不同人的不同具体行为，因此课堂往往具有一定的个性化与动态生成，它是课程目标、课程设计、课程内容、课程评价等得以实现的主阵地，是教师与学生、教与学发生关系，获得学习体验，形成学习成果的关键场所。

天津市南开区以“公能”课程思想为引领，在学校课程规划顶层设计、学科课程建设科学推进的区域课程改革进程中，聚焦课程改革的核心渠道——课堂，行之有效地将立德树人的根本任务，尤其是以学科为主线的学生素养培育贯彻落实于课堂，切实发挥课堂的教学育人功能，不断推进课程改革。

学科是课程建设的重要载体，课堂则是主阵地，更是落实国家课程标准的主渠道。那么，什么样的课堂才是有品质的课堂，才是学科核心素养培育视域下的课堂呢？笔者以为应关注以下几点：

一、有价值——基于发展，文道合一的课堂

英国哲学家培根在《随笔集》中说：“知识能塑造人的性格。”有品质的课堂的真正价值在于通过教与学的具体活动，文道合一，以传道、授业、解惑促进学生的发展，使其一生受益。

“文”即指知识，每个学科都有其不同于其他学科的知识本体，这可谓学科领域中的“文”。自古至今，授业解惑更多关注的是知识领域，把前人创造的知识传递给学生是教师的责任，但并不是教育的全部。

“道”即蕴含在学科知识中的哲理思想或精神内涵。当我们静下心来，认真研讨学科中看似枯燥乏味的学科相关知识时，我们定会发现在其背后隐含着的前人探索钻研的足迹，这些足迹或隐含着深邃的哲理，或充满着人性真善美的温度，这些正是课堂教学中需要深入挖掘的核心价值所在。

小学六年级语文拓展课程“小学生快乐学汉字”课堂教学中，教师在学生已有生活经验积累与基本具备的探究能力基础上，以汉字为媒介搭建起通向中华民族优秀传统文化的桥梁，学生通过挖掘汉字形象，以字为源，感悟古文、古诗、先贤的事迹、古代圣人总结的哲理，从而加强对民族文化的认同以及其人格品质的塑造。

由此，我们不难看出将知识转化为精神的力量，促进学生的全面发展是当下课堂教学改革的旨向。

二、有味道——基于学科，形神兼备的课堂

有味道，什么味道？学科特有的味道。

形即知识结构化，神即学科本质。以学习为本的课堂应是形神兼备的，其既要关注学科知识的结构化建构，又要赋予学生具有学科本质的特有思想。学习最终的差异往往就在于头脑中知识是否能建模，即是否能结构化，这是我们当前需要给予学生的。

高三年级历史学科拓展课堂上，师生围绕“中国科技一路走来”这一主题展开学习。拉开学习序幕的是一张关于中国科技发展的知识导图。教师以中国科技事业发展为主线，以时间进程为横坐标，以从古代四大发明到嫦娥五号成功采集月球样本的具体事件为纵坐标，以史料实证分析为具体学习方式，在学生头脑中勾画出中国科技事业发展的伟大蓝图。这些具体数据与典型事例不仅能够培育学生历史学科素养，更能激发学生的民族自豪感与自信心，让国家精神与民族力量植根学生心灵深处。

三、有生成——基于问题，思维碰撞的课堂

有生成，什么生成？知识技能的习得、学科思维的生成。

课堂教学离不开学科活动。学科活动是师生学习的共同体，是师生、生生与文本知识间对话的动态生成过程；是通过师生活动将知识进行有效转化的过程。顾明远先生极力推崇“学生成长在活动中”，其认为学生是在实践活动中获取知识、体悟人生、养成良好品德的。

以“探究生活用品对水蚤心率的影响”为主题的八年级生物课堂中，教师引领学生利用咖啡与洗洁精做实验，通过生物实验自主探究其对水蚤心率的影响。这不仅提高了学生的探究能力、动手能力，而且也可以使学生感悟到选择健康生活方式的重要性，树立起保护环境的意识。课堂基于问题开展活动，以STEAM学习理念为指导，教师积极创造活动条件，让学生主动参与学科教学活动，把学科活动作为学科核心素养培育的重要途径，侧重于学科主题活动、学科项目学习活动、学科综合实践活动等，即突出实践性、探究性、创新性和综合性的学科活动，真正推动了课

堂教学转型与学生学习方式变革，使课堂成为“在情境中学习，学习在情境中”的动态生成的课堂。

四、有生命——基于学生，学科生活化的课堂

有生命，什么样的生命？有灵性、有温度的生命，将学生培育成为能够适应社会生活的活生生的人。

生活既是学科教学的出发点，又是学科教学的落脚点。学科教学实际上就是教师让学科知识生活化的过程，就是把学科知识、技能、思想等转化为学生生活经验的过程。教师在课堂教学中要努力关注学科生活化，将课堂与生活相关联，用知识解决生活中的问题，同时通过课堂教学培育适应社会生活的人。

有品质的课堂是以生活为基点，以学生为主体，以学习为中心，以养成为旨向的课堂。为发展学生的学科核心素养，课堂教学需要克服表面学习知识本位化的问题，关注学生的需求，以学生的身心发展特点、已有学习生活经验、认知规律为基础，在学科教学的同时关注学生的发展指导，真正提供适合学生的教育，满足学生的需求，还学生学习的选择权力，并教会他们如何去选择，使培养学生核心素养真正从理念走向行动。

天津市南开区教师发展中心

全景式综合实践活动大课堂的区域实施

文/邬学青 卢 琪 郑 洁

2017年9月，教育部印发的《中小学综合实践活动课程指导纲要》阐明综合实践活动课程不是教学层面或某一学科的一种教学活动，而是与学科课程处于同一层面且具有独立形态的课程。综合实践活动课程是超越学科界限，强调基于学生已有学科、生活经验，以问题解决为核心，通过项目式、主题式活动对各种课程资源进行整合的课程。

依据《中小学综合实践活动课程指导纲要》《天津市中小学综合实践活动课程教学指导意见》等相关文件要求，在基层学校开展综合实践活动课程现状的基础上，结合近二十年的研究积淀，天津市南开区立足课程建构，聚焦常态化课堂实施，致力于构建全景式综合实践活动课堂。

一、提出问题，确定项目研究方向思路

作为区域教研，我们只有聚焦教师教学行为中的真问题与真需求，才能更好地做好教研服务与指导。为此，2018年初，通过问卷与访谈，南开区对中小学150余名综合实践活动课程教师进行专项调研，涉及基本信息、课程理解、教学评需求、发展期望四个维度，共20小题。调研中，我们发现教师目前开展综合实践活动的主要问题大体集中在课程资源上，如没有与之配套、可供参考借鉴的活动设计，没有基于综合实践活动课程的大课堂活动范式，没有相关评价等，教师不知怎样才能更有效

地将综合实践活动课程的相关要求与理念落实到常态化的课堂实践中。基于此，南开区从课程的视角，立足大课堂观，确立了“全景式综合实践活动课堂区域实施”专项研究。

本研究以“全人教育”理论为引领，在合理整合利用各种教育资源的同时，把影响中小学生成长的各方面因素看作一个相互联系的有机整体，将立德树人融入教育各环节，充分发掘人的潜能，共同促进每一个学生的全面发展。

图1 全景式综合实践活动课堂示意图

区域全景式综合实践活动课堂重新定义并诠释了“课程”与“课堂”。我们认为课程是对价值理念、育人目标、学习方式、资料链接、评价标准的规划和设计，是以上诸多方面实施过程的总和。对于课堂的理解已经不局限于学生学习的场所——教室，而是建立在大课堂观下，学生生动活泼学习的乐园、生命成长的原野。“全景”意指全部景象，全景式综合实践活动课堂的“景”绝不是无边无际、包罗万象的，而是与课堂教学密切相关的“景”。其核心内涵包括以下五个方面：

全面育人——课程功能：凸显课程育人功能，提升学生核心素养，五育并举，构建德智体美劳全面培养的综合实践活动课堂。

全员参与——教师角色：定位区中小学全体教师在综合实践活动课程实施中的新角色，教师发挥各自学科优长，加强集体备课，协同教学，全员参与。

全科教育——学科融合：优化整合，打通学科间通衢，凸显课程内容的综合性。

全程贯穿——整体构建：依据学生不同学习水平，以全人教育主线一以贯之，整体构建小学一年级至高中三年级综合实践活动课堂，注重学段目标的衔接性、具体性与可操作性。

全域整合——资源共享：盘活校内校外、课内课外、线上线下各类资源，构建学校、家庭、社会“三位一体”的立体化育人格局。

盘活本土优质综合实践课程资源，打造学生实践大课堂。以区域综合实践活动课程基地校为龙头，以校外基地为纽带，整合校内外课程基地，无缝对接线上、线下课程资源，统筹安排专业教师、外聘专家，健全教育资源有效开发配置的课程体系，因地制宜打造中小学生实践大课堂，有效解决教学资源、课时、教师、器材、场地等现实困难的问题。

构建科学的课程体系和评价标准，探索特色化实施路径。打破教室壁垒和时空界限，将一切可学之处皆视为课堂。南开区在大课堂观指导下，面向学生的整个生活世界，构建科学的课程体系和评价标准，探索“七全”特色化教学模式，为教师提供多样化的学习内容和多元化的学习方式，形成具有区域特色的实施路径。

二、解决问题，搭建教师课程实施支架

围绕综合实践活动课程实施中“教、学、评”等环节，项目研究重在为教师实施综合实践活动课堂提供可供参考与选择的多元课程资源。

（一）标准定向——区域引领，研发相关标准，为教师指明课程实施方向

区教育行政管理部门与教研部门高度重视课程的实施与顶层设计，颁布《南开区中小学综合实践活动课程实施指导意见》，从课程规划与开发、课程实施与管理、课程组织与保障、课程评价与考核四个方面要求学校统筹安排，并相继出台了《综合实践活动课程教师评价标准》《中小学综合实践活动课堂教学评价》《中小学生综合实践活动课程学习水平评价标准》等相关文件。

（二）研学平台——搭建平台，研发教师教育课程，提升课程专业能力

南开区重视综合实践活动教师队伍建设，根据区域综合实践活动教师专业发展需求，满足教师研学需要，努力开展线上线下混合式研修活动并搭建多样化的交流平台，推动教师的持续发展，提高课程执行能力。线下以主题式、项目式教研

活动为主，线上则依托区云动课程资源平台推出“中学综合实践活动课程实施指导”“综合实践活动主题案例设计”“小学四年级综合实践活动课程”三门教师教育课程供教师选择性学习。

（三）范式样例——聚焦课堂，让教师有章可循，提高课程执行能力

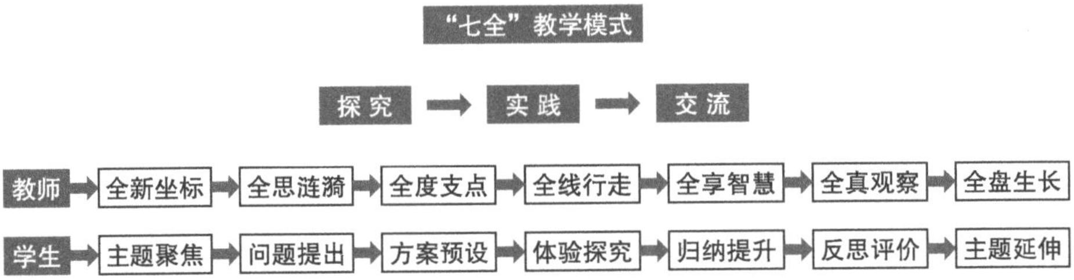

图2 “七全”教学模式

1.“七全”教学模式。为落实立德树人根本任务，在全人教育理念引领下，为创新综合实践活动课堂实施方式，我们提出全景式综合实践活动课堂“七全”教学模式。该模式将教学过程分为“探究、实践、交流”三个阶段，“全新坐标（主题聚焦）、全思涟漪（问题提出）、全度支点（方案预设）、全线行走（体验探究）、全享智慧（归纳提升）、全真观察（反思评价）与全盘生长（主题延伸）”七个环节。每一个教学阶段，教师和学生都有相应的任务，担任不同的角色。同时，根据不同教学阶段的特点，在学习方式和资源链接方面均给予相应的支持。它不仅可以运用到一节课中，也可以运用到一个主题活动的设计与实施中。当然“有模”并不“定模，我们更倡导教师在具体的实践活动中创造。

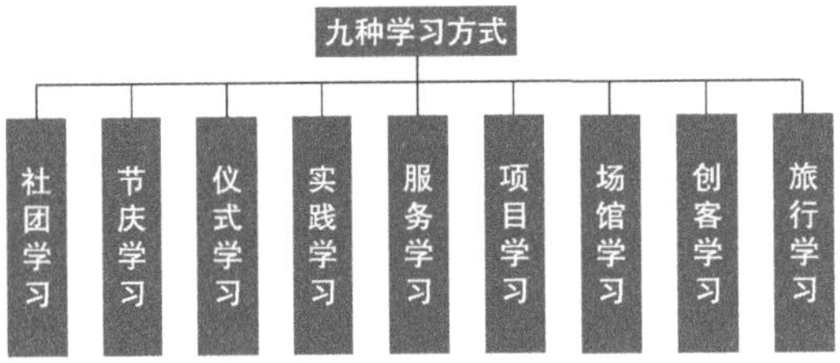

图3 九种学习方式的目标分解图（一）

目标方式＼学段年级		1-3年级	4-6年级	7-9年级	10-12年级
社团学习 Association 集体意识 组织观念	中小学社团指少先队组织、共青团组织、班级组织以及学校内各类团体。社团学习其目的是锻炼学生集体意识观念，提升能力，在学习中学会合作，展示自我，找到自我价值，发挥自我特长，形成自我意识观念，学会在合作中成长。社团建设要根据学生的兴趣爱好与个人特长，尽可能满足学生发展需求，自愿报名。社团要充分利用某所学校的专业教师及功能教室等资源，形成区域内的社团学习共同体。				
	价值体认	体验集体活动乐趣	初步形成集体意识，增强集体荣誉感。	处理好个人与集体的关系，能够发挥大局意识，个人服从集体，提升组织观念，形成集体认同。	深化社团规则体验，个人融入集体，达到个人与集体目标的统一。
	责任担当	能完成集体交给的任务	根据自己的优长主动承担集体任务	能进行合理分工，有效合作。	能持续地关注社团，形成服务社团的情怀。
	问题解决	在社团学习中能发现自己的兴趣与优长	利用自己的兴趣协助组内合作，解决问题	为共同实现社团学习目标组织开展相关活动，目标清晰，策略有效，共同解决问题。	为实现有特色的社团学习目标献计献策，个人与集体和谐共生。
	创意物化	利用社团学习结果组织个性化家庭活动	组织校内社团活动，进行社团成果宣传，设计社团的创意海报，组织跳蚤市场。	将社团计划体现为集体成果，开展社团招聘等活动。	通过各种平台广泛宣传社团活动及社团组织，有创意地推介社团。
节庆学习 Festivals 主题节日 点亮生活	节庆学习是利用节日活动鲜明的地方特色，背后蕴含的丰富历史、传统文化、民风民俗，开展的主题学习活动。学生可以围绕感恩、环保、爱国等主题，进行节日策划、节日营销、节日组织、节日管理、节日评价、节日反馈等，设计具有时尚元素的节日活动，举行丰富多彩的节庆活动。				
	价值体认	体验不同的节日	理解节日的由来及节日的风俗习惯	在筹备节日体验生活过程中，形成积极地劳动观念。	感受不同风格的节日，增强民族自豪感。
	责任担当	在家庭和班级节庆活动中，承担力所能及的任务，如绘制节日板报等。	在学校的节庆活动中进行服务，培养热爱生活的态度。	为社区节庆活动中，愿意承担任务，增强服务能力。	持续地参与社会的节庆活动，提高社会服务能力。
	问题解决	归纳节日特点，讲述自己的节日感受。	利用身边材料做节庆准备，运用一定的方法解决节日策划中的问题。	与地理、历史相关知识融合，自主策划节日，形成学习成果。	增强国际视野，了解不同国家对同一节庆活动的认识，探索节日营销问题。
	创意物化	布置班级节庆场景，制作节庆海报。	在校内布置节日场景，根据实际需要装配节庆用品。	联合校内外资源创设节日场景，利用信息技术制作节庆作品。	综合运用技能设计节庆活动，改造节庆用品。

图4　九种学习方式的目标分解图（二）

2. 九种学习方式。综合实践活动课程面向学生的整个生活世界，活动内容具有开放性、综合性与实践性等特点。拓展活动时空和活动内容，把学生成长的环境作为学习场所，与家庭、学校、社区持续互动成为必然。因此，我们提出打破教室壁垒和时空界限，一切可学之处皆为课堂的“无边界大课堂”的观念。教师要基于学生已有经验和兴趣专长，打破学科界限，选择综合性活动内容，鼓励学生跨领域、跨学科学习，为学生自主活动留出余地。这是将国家对综合实践活动课程的要求，也是将综合实践活动真正落实到每一节常态化课堂教学中的有效途径。南开区提炼了全景式综合实践活动课堂“社团学习、节庆学习、仪式学习、实践学习、服务学习、项目学习、场馆学习、创客学习、旅行学习”九种学习方式，并从价值体认、责任担当、问题解决、创意物化四个目标分解阶段学习目标。

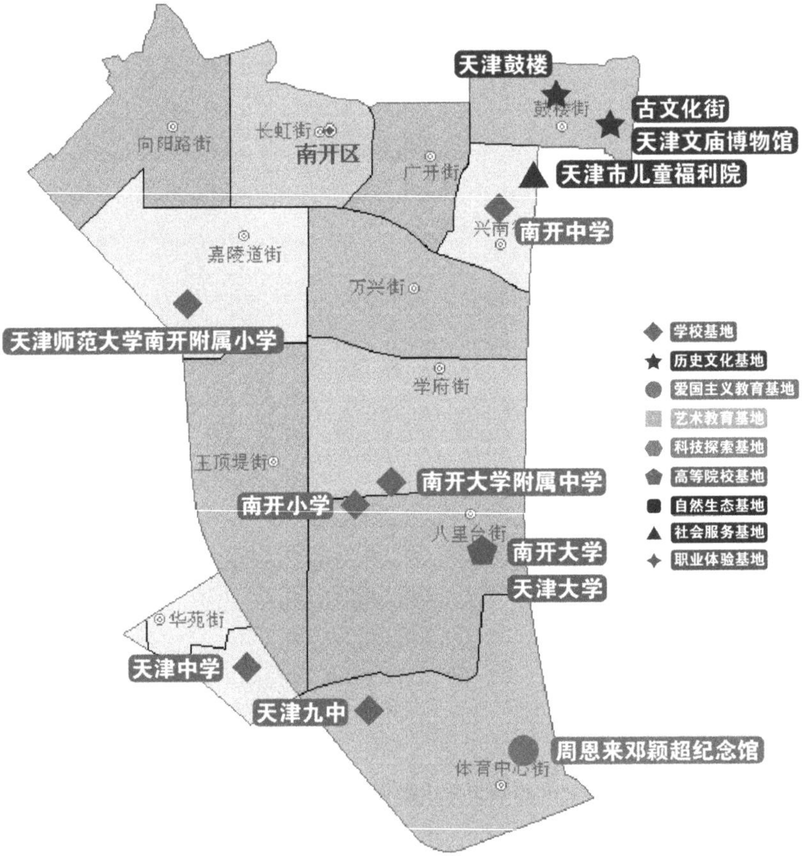

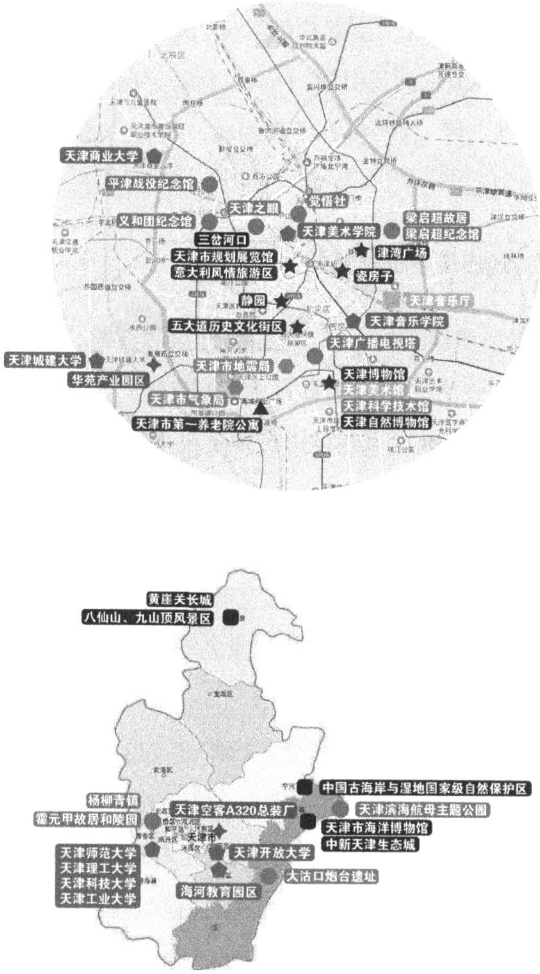

图4 在地课程资源地图

3.在地课程资源地图。研究中，我们围绕市、区、校三个地域，重点结合《中小学综合实践活动课程指导纲要》中推荐的152个主题，提供教师课程实施可参考选择的实践基地并进行主题分类，每个基地辅以学段学习目标与课程实施建议，形成主题式资源包，构建了区域在地课程资源地图。

4.152个主题活动样例。南开区250多名中小学教师加入到中小学综合实践活动课程教师教辅与学生学习资源的编写中，该教学资源于2019年10月圆满完成，作为区本教学资源可供全区中小学师生使用。编辑完成的义务教育实验教科书《综合实践活动》由人民出版社于2020年6月出版发行。

为教师课程实施提供的三个支架相辅相成，成为整个全景式综合实践活动课堂建构的核心。其中，价值理念是引领，育人目标是方向，学习方式是关键，资源链接是基石，评价标准是支撑，这些核心要素构成一个统一的整体，共同作用于教学模式。

三、问题审视，实践应用中反思再提升

全景式综合实践活动课堂的区域实施，通过盘活资源、研发教材、创新实践模式等路径，明确综合实践活动课程培育目标，从培养学生综合素养的视角对课堂教学模式进行探索与研究，从区域角度进行顶层设计；基于“课程理念、课程目标、课程开发、课程实施与课程评价”教学模式的五大构成要件，对综合实践活动课堂的设计与开展、相关工具与资源的支持、课堂与师生能力水平评价等进行了详细分析，避免了操作环节的简单罗列，不仅能够有效指导教师的教学，更提供选择性课程资源，将综合实践活动课程真正落实到课堂教学主渠道，研究成效较为显著，现正在南开区33所小学、22所中学中推广运用。

对于当前研究成果，我们也在不断地进行问题反思：其一，区域实施样本仅是一种最为基本的范式，还需因地制宜进行具体调整；其二，研究在区域间、校际间缺乏优势共享，纵向学段间缺乏主题性的有效衔接。在日后的项目研究中，我们要加强学段链课程建构，以主题活动课程群的方式，按照学段目标递进的原则纵向进行整体设计，贯通小学、初中、高中三个学段，并力求对接高校。

国家要求学校开设综合实践活动课的意义绝不在于新设一门课程，而是对传统教育思想和育人模式的重大挑战，它将有利于真正实现学生学习方式的转变，有利于满足学生成长的个性化需要，有利于培养和发展学生问题解决能力、创新精神与实践能力，更有利于学校形成自己的办学特色，它将是中国基础教育有史以来最深刻的革命性变化。我们将努力在课程改革的道路上发挥教研辐射引领的作用，与基层学校与教师共同前行！

天津市南开区教师发展中心

聚焦校本课程　提升课堂品质

文 / 郑　洁

为进一步推进南开区基础教育改革创新发展，提高课程建设质量，深化课堂教学改革与学习方式变革，提升学生核心素养，我们开展了校本课程课堂教学研究。本研究着力挖掘校本课程建设的成果，发现存在的问题，提出解决的策略，总结和推广校本课程建设中的典型经验，促进校本课程顺利实施。

一、研究方法

（一）研究工具

在参考大量研究资料的基础上，我们编制了校本课程课堂评价标准，分别从校本特色、教学设计、教学过程、资源开发、学科整合、教学效果六个维度进行评价。每个维度又细化成若干小的评价要点，共分为20个评价要点，每一个评价要点的满分均为5分，总分100分。同时，我们结合每门校本课程的课程纲要、教学资源、教学成果、教学设计等相关资料开展研究。

（二）被试选取

天津市南开区共有33所小学，每所学校选择一门教师自主开发的校本课程，教师自主安排课程中的一个课时作为研究素材，以课堂教学的形式进行展现。涉及的学科主要有语文、数学、英语、音乐、体育、科学、道德与法治、综合实践活动课程等。

（三）研究程序

2019年4月，我们进行课堂观察及相关资料分析，特聘小学教学校长、学校课程建设负责人担任专家评委，深入课堂，每节课安排四位评委分别从不同的角度进行观察、打分、评价，并加以点评，从课堂教学的角度考量校本课程建设，以校本课程建设的视角定位课堂教学。

（四）统计方法

我们用统计软件对取得的数据进行定量分析，最后形成研究结论。

二、结果与分析

（一）展现的成绩

1.学校课程理念在课堂教学中得到体现。学校课程理念是基于学校的发展历史、校园文化，结合师生现状、优势资源，围绕育人目标、办学特色而提出的，是课程建设的方向引领。校本课程的设计与实施都要紧紧围绕学校课程理念，突出学校课程理念下的学生素养培育。对“课程理念”一项得分进行的统计结果见下图1，70%的教师得到了满分5分，说明学校课程理念的内涵关键词在课堂教学过程中得到体现。

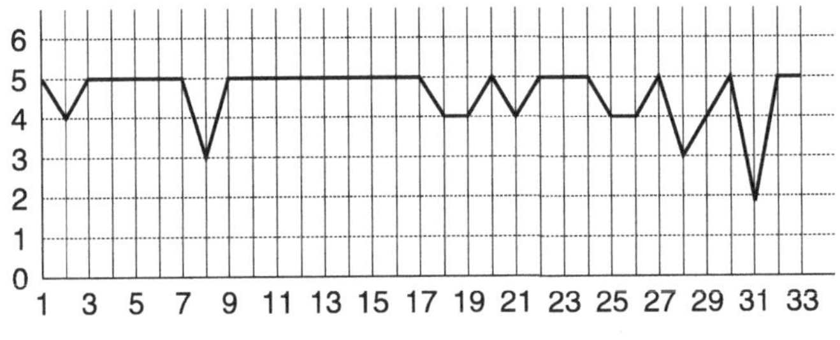

图1 “课程理念”一项得分图

华夏小学的海洋校本课程“海洋里的‘大块头’”，体现了学校“海润生命”课程理念，展现了学校弘扬海洋文明，培养具有海洋气质的全面发展的蓝色接班人的愿景。西营门外小学的语文课教授《长歌行》，关注学生终身发展的内在需求，着眼学生个性的全面发展，体现了学校“小公民润心”的课程理念。

2.学科特有属性在课堂教学中得到凸显。校本课程是教师基于学生发展需要，在研读国家课程标准的基础上开发实施的，其教学内容是对国家课程标准的细化与完善，是国家课程标准具体化的表现。78.8%的教师在“学科属性”一项得到4分以上，统计结果见图2，这表明教师注重学习国家课程标准，课堂教学能够体现学科属性。

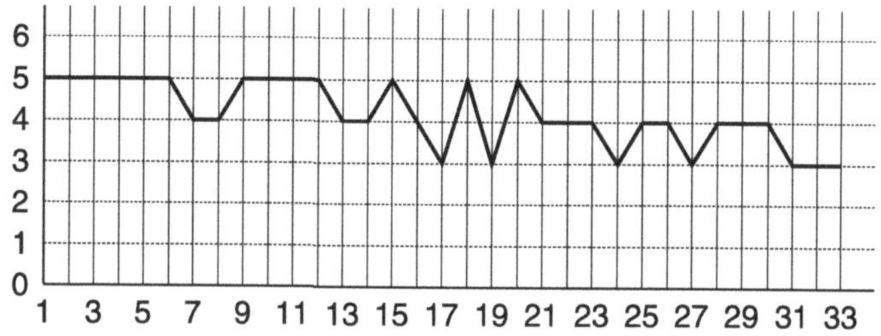

图2 “学科属性”一项得分图

勤敏小学的体育课“快乐足球”，教学内容是国家课程的有益完善和补充，体现了体育学科对学生“心理健康、身体发展、社会适应”健康三维观的培养。东方小学的英语课“绘本阅读”，采用“听、做、说、唱、玩、演”的方式鼓励学生积极参与、大胆表达，活动倡导“任务型”体验参与，体现年级段学科内容特定的学习规律与方法。

3. 紧密联系生活在课堂教学中得到提倡。生活实践给枯燥的学习提供活力和乐趣，将生活经验运用到学习当中可以起到事半功倍的效果，生活之中的问题用所学知识解决才能体现出知识的真正魅力。课堂教学反馈显示，对“联系生活”一项得分在4分以上的教师占69.7%，统计结果见图3，这说明教师注重教学内容与生活的联系，注意从生活实际中提炼学习素材。

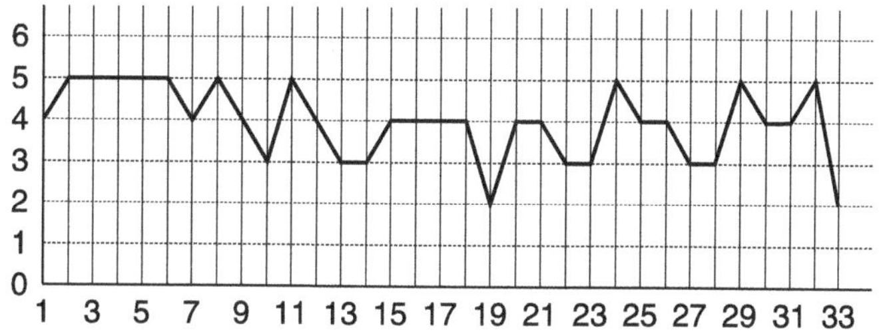

图3 “联系生活”一项得分图

科技实验小学的科学课“相貌各异的我们”，题材来源于现实生活，贴近学生实际，容易引起学生强烈共鸣。天津师范大学南开附属小学的综合实践活动课利用学生学过的知识解决生活中垃圾有效利用的问题，将学生已有的知识与新知识进行联系，便于学生解决问题。

4.问题引领思维在课堂教学中得到贯穿。教师设置的问题往往体现出课堂的探究性、开放性与生成性。利用问题引发学生深度思考、由一条主线或是一至两个关键问题贯穿整堂课的教学、教师善于利用开放性问题给予追问成为问题设计的理想状态。图4是对“问题设计”一项得分进行的统计，结果显示，93.9%的教师得到了3分以上，这反映出教师注重利用有价值的问题引领学生思考探究。

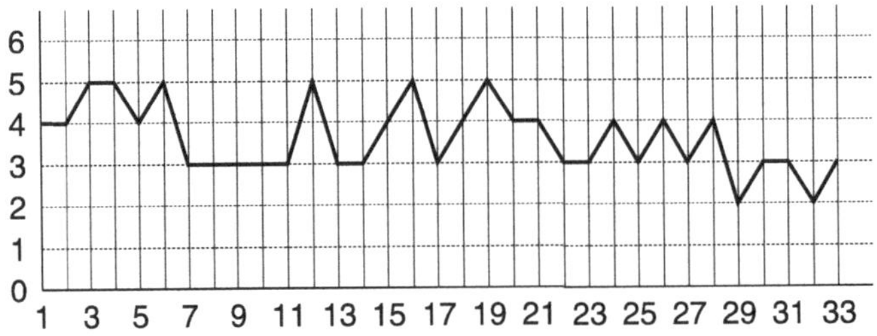

图4 “问题设计”一项得分图

在宜宾里小学的数学课“策略与对策——抓棋子游戏”中，教师启发学生思考：“有没有必胜的方法”，学生通过自主探究学会策略问题。“下一个制胜点是多少？发现什么规律？有什么猜想？”教师通过这一系列问题培养学生学会独立思考，体会数学的基本思想和思维方式。在华苑小学的语文课“花之咏”中，教师善于利用开放性问题给予追问。教师提出问题：“春联有什么特点？”学生回答：“春联从左向右读。”教师没有立即纠正学生的错误，而是启发学生思考，在生生互动中明确读春联的顺序，引发学生深度思考。

5.学科贯通整合在课堂教学中得到重视。整合就是将不同的部分连接成一个整体或是将不同的部分纳入整体中。学科整合是针对教育教学中学科课程存在的相互割裂等问题提出的，通过多种学科的知识互动，核心素养融合，创立综合性课程文化，实现以人为本的新型课程发展态势。学科整合主要包括学科内整合、学科间整合两种形式。对“学科整合”一项得分进行的统计结果显示（见图5），60.6%的教师得到了4分以上，这说明大部分教师注重学习学科整合的理念，并将其运用到课堂教学中。

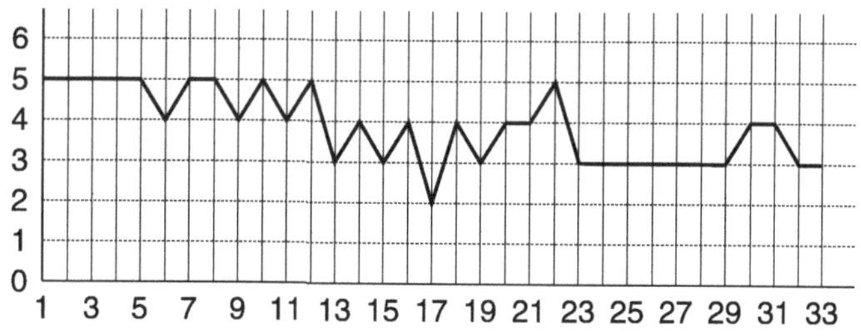

图5 “学科整合”一项得分图

在中营小学的语文课“遨游汉字王国”中，教师注重学科间知识的整合，融会贯通美术、音乐、语文多门学科，达到良好效果。前园小学的体育课“足球脚内侧传球”与音乐相结合，舒缓的音乐起到了放松、调节的作用，学生在游戏时充分运用直线距离最短的数学知识，使学科间知识整合运用得当。

6.知情意行融合在课堂教学中得到落实。课堂教学遵循学生身心发展规律，教学情境的创设、学习方式的选择符合学生年龄特点是教师进行课堂教学设计的出发点。统计结果显示（见图6），84.8%的教师在“知行融合”一项得到了4分以上，这表明绝大多数课堂上学生积极参与学习，学生身心得到良好发展，达到知、情、意、行的深度融合。

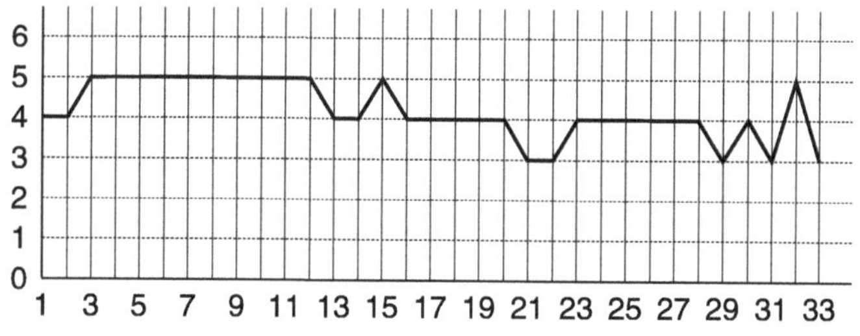

图6 “知行融合”一项得分图

在汾水道小学的语文课“共读中国古代寓言”中，教师注重启发学生思考，与学生关系融洽，学生积极参与课堂学习。在风湖里小学的数学课“九巧板”中，教师情绪饱满，深入到每个小组指导学生进行拼图探究实践，带动学生投入课堂学习。

（二）存在的不足

1.学科本质还需彰显。在听课调研中我们发现，仅39.4%的课堂教学学科本质得到充分彰显（见图7），很多教师对于自己所教学科本质的理解及国家课程标准研读不足，学科教学基本功不牢，没有形成学科素养，以致在课堂教学中不好把握课程标准，无法有效达成课程目标。有些教师采用学科整合的方式进行教学，但存在的问题是，没有基于某一门主学科，呈现学科大杂烩的现象。

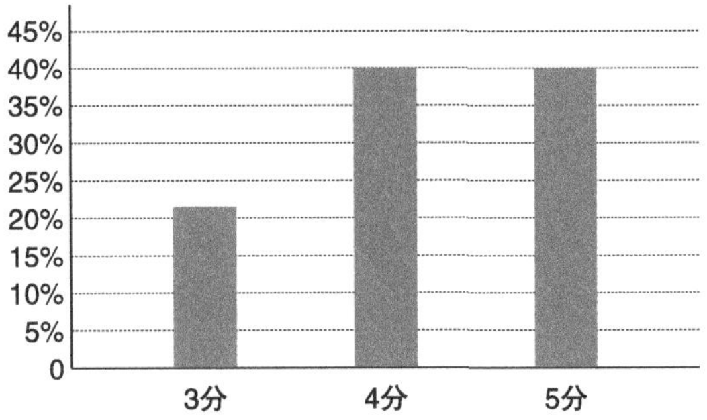

图7 “学科属性”一项得分图

建议各校根据课程标准与学科特点、学生学习需求与学校实际，深入探索学科课程开发策略，采用灵活多样的课堂组织形式，在内容和形式上努力体现年级段学科内容特点的学习规律与方法，以满足不同年龄学生个性化学习需求。

2.问题设计还需斟酌。课堂观察中我们发现，有些教师设置了许多问题，连续追问，但有价值、能够引发学生深入思考的问题少之又少。图8的数据表明，只有18.18%的教师此项得到了满分5分，这也是本次研究评价指标中，满分率最低的一项，这说明绝大部分教师课堂设计的问题方向性有误，缺乏探究性问题引领，开放性问题不足，生成性问题没有得到应有的重视。

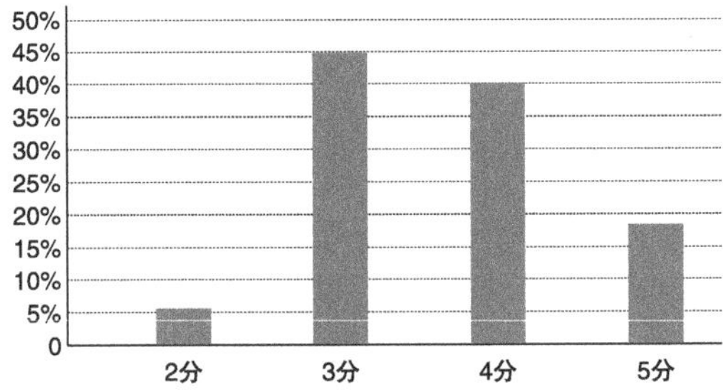

图8 “问题设计”一项得分图

问题设计是整堂课的思路体现，是教师实践教学理念的缩影，直接关系着教学目标能否实现。对于课堂问题的设计还需从教学目标出发，围绕核心知识，对重点内容进行提炼，对难点内容进行点拨，梳理出一条主线，进而设置关键问题。

3.学科整合还需加强。调研数据表明，课堂教学内容比较陈旧，教学组织方式比较滞后，还不能满足学生成长和社会发展的双重需要。图9显示，只有30.3%的课堂能够达到学科有效整合，30.3%的课堂与生活紧密联系，36.36%的课堂达到“知、情、意、行”深度融合。课堂教学中“加一加”比较多，“减一减”比较少，大多数教学内容都是在国家课程和地方课程基础上做加法，进行拓展延伸，而跨学科创新、学科内整合精简实施得比较少。

学校课程要为学生的终身成长奠基，要为他们与未来的社会需求建立连接。这就需要我们的课程设置必须反映最新的社会发展趋势、最新的科技发展动态，将最前沿、最尖端的理念、知识与技术和最有效的学习方式通过课堂传递给学生。

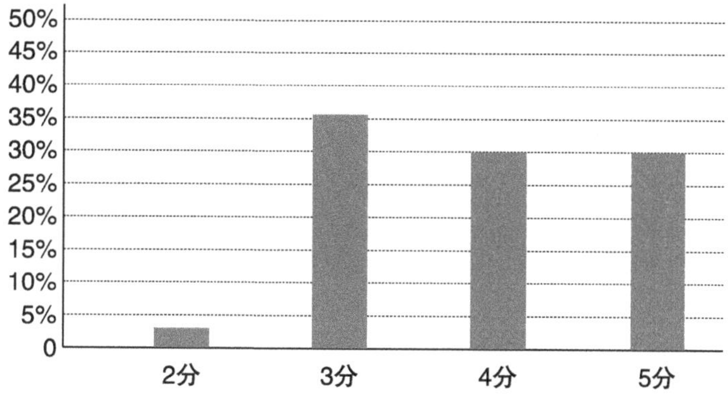

图9 “学科整合”一项得分图

三、发展的建议

（一）常态开设校本课程，将课堂教学落到实处

校本课程是对国家课程的有益补充，是体现学校特色和学生需求的课程，与学科素养相关，与学生发展相连。校本课程的常态化开展是通过每一堂课来实施的，体现了课程与课堂的关系。课堂教学是国家课程校本化实施的主渠道，更是课程

建设的主阵地，只有每一节课常态化实施，才能够保障校本课程的生命与活力。

（二）精读国家课程标准，课堂教学提升品质

国家课程与校本课程的有效融合是学校进行课程建设最终要达成的目标。在精读国家课程标准的基础上，正确理解国家、地区、校本课程的关系，明确国家、地区课程校本化实施的内涵与外延，制定科学具体的课程目标，把课程目标、年级目标、课时目标界定清晰，在国家课程及校本课程的有机融合与有效推进中，真正提升课堂教学品质。

（三）发挥区域课程群功能，深化实施课堂教学

课程群是按照施教对象的认知规律和能力培养规律，科学合理地将同一学科或不同学科的相关而又具有互补性的课程按照一定课程框架进行整合，形成富有专业特色的新课程系统。基于南开区小学学段学校课程建设已有基础及发展需求，将课程群作为学科课程特色培育的着力点，深化课堂教学实施，成为学校课程建设发展的必由之路。

天津市南开区教师发展中心

在探索区域课程群新样态中提高课堂效能

文 / 刘志英

新课程改革倡导提升学生核心素养，核心素养以立德树人为内核。在探索区域课程建设的过程中，我们深刻感受到课程群的实施契合课程建设的方向，发挥区域特色课程群功能，能够使课堂教学更高效。

课程群是以特定的素养结构为目标，由同一学科或不同学科的具有互补性的课程组成的一个结构合理、层次清晰、相互配合的课程集群。基于南开区小学学段学校课程建设已有基础及发展需求，将“课程群”作为课堂教学培育的着力点，深化学科课程体系建设与实施，成为学校课程建设发展的必由之路。根据学科特点与课程标准、学生学习需求与学校实际，为深入探索学科课程开发策略，2020年5月，南开区启动区域数学课程群建设工作。

一、聚焦课程群建设目标，优化课程体系

（一）研究目标

数学学科课程群建设名称为“真趣数学”，即童真童趣、求真求实、幽默风趣。数学学科课程群建设以研究小学数学课程标准和教材为根本，遴选符合学生年龄特点和已有认知经验的贴近生活的课程内容，融合现代信息技术手段等，形成系统的数学课程群资源。从数学好玩、数学有用、数学之美、数学文化及数学精神五个角度，实现教材知识的拓展和延伸，从而促进学生生动、活泼、主动地发展，不断提

升学生学会学习和实践创新的核心素养。

（二）类别解读

1.关于数学好玩。数学好玩可以体现在学生的学习态度上，教师给学生提供探索、思维、创新的无限空间，学生通过操作、体验、思考等一系列的数学活动，得到精神上的满足和享受。教师在教学过程中要引导学生体验“好玩”。有了“好玩”的设计，不一定能上出“好玩”的课，这还需要教师的教学智慧，能够引领学生去体验探索的乐趣，享受成功的喜悦。

2.关于数学有用。教师可以带领学生在生活中寻找数学、发现数学，然后进行归纳、总结，再把它转化为数学问题，用数学的知识去解决，使学生解决问题的能力有质的飞跃。如确定起跑线、夺宝奇兵等。

3.关于数学之美。数学之美不仅表现为形式美，而且有内容美与严谨美；不仅有具体的公式、定理美，而且有结构美与整体美；不仅有语言精巧美，而且有方法美与思路美；不仅有逻辑抽象美，而且有创造美与应用美。

4.关于数学文化。数学是人类生活的工具，数学是人类用于交流的语言，数学能赋予人创造性，数学是一种文化。数学文化的渗透应让学生经历数学知识的发现、发展、创新等的再创造过程，并与数学文化史和科学进步史相结合。

5.关于数学精神。数学精神是数学文化的重要组成部分，如锲而不舍、百折不挠、追求真理、科学精神……课堂中科学精神（理性思维、批判质疑、勇于探究）及学科德育是数学精神培养的主渠道。

（三）研究思路

以数学学科课程群的架构，形成多元支持、多向策应、多方聚力的融合驱动，在资源融合、途径开拓与情境范式多样化下开展学校课程实践。数学学科课程群建设采取项目制研究，基于不同主题进行群体攻关，沿着“理论与政策研究—前期调研—实践研究—应用研究—成果论证”的路径开展。即研究课程标准和教材，梳理国内外相关研究进展，分析目前小学数学课程资源开发及应用现状，提出“真趣数学”资源开发流程并进行案例应用分析，探讨课程资源广泛应用的一般模式，并将相关资源（微课、课件等）应用于教学活动中，了解课程资源应用的效果。

我们采用课例研究法，以三四年级人教版教材为根本，依托生活中的数学，研究“数与代数、图形与几何、统计与概率、综合实践”等内容，采用互助式课例研究的方法，确立主题，设计教案，展示课堂教学，评价及反思，分享成果。充分利用团队力量提高解决问题的效率，转变教与学的方式。

（四）研究资源

各校已有的课程资源为研究资源之一，如宜宾里小学的“托起美的数学”，风湖里小学的“玩折纸，学数学”，南开大学附属小学的的“数学游戏”等。除此之外还有区域已有资源（如南开小数研修等），互联网平台资源（如云动平台）等。

二、建构课程群建设链条，体现课程衔接

确定数学学科课程群知识链条。依托教材内容，适当拓展符合学生年龄特点和已有认知经验的课程内容，融合现代信息技术手段等，形成有价值的教学案例，明确内容，类别清晰，结构（环节）完整。结合各校已有条件与现有资源，构建课程群建设链条，探讨课程群设计目标、设计原则、设计流程。通过资源整合和筛选等方式，结合区域整体模型要求，设计与研发个性化课程资源模型，以生活中的数学应用为主线，从数学好玩、数学有用、数学之美、数学精神及数学文化五个主题中选取任何一项进行研究，区域内进行整合，组织校际间课例交流，进行阶段成果的区域性推广。

在区域交流基础上，将五个主题不同课例进行筛选，以微课等形式呈现在网络资源平台上，并设计互动环节，探索线下与线上课程的有效补充，在区域范围内推广微课资源的应用，探索资源应用的途径、方法、策略；探索基于数据信息的学生学习评价、课程资源评价（如学校课例评比、文化节及推动会成果展示等）；对课程资源进行修正、完善。内容依托人教版三四年级教材，且对教材内容适当拓展，或补充断点知识。

表1 南开区数学课程群“真趣数学”课题申报表

序号	知识拓展课题	对应教材知识点	申请教师姓名	学校	突出何类别
1	速算与巧算	第三单元 运算定律			
2	几何计数	第五单元 三角形			
3	轴对称图形	第七单元 图形的运动(二)			
4	平均数问题	第八单元 平均数与条形统计图			
5	鸡兔同笼问题	第九单元 数学广角			
序号	断点补充课题	补充断点知识	申请教师姓名	学校	突出何类别
1	还原问题	分数应用问题涉及的方法思路			
2	年龄问题	分数应用问题涉及的方法思路			
3	盈亏问题	分数应用问题涉及的方法思路			

类别包括：数学之美、数学好玩、数学有用、数学文化、数学精神五个方面，除了给定课题外，可在“真趣数学”课程建设要求范围内自行创设课题。

所谓断点知识即高年级涉及的且为重难点的知识。这些知识在中年级如果没有一定的铺垫，到了高年级将会出现很难弥补的知识缺陷。如和倍问题、差倍问题、倍比问题等，在整数“倍”上不能解决，到了分数“倍”就会很难理解。课程内容应以人教版数学教材为基础，夯实、补充和延伸课本内容。

三、明确课程群建设的三级管理，保障课程实施

按照“区域培训—校际联合—教师沙龙”的方式确保“真趣数学”课程群项目实施。

（一）区域培训

对“真趣数学”学科课程群提出明确的规范与要求，为学校特色课程建设提供基础框架。做到目标具体化：目标设置具体可操作，以此统整课程内容。内容系列化：课程之间纵向衔接与横向联系形成体系，用科学理论、实际教学案例充分展现数学好玩、数学有用、数学之美、数学文化以及数学精神的实质内涵。从明确问题到确定主题，从梳理资源到确定内容，从研究设计到实践操作，进行跟踪指导，保驾护航。

（二）校际联合

各校建构数学课程群课程图，形成一个适应不同年龄阶段孩子的课程阶梯。明确主题，确定内容，实践操作，进行跟踪指导。教师将自主、合作、探究等学习方式具体化、操作化，倡导实践、沉浸、对话、互动、参与、体验等课程实施方法，鼓励学生采用多样的、活跃的学习方式，培养学生的创新精神与实践能力。

（三）教师沙龙

课程群建设要紧密依靠教师团体，形成研发队伍。每月组织一次课程群教师沙龙，优秀教学设计的教师代表要对各自的课程设计进行汇报。教师分别从教学设计的六大模块、教学内容的“真趣”主旨以及教学体现的精神文化等维度进行分享。这对教师搭建平台、培养队伍、开展品质课堂评选活动、发现人才、分层培养、整体提升大有裨益。发挥南开区云动课程资源平台的优势，将各学校优秀的课程资源推送到平台上，形成课程区域共享的课程资源。

天津市南开区教师发展中心

精雕课堂教学　打造品质课堂

文 / 张亚亚

课程是学校实施教育的载体，是学校教育的核心，其质量决定着学校育人的质量，其特色决定着学校的发展特色，这种理念渗透到各个学校的办学理念之后，校本课程应运而生。为了深化课程改革要求，继续推动区域特色课程建设，天津市南开区教师发展中心课程室于2019年9月至10月组织全区中学参与品质课堂评选活动，提出南开区中学课堂教学的五大优势、五个问题及四条发展策略。

一、课堂教学的五大优势

课堂是教学的主阵地，是学校育人的主渠道。教育家佐藤学在《静悄悄的革命》中写道："一切教育的改革，落脚点都在课堂，一切理论的实践，必将通过课堂进行呈现。"

（一）课堂教学基于校本课程，凸显课程理念

校本课程开发是以学校为基地展开的，天津市南开区各中学依据学校办学理念，结合各学科的课程理念，在课堂教学中充分体现校本课程的特色。

如校本课程"高氏押花葫芦"，以"弘扬中华传统文化、展现'非遗'艺术风采"为理念，把中华民族特有的思维方式、审美情趣、行为模式和社会民俗融入课堂，进一步激发学生关心"非遗"、传承"非遗"的决心。这是天津市唯一的葫芦艺术校本课程。"隶书体验"来自学校校本课程资源"书法与篆刻"，展现书法学科的本质属

性。课程内容既以学校为本位，体现学校特色，又是国家课程、地方课程的有益补充。“生物·垃圾·分类”这节课是以社会热门垃圾分类为出发点，延伸到生活中处理厨余垃圾的方法，是该校生物学科组在“舌尖上的生物密码”校本课程基础上重新整合提炼的学科精品校本课程。

聚焦课堂教学，完善校本课程，凸显课程理念是南开区中学课堂教学的优势之一。

（二）课堂教学注重学科融合，立足学科本质

教学需立足学科内，关注学科融合。学科融合是一种使学生平衡发展的教育形式，能够帮助学生寻找并发现自己的兴趣爱好。传统学校学科林立，每个学科都似一棵大树，但树和树之间缺少联系。我们通过整合，将学科课程和校本课程完美融合，给学生更多的选择和决定空间。

如“阅读，让我们变得优秀”一课是在学校八年级校本教材《阳光读书》的启发下开发的一门语文味十足的校本课程，其将语文与思想品德组合，旨在帮助学生摆脱对电子产品的依赖，引导学生充分利用现代科技手段促进自身发展，用具体事例激发学生的爱国情感，引导学生树立发展自我、服务社会的意识，努力为国，为校争光。“镜头中的世界”成功之处就是在校本课程的背景下，进行多学科融合，将物理凸透镜实验、生物眼球实验融入课堂。

课堂教学打破壁垒，关注学科的融合，同时，又不失学科本真，这是南开区教师的必备素质和教学的优势之二。

（三）课堂教学整合优势资源，善用生活实际

课程资源是课程开发的来源，我国著名的教育家陶行知认为：“生活即教育，到处是生活，即到处是教育，整个社会是生活场所，亦是教育场所。”

1. 区域文化是无限的教学资源。“超声波传感器生活应用的设计构想”是校本自编教材“趣味实验室”的部分内容，教师充分利用了天津的仿生资源，课前让学生了解天津科技馆“机器人天地”、天津自然博物馆的“白天鹅”建筑造型、海河两岸的桥等，让学生在课前激发了兴趣，做了充足的准备，整个教学过程回归生活实际，利用地方资源使课堂教学“生活化”。

2. 生活资源是最便捷的教学资源。传统的教学资源如教科书、教材文本等是学

生学习的重要文本资源，而现代技术的使用使得教学更加高效。

一是活化教材资源。在教学中使用的iPad（平板电脑）可以把学生的报告内容直接投到黑板上，将校本教材利用电教媒体化静为动，活化教材资源。

二是巧用生活资源。“有关化学式的计算——标签中的奥秘”一课让学生分析日常生活中常见的一些食品、药物、化肥的标签中的内容，了解其物质的成分和含量，使学生感受到化学与生活的密切联系。

3.多媒体是最灵活的教学资源。在现代化教学中，媒体素材占据了重要的位置，其中文字、动画、影视、声音、图片等在课堂教学上的应用得到了更多的重视，如在“周恩来学生时期作品诵读”一课中，教师利用学长学姐参赛视频、纪念周恩来诞辰100周年歌咏会、柴静四分钟演讲等影视作品，调动学生的积极性，使其更好地“品读”文章内在的东西。

在教学过程中能否紧扣教材文本，捕捉生活资源，巧用生活资源，关键在于教师是否能在最合适的契机展示最恰当的教学资源，南开区教师对教学资源的整合是课堂教学的优势之三。

（四）课堂教学调动全员参与，促进师生发展

课堂是教师立足的根本，良好的课堂教学中，教师应面向全体学生，使每个学生积极参与到课堂活动中来，同时教师应发挥主体作用，最终促进师生共同发展。

在“垃圾分类搞搞清，人工智能助我行”一课中，教师引导学生通过小组合作完成学习任务，小组成员间分工有序，相互帮助，兼顾个人绩效，共同完成整组目标，从人际的和谐去创造积极思考、探索的氛围。特色校本课程“如何欣赏一幅画（作品的形式与内涵）”，在教学中教师引导学生积极主动参与教学过程，注重自主、探究、合作式学习。如改原有的“先讲后画”授课顺序为“先画后讲”，改变平铺直叙地推出艺术家和其作品的方式，使学生带着陌生和疑问开始课程的学习，达到了预期教学效果。

在评选过程中，我们发现各校以教师为主导、以学生为主体，抓住教育的根本已成为南开区课堂教育素质化的共识，这成为课堂教学的优势之四。

（五）精心设计课堂教学环节，提高教学质量

好的教学环节是上好一堂优质课的关键，在评选过程中南开区教师在知识基

础处于不同层次的班级以学定教，让课堂更适应学生。

布卢姆曾经说过："学习的最大动力，是对学习材料的兴趣。""和《西游记》学写动作描写"是校本课程"我和名著学写作"的一堂展示课，教师在导入时，通过哪吒插兜走路的动态图，把学生代入到动作描写的情境中，大家在欢乐的心态中迅速进入动作描写的主题；"The ways we learn（我们学习的方式）"教学中各环节设计的精心优化，教学过程中问题的设计既有开放性也有探究性，契合不同学习能力学生的学习需求；"听说读写入门之第三单元第二部分"一课教学过程中，教师力求在一个轻松活跃的课堂气氛中完成课堂教学，为了达到这个目的，教师不仅需要提前预想教学环节，使之环环相扣，还需要具有灵活的课堂驾驭能力。良好的师生关系是实现轻松活跃的课堂的基础，这让学生能够以轻松的心情开始学习，从而在轻松愉快的氛围中掌握课堂知识。

教学设计层次分明，条理清晰，课堂中善于抓住课堂生成资源，营造轻松、和谐的学习氛围，是南开区课堂教学的优势之五。

二、课堂教学的五个问题

课堂是充满生命力的，是充满未知的，每一堂课，都是不可复制的崭新经历。在日常教学中，教师不断尝试、探索的过程中也会出现各种各样的问题，南开区教师发展中心通过深入课堂观察诊断，不断深入探索课堂教学。

（一）缺乏学科背景分析，导入环节需关注

良好的开端是成功的一半，对于课堂教学来说，导入是课堂教学的开始，教师在新的课堂教学活动开始时，都要通过导入这一环节来组织学生进行课前的心理准备和知识准备，因此导入环节对课堂教学至关重要。

在评选活动中我们发现，虽然有的教师有意识创设学习情境，但是情境创设与学生认知有距离，代入感不强。另外，学生前期调研准备欠缺，情景创设、情景导入没有达到快速带入主题、活跃课堂气氛的作用。出现这种情况的原因有三：其一，导入流于形式，教师缺乏对学科背景与风格的分析，教师应该认真针对教材内容，结合本学段学生心理，从根本上认识和精心设计新颖的导入方法。其二，导入形式单一。有课堂导入环节的设计，方式很单一，造成了导入喧宾夺主，完全远离了教

师上课的初衷。其三，为导而导、牵强附会。课堂教学过程应该是一个完整的系统，如果一味注重课堂导入而忽视其他环节，那么即使再精彩的课堂导入也注定是失败的。

导入是"点睛"之笔，"搭架子，更容易入课"，教师应课外自我提高，引导学生从自身的生活经历中寻找与知识的情感契合点，避免盲目追求表面的花哨和热闹。

（二）教学设计内容过多，重点难点需突出

课堂教学是为了实现教学目标而展开的，确定教学重点、难点是为了进一步明确教学目的，只有明确了这节课的知识体系框架和教学目的，才能科学确定教学的重点、难点。

有的教师在上课时主题不突出，重难点无体现，问题引入时间长，缺乏协调性，导致学生们很难进入状态；有的课堂中学生活动较多，形式多样，但学生活动的意义在于调动学生的积极性，应注重结果，不能停留在表面；还有的教师在设计教学的过程中，不自觉地把国家课程中对知识的要求引申至校本课程中，使得一节课的教学内容过多，这样既达不到预期的教学目标，又失去了校本课程的本真。

在课堂教学中，课堂教学应更加精致，教师只要多花一番心血，全心全意地投入教学工作中去，就能找到突出重点、突破难点的锦囊妙计，从而实现教学效果的最优化。

（三）小组合作限于形式，生生互评需有效

课程标准要求建立目标多元、方法多样的评价体系，生生互评就是新课标要求下的产物，教师要特别注意引导学生积极参与教学过程，使其在学习中学会主动发展。

本次评选有的课安排学生小组合作学习，并在最后设置生生互评等活动，但合作过程中形式大于内容，一是没让所有的学生参与其中，二是学生们在生生互动环节不懂得应该做些什么、说些什么。有的教学环节师生互动少，没有达到小组学习的效果，还有的小组合作中，教师不敢放手，表述太多，学生动手操作的时间少等等。

在课堂上要注意增强教师与学生的教学互动，学生与学生之间的学习互动，让更多的学生参与其中，形成良好的小组讨论交流氛围，在讨论后要充分展示讨论的

结果。

（四）问题设计单一传统，需充分深入延伸

好的问题不仅能点燃学生的求知欲，还能活跃课堂，有效吸引学生的注意力，让其积极思考，高效完成学习目标。

在课堂教学中，我们发现有的教师注重问题和活动引领，但问题深度梯度不够。教师提的问题很多都是有标准答案的问题，往往不能激发学生的探究欲，使学生只在自己熟悉的领域内才能游刃有余，却缺乏探索和独立解决问题的勇气和能力。如讲垃圾分类，教师的问题如果是垃圾怎么分类，那么这是个通识问题，具有封闭性，一没有体现地理特色，二没有引起学生的兴趣。如果改为“进行垃圾分类会怎么样、不进行垃圾分类会怎么样”这样的开放性问题，教学效果会更好。

教师设计的问题要有趣味性和教育性，要从学生的年龄特征、知识基础和能力水平出发，切忌问题繁琐、冗长而影响学生的兴趣。

（五）预设与生成相脱节，课堂生成需要智慧

预设和生成是新课改提出的一个重要的理念，预设是教师的基本功，而生成则需要教师的智慧。

有的课堂的教学效果与期许略有差距，第一个原因是课堂时间分配不合理，第二个原因是突遇网络问题，时间浪费到调试网络上，导致最后实操仓促。这体现出教师预备机制准备不充分，应该提前准备出突发预案。建议教师可将环节的设定目的与环节间的联系与学生明确交代，以便学生主动参与，积极探究。还有的课堂在资源、内容和活动丰富的情况之下，教学实施过程中出现环节安排仓促，缺少当堂生成的情况。一个好的课堂，是课堂教学预设和生成相互依存、互为助力的结果，预设是生成的基础，生成是预设的升华。

凡事预则立，不预则废。如果没有高质量的预设，就不可能有精彩的生成。单纯依靠开放和生成，缺乏精心的准备和必要的预设，课堂教学则会变得无序、失控，缺乏目标和计划。

三、课堂教学区域发展性策略

课堂教学是实施素质教育的主阵地，只有切实改进课堂教学才能提升教育教

学的质量。依据南开区中学"品质课堂"校本课评选时课堂教学出现的问题,我们特提出如下区域发展策略,以确保在今后的教学中展开更加高效的课堂教学。

（一）加强课程理论修养，明确课堂教学目的

教师的教学活动总是自觉或不自觉地受到自身教学理论修养的制约,我们真正需要关心的,不单单是某一节课,而是整个课堂教学。提高课堂教学质量,教师加强自身的课程理论修养是非常重要的。

1.学课程标准——明确目标。课程标准是教师教学行为的一个指南,是国家对基础教育的基本规范和质量要求,是教师教学和学生考核的依据。形象一点地说,缺乏课程标准指导的教学就像没有目标的航船,所有的风都是逆行,学习课程标准能更好、更有效地指导教师的教学工作。

2.钻学科教材——心中有数。教师于永正曾说:"教学的艺术就是钻研教材的艺术,这法儿那法儿,钻研不好教材就没法儿。"在备课过程中,不仅要考虑到怎样教,还要考虑整个教学环节。因此,教师要对教材进行深度解读,教法和学情两手抓,切实有效地提高课堂效率,做到凡事心中有数,从而打造高质量课堂。

3.懂本班学生——以人为本。教师在说课时总会提到"学情分析",其实就是懂学生。以教师为主导、以学生为主体已成为当今课堂教育素质化的共识,只有充分发挥学生的主观能动性,才算是抓住了教育的根本。

只有在吃透课程标准、深钻教材、研究学生的前提下,教师才能提高教育教学的理论修养,在教学中胸有成竹和有的放矢。

（二）提升学科核心素养，明确课堂教学职责

核心素养如何落地,其中的一个重要途径就是课堂教学。因此,在上课时教师应明确自己的职责。教师的职责具体有以下几点:

一是立足学习的崭新内涵。教学是教和学的统一,最终要落实到学上。在教学中,教师要引领学生走上自主学习、快乐学习、终身学习的道路。当下,学习的内涵又有了新的发展,比如慕课、翻转课堂、大数据、在家上课等颠覆了传统学习的意义,学习再也不能简单地被理解为知识的接收和复制,学习也不能简单地被限定在课堂。

二是立足学生的终身发展。课堂教学终究还是培养人的活动,课堂教学并不

应仅仅着眼于学生的当下，更应面向学生的未来，应该最大限度地创造平等交流的机会，给每个学生以最大的尊重，让每个学生都在最近发展区有所发展，自信快乐地追寻人生的意义。

（三）优化课堂教学环节，提高课堂教学效率

上课是课堂教学的中心环节。建构主义认为，任何学生进入课堂都不是“空着脑袋”来的，在日常生活和学习中他们已经学习了大量的知识，有的是与科学相一致，可以作为新的起点，有的则是相违背、需要转变的错误观念。优化课堂教学可以从以下几个方面入手：

首先，优化教学目标。教学目标决定着一节课的内容、方法以及教学手段，制定目标时需要体现学科特色，界定清晰，可以就一个课题深入研究，体现课程的整体性，有分有合，每节课的小目标是为了最终整体课程的大目标。

其次，优化教学手段。一堂精彩的课一定是通过层层打磨才造就的，教师除了认真备课、磨课，还要善于合理运用网络资源。在恰当的时候运用网络资源，不仅能调动学生积极性，而且能够提高教学质量，但运用网络资源时要注意一切为学生学习服务，切忌为了炫技而使用。

最后，优化生成环节。教学中设计复习环节，可以更好地突出课堂连贯性。如在导入环节前，可设置习得知识再复习环节，这样形成完整的课程体系，课前预习、课后温习都有抓手。

（四）增强课堂有效互动，活跃课堂教学气氛

有效的课堂互动是指在课堂教学活动中，教师采用最少的时间、投入最小的精力，取得尽可能多的教学效果。有经验的教师非常重视课堂教学的互动。

首先，教师应注重对学生自主、合作、探究能力的培养，在设计活动环节时，创设的活动主题应当最大化地契合学生的兴趣点，在学生进行探究活动前，申明活动规则、明确内容、阐明结果的展示方式等以保证活动有序、有效。在课堂上，教师要引导、鼓励学生自主学习、交流合作、大胆质疑、自信展示，锻炼学生的主动性、交流合作能力、语言表达能力和团队意识。

其次，作为课堂活动主导者的教师，不能只是观望，而应当时时走进每个小组中去，了解学生讨论的进度和焦点，对学生在讨论过程中遇到的问题进行答疑解

惑，尊重、信任和赏识学生，营造民主、平等、和谐的师生关系与课堂氛围。

最后，学生的未来有无限可能，我们应该看到每一个孩子身上独一无二的闪光点。学生作为课堂学习的主体，在教学当中应得到全面和有效的引导。在教学具体实施过程中也会有一些被动的参与者，或者根本不参与者，这些不积极、不参与的学生需要更多的关注和关爱。

课堂教学是一门无止境的艺术，是一门永远有缺憾的艺术，追求高质量的课堂教学是永恒的话题。古人云："吾日三省吾身。"我们只有在教学过程中不断反思，发现问题，不断改进，才能不断提高自己的教学业务能力，适应社会发展，实现高效课堂。

天津市南开区教师发展中心

第一章 成功开端——让课堂更入胜

导入环节是课堂教学的重要组成部分，被看成是激发学生学习兴趣的关键步骤，甚至是决定一节课成败的重要因素之一。精彩的导入能抓住学生的心理特点、激发学生的求知欲望和学习兴趣，使其达到“课未始，兴已浓”的状态，这是教师教授新课的关键。成功的导入环节应做到先声夺人、激趣课堂。

信息技术课堂中的游戏情境导入法

“两步走”玩转信息技术课堂导入

英语课堂“动起来”

用“人民币”导入地理课

因材施教　激活潜能

自主课堂的多策略导入

树深时见鹿　文盛处寓理

以“吵架”导入的历史课堂教学

历史课堂中的情境教学导入

先声夺人　激趣课堂

信息技术课堂中的游戏情境导入法

文/李　健

精彩片段

在进行小学信息技术的“复制与粘贴”等快捷键的教学时，教师设计了一个“嘴”与“手”比赛的小游戏，即在开始上课之前，教师问同学们是说话的速度快还是在电脑上打字输入相关内容的速度快，并且请同学们与教师一起来完成游戏。比赛的内容是社会主义核心价值观：富强、民主、文明、和谐、自由、平等、公正、法治、爱国、敬业、诚信、友善。教师在第一次输入的时候，速度明显比学生口述的时间慢，但是教师应用快捷键将相关内容进行了复制，然后再进行游戏的时候，学生口述时，教师开始使用“粘贴”功能，学生口述的速度明显比教师慢。

学生们此时都很惊讶，暂时处于比较疑惑的状态，这时教师可以跟学生转换角色，同时向同学们发起挑战：“有没有同学想挑战一下老师？看看你们打字的速度有没有我说话的速度快？”通过角色转换，同学们会积极思考如何打字打得更快，战胜教师。由于学生的能力水平不统一，假如有能够战胜教师的同学，教师应给予提示，请他们暂时不要揭晓答案。比赛结束后，同学们想揭开谜底的欲望都比较强烈，此时教师自然而然地转到这节课正式的教学内容“文本的复制、粘贴”的学习上来。这个课前小游戏在培养学生独立思考并解决问题能力的同时，又充分调动了学生学习的积极性，使学生们在后面的学习中能够集中注意力。

背景简析

上述导入环节是中图版《小学信息技术》五年级上册“文本编辑小能手”中的拓展内容。信息技术这门课程的操作性以及实践性都比较强，教材更多的是注重技能的训练，如果单纯从技术角度进行教学，学生很容易产生枯燥感，课堂的参与性不强。小学生正处于一个活泼好动的阶段，他们的年龄以及性格特点决定了他们比较热衷于游戏，享受游戏带给他们的快乐。因此将游戏作为小学信息技术教学的切入点，通过设置游戏情境引入课堂教学，能够让学生成为学习的主体，愉快地接受知识、学习技能，提升课堂教学与学习效率。

主题论点

在小学信息技术教学中，教师在进行教学设计时，应充分考虑小学生的性格特点以及身心健康发展规律，通过选择或设计恰当的游戏情境来进行课堂导入，激发学生的学习兴趣，充分调动学生学习的积极性与主动性，提高课堂的参与程度。导入环节通过游戏活动的引入，可以带领学生在轻松、愉快的课堂教学氛围中学习理论知识与实际操作技能，并且能够锻炼学生的自主探究与小组合作能力，在提高教学与学习效率的同时，全面提高学生的综合素质与信息素养。

深度反思

（一）采用游戏情境进行课堂导入的作用

1.游戏情境导入可以创建和谐的学习氛围。学习氛围是影响学习效果的一个十分重要的因素，尤其是对于小学生来说，沉闷、枯燥的学习氛围很容易使学生产生厌学情绪，如果信息技术课堂没有良好的学习气氛，教师很难掌控课堂。教师通过游戏情境进行课程导入，目的就是为学生营造轻松、自由的学习氛围，学生可以通过游戏在愉快、和谐的学习氛围中学习知识与技能。如“精彩片段”中提到的教学内容，如果单纯地给学生讲复制、粘贴等快捷键的操作使用，课堂气氛就比较枯燥乏味，但是通过设计小游戏进行导入，能够瞬间活跃课堂气氛，师生之间的关系也变得更加融洽。

2.游戏情境导入可以充分激发学生的学习兴趣。兴趣是最好的教师，只有当学生对所学的知识内容产生浓厚的兴趣时，心情才会变得更加愉快，才会主动接受知识，注意力也会更加集中和持久，从而保持亢奋的学习劲头。在信息技术课堂教学中，采用游戏情境导入的方法，可以充分激发学生的学习兴趣，从而引导学生进入一种主动学习的状态。“精彩片段”中设计的小游戏，让学生跟教师比赛，由于小学生的好胜心比较强烈，一听到比赛，立刻充满了浓厚的兴趣，主动参与感瞬间增强，这样能自然而然地将学生带入较好的学习状态，为后续学习活动的顺利进行奠定了基础。

3.游戏情境导入可以锻炼学生的探究以及创新能力。探究以及创新能力是推动社会发展的重要力量，也是学生能够自我发展与进步的关键源泉。在小学信息技术教学中，要注重培养学生的探究以及创新能力，让学生能够深切体会到思维的发散与创新给他们带来的积极意义。在“精彩片段”所提到的导入游戏设计中，通过教师与学生游戏角色的转变，教师借助学生想要赢得游戏的心理，让学生积极主动去探索赢得游戏的方式方法，在潜移默化中培养了学生的探究能力以及创新精神。

（二）采用游戏情境进行课堂导入时游戏的设计要求

1.选择或设计的游戏要有针对性与目的性。针对性就是要依据教学内容来设计游戏，使设计的导入游戏与教学内容有机地联系在一起，不能使游戏脱离教学内容；导入游戏还要针对学生的年龄和心理特征、知识水平、能力基础以及学生的兴趣爱好等实际情况进行设计。目的性主要是指设计的游戏能够帮助学生明确学习内容或者为教学过程的顺利开展做好铺垫。

2.选择或设计的游戏要富有趣味性。成功的导入游戏必须要设计得新颖、独特、引人注目，能够以鲜活的面貌出现在学生面前，并且趣味性要强，这样才能最大限度地激发学生的兴趣，提高学生的积极性与参与度。通过充满情趣的导入游戏，能够把课堂的教学节奏与氛围调节到最佳状态。

3.选择或设计的游戏要具有启发性。设计的导入游戏最好能让学生在做游戏过程中发现其中潜在的问题，这些问题与学生原有的认知结构产生冲突，从而启发学生主动去思考问题，激发学生解决问题的强烈欲望，从而发散思维、积极探究。

4.选择或设计的游戏最好具有关联性。游戏本身要以旧知识或者是学生已有的能力水平为前提，让学生温故知新，使游戏内容与新授知识内容紧密联系起来，通过游戏将旧知识加以拓展和深化，从而引出新知识的学习。

（三）采用游戏情境进行课堂导入时应注意的问题

1.把握好游戏活动的时长。采用游戏情境进行课程导入时，如果游戏时间比较短，学生可能无法融入其中，如果游戏时间过长，可能会导致学生注意力下降，从而丧失了游戏导入的作用。因此，教师要合理地安排游戏时长，不要单纯地以游戏为目的，而是将其作为引入信息技术教学内容的有效手段，避免时间以及精力的浪费。

2.恰当地选择游戏内容。无论是选择已有的电脑游戏还是自己设计的小游戏，教师都要充分考虑游戏内容是否符合课程的教学目标，并且要结合具体的教学内容，根据学生的学习需求进行游戏的选择或设计，游戏本身不能脱离实际的授课内容。

3.导入游戏要有吸引力。采用游戏情境进行课程导入的主要目的就是满足学生的求知欲望，通过游戏情境来充分吸引学生的注意力，防止教学过程过于枯燥乏味。因此，游戏情境的选择或设计要么非常新颖，对学生有足够的吸引力；要么贴近学生的生活，学生比较乐于接受；要么是学生都非常喜爱的游戏，大家都能积极地参与其中。

4.掌控好游戏的尺度。教师采用游戏情境进行课程导入时一定不能忽略游戏的负面影响，不能以玩代教，尤其是选择一些电脑游戏时，要选择知识丰富、内容积极健康、政治观点正确的游戏，同时要时刻提醒学生学会自我约束和控制，坚决禁止学生在学习时间玩游戏。

课堂导入环节是课堂教学的首要环节，其重要意义是不容忽视的。课堂的导入方式也是多种多样的，没有一种导入方式是万能的，教师只有结合教学内容以及学生的年龄特点，才能设计出生动形象、充满情趣的导入方式，这样才能使学生充满兴趣，迅速进入积极的学习状态，使课堂活跃起来。

天津市南开区教师发展中心

“两步走”玩转信息技术课堂导入

文／李 倩

精彩片段

师：同学们平时上了一天课后回家，是不是感觉有些疲劳？

生：是。（学生刻意拖长音，表示出自己确实疲惫。学生此时的状态很放松，觉得老师很理解他们，并且表达出希望和老师继续沟通交流的意愿。）

师：是不是有时到了该睡觉的时间却没有什么困意？

生：对！太对了！（学生们睁大眼睛，猛点头，不约而同地回答。）

师：今天老师给大家推荐一款能够舒缓神经的3D光影纸雕灯。这么神奇的纸雕灯到底长什么样呢？同学们去文创店有没有见到过？

生：没有。（学生因为没见过这么神奇的东西而略感失落。）

师：好，那我们一起来看段小视频就知道了。（此时播放教师课前制作的当下最流行的卡点视频，短短的10秒里面包含10张唯美的纸雕灯的图片。）

生：（刚播放1秒）哦，是这个呀！（部分学生异常兴奋，因为他们之前见过，只是不知道叫纸雕灯而已。）见过！见过！（学生聚精会神地看，视频播放完仍意犹未尽。）

师：（教师发给每个小组一个自制的纸雕灯，学生拿到实物后自己接通电源，灯亮起的一刹那，学生更是异常兴奋，因而将导入环节推向高潮。）那同学们想不想动手制作一个属于自己的、独一无二的纸雕灯呢？

生：（学生异口同声）想！

背景简析

此片段出自中图社七年级信息技术教材上册第三单元最后一节“创意作品交流”，按照传统教法，任务驱动：试运用所掌握的图像编辑、合成技术创作一幅以“科幻”为主题的图片。这对当代中学生毫无吸引力可言，学生们会注意力不集中、精神涣散、敷衍了事，甚至对图片做个简单的处理后就“无所事事”了。教育信息化时代，对学生的信息素养有更高的要求，教师需要充分以学习者为中心，引导学生利用所学知识解决生活和学习中遇到的实际问题。

主题论点

夸美纽斯指出：“一切知识都是从感官的感知开始的。”教师先通过多媒体引出主题，使学生先有个感性认识，再通过实物展示，使学生近距离地观察实物，进而通过感官感知，激发学生学习热情，引发学生主动思考，并综合运用已学知识与技能解决生活与学习中遇到的实际问题。当实物发放到学生手中时，将导入环节推向高潮，学生已融入情境，迫不及待地自主探究新知，这也有利于创新型、综合型、高水平人才培养体系和高效课堂的构建。

深度反思

所谓课堂导入，是教师在教学内容开始前引导学生进入学习状态的行为。“导”是为了引出课堂并激发学生的学习热情和需求，“入”是让学生处于某种状态或境界。通俗地讲，课堂导入的直接目的是引导学生进入学习状态，最终归宿是为了更好地达成教学目标与课程宗旨。可见，导入环节是课堂教学的重要组成部分，被看成是激发学生学习兴趣的关键步骤，甚至是关系一节课成败的因素之一。精彩的导入能抓住学生的心理、激发学生的求知欲望和学习兴趣，使学生达到“课未始，兴已浓”的状态。

现在中学生过早地接触电子产品，有较好的信息素养与信息能力，因此，依托信息技术和与生活实际密切相关的导入能迅速营造学习氛围、充分以学习者为中心。学生在导入环节即可迅速进入学习情境，自主探究新知，并将所学知识与技能用于解决生活和学习中遇到的实际问题。如果导入再能结合创新性的实物展示，更能激发学生学习兴趣，学生能即刻感受到所学知识和技能的实际意义，对比传统单一学科的知识技能教学，这样的导入可以说是激趣的、创新的、事半功倍的。

在学完七年级信息技术教材第三单元前面几节的Photoshop基本知识和技能后，本单元的最后一节是创意作品设计交流课。按照传统的教法，教师往往会以任务进行驱动：请学生试着运用所掌握的图像编辑、合成技术创作一幅以“科幻”为主题的图片。这样的任务对当代中学生来说毫无吸引力可言，学生会敷衍了事，甚至对图片做个简单的处理就算完成任务了。教育信息化时代不仅对学生的信息素养有了更高的要求，对教师在课堂导入环节也有了更高的要求，绝不是每到这一章节都放一张“科幻”海报示例这么简单的操作就可以引导学生进入教学情境的，这样也不利于创新型、综合型、高水平人才培养体系和高效课堂的构建。

因此，笔者尝试打破以往的海报设计思路，在课程一开始，用学生感兴趣的话题引入：“同学们平时上了一天课后回家，是不是感觉有些疲劳”“是不是有时到了该睡觉的时间却没有什么困意”。学生此时的状态很放松，教师播放课前制作的当下最流行的卡点视频，短短的10秒内包含10张唯美的纸雕灯照片，学生有了感性认识后，教师将课前制作的兼具实用和审美价值的纸雕灯实物展示给学生，学生自己接通电源点亮纸雕灯，成功激发学习兴趣，从而将课程导入推向高潮。对于实物展示，教师可尽量多做几个分发给各小组，以保证每个组的同学都能近距离感受纸雕灯，同时激发学生自己动手设计、制作的热情。在同学们希望制作一个属于自己独一无二纸雕灯的热情被点燃后，引导学生通过观察实物分析所需的材料与技术，进而完成后续的学习。

令笔者欣喜的是，学生表现出前所未有的求知欲，导入环节后，学生全程融入情境，即使对微课里复杂的制作流程也掌握得很快，为后面的学习做了极好的铺垫。可以说，这样依托信息技术又紧密联系生活实际的导入，充分营造了学习氛围，使学生能够快速进入情境。他们可能不会对割裂的一个个知识点或技能感兴趣，但当他们解读到所学的知识与技能在生活和学习中能用到时，兴趣就会被迅速点燃。笔者观察到，即使平时上课不注意听讲的学生也能快速融入其中，大家都想通过自己所学的信息技术制作一个纸雕灯，于每晚写作业时置于书桌之上。

可见，有效的课堂导入就好像一首乐曲的前奏，能起到先声夺人的效果，有利于学生启动思维，以高昂的情绪投入到学习活动之中。笔者摘选的片段来源于一堂初中信息技术课，信息技术课得天独厚的技术优势可以带来更多的导入可能，而这一切都要从学生的生活实际出发。在利用实物导入的课堂，教师课前需要花大量时间去尽可能多地制作样品，这样可以分给每个小组一个，供大家近距离观察。为了能给学生强烈的视觉冲击，唤起学生学习的兴趣，教师可以在实物展示前综合运用自己的信息意识和信息能力制作一个震撼的导入视频，使学生充分感受信息技术的强大魅力。先入为主地吸引学生的眼球，再把运用信息技术制作出的实物展示给学生，将导入推向高潮，这样"两步走"的导入法能够迅速创设情境，使学生整堂课都于情境之中，主动探究获取新知。

此外，本节课所展示的实物作品的难能可贵之处还在于将创客思想融入其中，实践过程融合了美术、信息技术、数学、劳技、物理等学科知识，非常有助于学生综合素质的养成，且作品具有极高的审美价值，在学习之余可以舒缓心情，有助睡眠。与此同时，学生在过程中不断发现问题、分析问题、解决问题，这是一个不断认识、完善、升华的螺旋式上升过程。

天津市南开区教师发展中心

英语课堂“动起来”

文 / 刘　丹

精彩片段

对于很多初中学生来说，在学习英语的过程中，很多时候还是采用机械式记忆的方法。教师若采用灌输式的方式进行教学，对于学生而言，往往只能够在短期内有较好的记忆效果。为了能够加强英语听、说、读、写对于学生的深入渗透，教师就要通过有效的方式，改变过去单一的灌输式的教学方法，要能够对学生的思维进行充分调动和启发，并在其中促进学生的深入消化和吸收。互动教学模式就是有效方式之一。因为互动不仅能够对学生形成较好的课堂吸引力，促进学生集中注意力，同时对于学生思维是一种无形的“驱动力”，让学生能够在“思中学，思中记”。但是教师在设计互动内容的过程中，也要注意适应学生特点，能够契合教学目标，围绕学生发展的核心要义进行，这样才能够起到强化课堂、突出课堂的效果。

背景简析

初中英语是初中生所需要面对的重要的学习科目，随着年级段的上升，不仅需要记住的词汇量有所增加，同时相关英语知识点覆盖面更为广泛，题型也更加丰富，难度也相对更高。这时候很多学生可能会对英语产生一定的畏难情绪，从而产生枯燥感，注意力难以集中。而将“师生互动”引入课堂，凭借“师生互动”的创新性和生动性，给学生带来较新鲜的感觉，能够调动学生兴趣，提高学生课堂融入程度。

主题论点

新课导入是十分重要的环节，不仅能够在一定程度上影响学生的学习兴趣，同时也能够在一定程度上发挥预习的作用，有助于促进学生理解课堂内容。我们在新课导入的过程中，就可以通过“师生互动”的方式来与学生进行互动，在这之中帮助学生建立起对相关学习内容的感知和进一步探究的兴趣。如教师带领学生学习八年级下册《Module 6 Unit 2 ***Hobbies can make you grow as a person***》的时候，在课前先布置三个问题：What is your hobby? How long does it last? Why do you enjoy it?（你的爱好是什么？这个爱好持续了多长时间？为什么你会享受这个爱好？）因为是学生的个人爱好，学生乐于表达的内容也比较多，能提前进入课程中来。上课的时候教师可以将这三个问题展示在大屏幕上。

此时，大部分学生已经做好了准备，他们有喜欢踢球的、喜欢游泳的、爱画画的、爱养小动物的、喜爱各种乐器的，甚至还有的同学把和别人聊天分享心情和交换珍藏的东西作为爱好。孩子们的表现超出了我的预判，有的学生还带来了照片，还有的学生把奖牌和证书都带来了，对自己取得的成绩非常骄傲。大家踊跃地说着自己的爱好，沉浸在自己的小天地中，听的同学也饶有兴趣地细心聆听，甚至因为这节课找到了志趣相投的好朋友。

第三个问题对有些同学来说是比较难表达的，教师可以将其他同学在表达的过程中用到的相关词汇写在黑板上，如learn…from（从……中学习）、because（因为）、make me…（使我……）、be proud of（为……骄傲）。为了帮助学生更好地融入阅读内容中去，教师可以以师生互动的方式来对之前学生已经学过和兴趣爱好有关的词汇短语和句型进行复习，并且以课本材料为依据，将所要学习的内容传递给学生，并且在过程中让学生能够尽量结合自己之前已经掌握的单词去进行联系、归类。此外值得一提的是，教师在带领学生进入课程之前应当充分运用教学大纲来实现培养学生自主学习能力的目标，尤其是要注重教学大纲的趣味性、生动性，以提升英语教学效果。

相较于传统的教学模式，师生互动所体现出的一个重要的中心思想就是要让教师和学生的“教”与“学”在课堂上更加真实且生动地发生，并较好地体现以学生为中心，即在课堂上更加突出学生的主体地位，围绕学生的实际需求以及教学的目标，来设计具体的师生互动内容。这样不仅英语课堂的结构能够得到一定的创新调整，同时，在开展师生互动的过程中，教师和学生能够有机会进行更多的交流探讨，通过多种途径给予学生启发和提升。这相较于传统的英语课堂，在形式和内容上都有了一定进步。

深度反思

《义务教育英语课程标准（2011年版）》中指出，要积极采取有意义的学习方式，不断提高学生英语学习的效果，培养学生的英语素养。这其中，师生互动是较为优化的学习方式，而且对于学生的英语思维驱动和训练有着比较明显的作用。但是想要充分发挥师生互动在初中英语课堂的效果，就要认识到师生互动的应用意义和价值。关于爱好的那节课优势就在于话题与孩子们的生活很接近，他们有话可说，也感兴趣，从而乐于和大家分享。但不是每个模块的内容都那么贴近学生的生活，这就需要教师在上课之前仔细研究课题和课文内容，找到课文话题和学生的契合点，自然地将学生们带入课堂，融入课堂，不让任何一名学生边缘化。在此基础上，教师还要考虑如何促进价值的有效发挥，有针对性地进行师生互动课堂活动的组织和实施，以促进学生知识体系的巩固、学习能力的提升、英语思维的强化。对于初中生来说，在英语学习中一个常见问题就是学习过的东西很容易忘记，这主要是因为初中生本身对于知识的接受能力、消化能力相对比较弱。同时，很多初中生在英语学习过程中容易注意力不集中、开小差等，这都影响了英语学习效果的巩固。但是通过师生互动，能够从多个角度对学生的思维进行驱动，持续提升学生对于相关教学内容的融入程度，学生对于相关知识点的印象会更加深刻，从而巩固阅读成果。比如在七年级下册英语课程《***Online shopping***》（网络购物）这一单元的学习过程中，在带领学生学习了相关词语、新的表达方式以后，教师就可以组织学生以“I am shopping（我在购物）”为主题进行对话，和教师开展即兴表演，同时在表演的过程中结合课本，要求学生在对话中运用到

“some/any”“there be”等词组。

当然，导入环节并不仅仅是让学生乐意听课，更主要的是让学生学有所得。所以，凡是学生参与的活动，活动之后的评估环节也是很重要的。所谓学习评估环节的师生互动，就是要摆脱过去以教师为主的单一评价方式，转换成以学生自评、学生互评和教师评价“三位一体”的主体多元化评价方式，让教师和学生能够在其中充分进行互动、交流、思考。具体而言，首先是在学生学习任务完成以后，先由学生进行自评，自评主要从几个角度出发，包括学生自己觉得对于相关知识点的认知和掌握情况，学生自己认为学习内容的实践运用情况以及学生对于教师教学方式的意见和建议等。其次，由学生之间进行互评，在进行互评的过程中，教师应当充分引导学生通过不同的方式去评价，从而提升评价的实效性。最后，教师对学生的学习结果进行评价，并且在评价结果给出以后和学生进行探讨，了解学生之所以对自己给出某类评价结果的原因。这种评价方式体现了良好的互动合作效应，可以通过师生互动的方式了解学生对知识的掌握情况，如组织学生围绕“Making plans（做计划）”去展开相应的对话设计，并和同学进行演绎，使得教师了解学生掌握情况，并在给出点评的同时也让学生知道自己的不足。再比如教师还可以以共同完成任务的形式去进行评估，如在》***School life***（校园生活）》这一单元中，就可以先将学生进行分组，然后以“a day at school（在学校的一天）”为任务目标，教师先给出一个开头，让每个学生围绕这句话以及教师给的开头，构建一句话，最后每个小组要形成一个完整的故事。

在初中课程中，英语作为基础学科之一，是学生应试所需要面对的重要科目。“师生互动”模式作为对学生综合能力提升有较大作用的学习模式，如果能够有效将其应用于初中英语课堂中，尤其是课堂导入环节中，对于提高学生英语兴趣、英语素养则有一定的促进作用。

天津大学附属中学

用“人民币”导入地理课

文／勾丽丽

精彩片段

师：今天老师要出道题考考你们，答对了有奖励。大家准备好了吗？

生：准备好了！

师：你们知道5元、10元、20元人民币背面的图案分别是什么吗？

（我在大屏幕上分别打出了5元、10元、20元人民币正面的图案，学生们看着熟悉的图案，却答不上来我的问题，于是课堂里有的学生在小声嘀咕、窃窃私语，还有的在偷偷翻自己的口袋。）

师：怎么样，难住你们了吧？（得意。）

这时突然有个学生举手了，我马上示意他回答。

生：老师，我想起来了，20元人民币背面的图案是桂林山水，因为我和爸妈一起去那里旅游过，还特意拿着20元人民币在那个位置拍照了，所以我印象很深刻。

师：回答完全正确，20元人民币背面的图案是桂林山水。为你点赞！老师还要送你一份礼物。（我在大屏幕上打出了20元人民币的照片。）

其他同学都对他投来羡慕的目光，这时又有几个同学高高举起了手，课堂气氛特别活跃，大家一起回答出了5元人民币背面的图案是泰山，10元人民币背面的图案是长江三峡。

这时有同学说虽然对人民币很熟悉，但却从来没有注意过人民币背面的图案。我趁着学生们热情高涨、意犹未尽，赶紧“趁热打铁”，问他们是否知道这三处自然景观的成因。学生们马上开始调动自己的知识储备，寻找问题的答案，他们说了几种答案后我没有评判对错，而是把他们的几种推断写在了黑板上。然后我告诉大家学完今天这节课就能解释这三处自然景观的成因了，那时再一起来判断几种答案的对错，这时候我能感觉到学生已经迫切地想要开始今天的学习了。

背景简析

最近要讲授“地壳的运动和变化”一课，这节课常规的导入方式有很多，为了能够一上来就吸引学生的兴趣，把学生的注意力引导到课堂教学中来，我搜集了很多素材，比如各种地貌的照片，这些照片视觉冲击力很强，可是我总觉得不能给学生留下深刻的印象，而人民币是大家非常熟悉的，贴近生活，于是我就想以“人民币”为本课的切入点，激发学生的学习热情，带动学生马上进入课堂情境中来。

主题论点

《教育心理学》中指出：“好的导语像磁石。”因此一节精彩的地理课必定要有一个扣人心弦的导入环节，它既要符合新课程的理念，又要能唤起学生学习的欲望，让学生的思维迅速进入地理思维状态。地理学是最贴近生活、最接地气的一门学科，日常的生活现象、自然风光等都能成为地理学习的课程资源。面对海量的素材，教师需要做一个有心人，对学生发展核心素养中的每一个要素进行深入解读，随时收集对课堂导入有用的信息，并高度融合进自己的学科教学中，这样才能在导入环节做出精彩的设计，培养学生的必备品格和关键能力。

深度反思

课后我找了几名同学，询问他们：“今天这节课和平时的课有什么区别？这节课有什么收获？”同学们普遍觉得今天的课听得特别认真，因为课堂伊始的导入环节一下子就把他们的注意力都吸引过来了，并且这节课大家始终是带着问题来上的，所以注意力很集中。因此与平常的地理课相比，这节课给他们留下的印象更深刻，他们主动探究的欲望更强烈。有几名同学说通过这节课的学习发现地理和生活联系很紧密，原来生活中处处有地理，连“人民币”上都有地理知识，以后一定要学好地理，做到“上知天文，下知地理”。还有几名同学说自己回家以后把1元、50元、100元人民币都找了出来，把它们背后的图案都看了一遍，还特意出题考了考他们的父母，把父母都难住了，感觉很有成就感。他们希望以后这样的导入可以多一些，让地理课更加富有趣味性和生动性。

好的开始是成功的一半，高效的课堂离不开有效的课堂导入。有效导入能迅速地将学生的注意力吸引到课堂中来，因此探求有效导入策略是广大教师不懈的追求。任何知识都源于生活、源于实践，学生的生活体验有助于其学习教材上的知识，教师立足生活实际展开引导，选用学生比较熟悉的生活素材进行课堂导入，依托生活中熟悉的情境使学生有如临其境之感，有形、有境、有情、有体验。通过生活中的实际问题与课堂教学目标有机结合，更能激发学生学习兴趣，也有利于培养学生乐学善学、问题解决等方面的核心素养。

地理课程重在研究人类活动与地理环境的关系，所以地理课程与人们多姿多彩的日常生活是密不可分的，而多姿多彩的生活也对学生有着强烈的吸引力。所以在教学过程中，地理教师在深挖教材的基础上，更要注重紧密结合学生实际生活，通过创设各种各样贴近生活的教学情境导入新课，在课堂教学的开端就让学生再次体验生活、反思生活，当学生面临问题需要新知识进行解答时，他们就会积极地学习，从而在不经意间进入地理思维状态，实现地理与生活的接轨。

如学习“热力环流”这一知识时，我会设置这样的探究情境导入：“同学们，教室里的空调为什么都悬挂在高处？教室里的暖气片为什么安装在室内墙壁较低处？”还可以这样问学生：“如果你是一名导演，要拍摄女演员面朝大海，长发向身后随风飘起的画面，应该选在一天中的什么时候拍摄？”学习“自然条件对城市和交通线的影响”时，我会给学生介绍在三个不同城市问路的情形：“在天津问路人家会告诉你向左走或者向右走，在北京问路人家会告诉你向东走或者向西走，在大连问路人家会告诉你向上走或向下走，你知道这是为什么吗？”

在学习“锋面”这一知识时，我会借用学生熟悉的古诗设置探究情境导入：“‘清明时节雨纷纷，路上行人欲断魂。借问酒家何处有，牧童遥指杏花村。’大家都知道杏花村的酒很有名，关于杏花村的具体位置也多有争议，其中争议最大的两个地方就是山西和安徽了。如果这雨是锋面雨的话，大家觉得杏花村应该是在山西，还是安徽？依据是什么？”学习“正午太阳高度角”这一知识时，我会问学生：“为什么我国北方地区的楼间距比南方地区的楼间距要大？”学习“城市化”这一知识时，我会问学生：“我们学校附近的地名有万德庄、西湖村，这说明了这些地区过去是什么地方？你还能说出身边哪些过去是农村，现在已经城市化的地区？”这样直观的生活情境导入能有效激发学生的思考和探究欲望，使学生印象深刻。

课堂导入是教学的重要环节，课堂导入虽然就短短的几分钟，但是它能充分吸引学生的注意力和学习兴趣，活跃课堂气氛、激活学生思维、提高课堂效率。新课导入的有效策略非常多，没有固定的模式可遵循，地理教师要根据学科特点，以学情为根本出发点，紧紧围绕教学内容，设计有趣味性、娱乐性、真实性的课堂导入，为学生营造一个轻松、愉快的教学氛围，激发学生的学习兴趣，使学生积极主动参与课堂教学，为打造高效课堂奠定基础，使新课导入成为培养学生核心素养的有效方法和重要途径之一。

天津市南开区田家炳中学

因材施教　激活潜能

文/秦　艳

精彩片段

在讲授“古代商业的发展”时，我第一次尝试了翻转课堂的教学模式。课前学生通过阅读教材和观看教师制作的微课，自主完成“课前自主学习任务单”，初步了解本课内容，为课上的深入探讨奠定基础，也进一步培养学生的自主学习能力。

课上我精心设计了两个探究题目：一是探究两宋时期商业繁荣的表现和原因，培养学生多角度获取历史信息的能力以及“论从史出”的历史思维方法，同时增强学生学习历史的兴趣；二是带领学生感悟古代中国商人的优秀精神品质，树立正确的义利观，引导学生继承和发展中华民族优秀的传统文化精神。

课后布置开放性作业题，培养学生合作探究学习的能力和运用所学知识多角度分析、解决问题的能力。在翻转课堂教学模式下，每个孩子都是平等的，他们在课下有充分的时间去思考与探究，这样在课上他们的思维才能碰撞、爆炸，形成知识的再生成。这种教学模式改变了以往被迫接受知识的局面，激发了学生的学习兴趣，提高了学生自主研读、探究问题和解决问题的能力。在整个学习过程中，学生始终都是“学习的主人”。

背景简析

本课为人教版历史必修(Ⅱ)第一单元第三课,具有承上启下的作用,它既是前一课的延伸,又对后一课具有抛砖引玉的作用。传统课堂教学中,教师讲、学生听,学生仅仅是教师忠实的“静听者”,成为一个装知识的“容器”。学生被动地接受知识,与教师之间很少互动,知识的传授过程也都放在课堂上,知识的内化则只能靠学生的自觉性,因而在课堂上经常会出现学生学习积极性不高、学习热情衰退、上课容易走神,或者只是一味地做笔记等现象,课堂的教学效果并不是很好。本课授课对象为高一年级的学生,他们逐步适应了高中学段的学习要求,开始具备一定的思辨能力、自主学习能力,但全面解读历史材料、多角度综合分析问题的能力还有待提高。而本课头绪众多,时间跨度大,专业性强,有些内容是学生难以理解的。此外学生的理解能力、学习态度各有差异,这也为统一教学带来不便。因此,我决定尝试翻转课堂的教学模式,采用小组合作探究方式指导学生学习。

主题论点

新课程改革以来,学生的主体地位越来越受到关注,再加上不断更新的教学理念和信息化技术的发展,课堂教学的信息化特征越来越明显,而翻转课堂教学模式为新课程改革中强调的“以学生为主体,教师为主导”的因材施教的教学提供了新的指向。翻转课堂教学模式更能满足学生个性化的学习要求,有助于激活学生学习潜能,培养学生的历史学科的核心素养,生成科学、高效和有生命力的历史课堂。

深度反思

本节课是我首次实践翻转课堂教学模式。所谓翻转课堂教学模式,是针对传统课堂的教学模式而言的。翻转课堂通常是指学生在家完成对基础知识的学习,而课堂则变成教师与学生之间,学生与学生之间交流与互动的场所,包括解答疑惑、探究与深化认识以及知识的运用等,从而达到更好的教学效果。因而翻转课堂更能满足学生个性化的学习要求,更能全面提高学生的综合素质。

（一）实现“学生是学习主人”的转变

在传统课堂中，反应快的少数学生具有更多的表现机会，他们往往把控着课堂的节奏。而有些反应稍慢的孩子容易跟不上节奏，久而久之，这些孩子便成了所谓的学困生。而翻转课堂教学模式可以实现学生随时随地学习，一个微课视频学生可以根据自己的需求，反复观看，在线的练习题教师也可以及时批改，有些题目做错了，可以第一时间知道正确答案，并通过多种途径去解决问题，分析出错的原因。此外学生还可以向教师、家长、同学等求助，直到学会为止。翻转课堂教学模式下，学生可以充分利用一些碎片化的时间，使学习更主动、便捷、轻松，这也是信息化时代学习的方向。这样，在翻转课堂的教学模式下，每个孩子都是平等的，他们在课下有充分的时间去思考与探究，这样在课上他们的思维才能形成碰撞，知识才能够得到生成。

翻转课堂教学模式就是充分利用了现代化的信息技术，为学生提供了一个更广阔的平台，使学生自己去搜集、研读历史学习资料，去思考、去探究历史问题，从而改变了以往被迫接受知识的局面，激发了学生的学习兴趣，提高了学生自主探究问题和解决问题的能力。在本课教学中，从课前的自主学习到课上合作探究学习，学生们一直保持着较高的学习热情，课上也都积极参与讨论，相互启发。课后的学习延伸作业也培养了学生自主研究问题的能力。通过阅读与分析史料，有助于激活学生的学习潜能，学生之间互相探讨与交流，彼此的思维发生碰撞，有利于他们开阔视野，不拘泥于固有的思维模式，使他们提出问题、分析和解决问题的能力得到培养。在整个学习过程中，学生始终都是“学习的主人”。

（二）课堂上充分体现了师生间、学生间的互动交流

由于学生在课前通过完成“课前自主学习任务单”，已经对教材中的基础知识进行了自主学习，所以在课堂上有更充裕的时间来探究一些问题。在探究问题过程中，教师已不再是传统课堂中远远地站在讲台上的老师，而是学生身边的指导者，是课堂的组织者和问题的决策者。在学生探究问题时，教师静听学生之间的争辩与交流，在必要的时候予以适当的提示与决断，不要让学生在细枝末节的问题上过多纠缠，在学生困顿迷茫的时候予以适时的点拨与指导。教师走到学生中间进行个别辅导，拉进了师生之间的距离，有利于营造更亲切融洽的课堂学习环境。而

学生之间的探讨交流和彼此的思维碰撞，也有利于开阔学生的视野，使他们不拘泥于固有思维模式，从而培养学生的质疑精神和创新能力。

（三）翻转课堂的教学模式对教师提出了更高的要求

在传统教学中，教师备课的主要任务就是梳理教材知识，然后讲授给学生。但在翻转课堂的教学模式下，教师需要采用现代信息技术，注重引发学生去思考、探究，促进学生学习并使学生学会学习。这就需要教师具备运用现代化教学手段、有效组织课堂活动、监督指导学生学习、有效进行反馈评价等各方面的能力。在此课教学中，无论是微课脚本的撰写、课件制作、练习题的选取、课前自主学习单与课上学案的编写，还是课上对学生活动的组织、师生之间的对话交流，这一系列设计都是对传统教学模式的挑战。

本研究是我的翻转课堂的教学实践，在很多方面还存在着待改进的地方：如何对教材内容进行重新整合，使得学生探究问题更有深度、与社会现实结合得更紧密；自己在课堂上的组织与协调能力、监管与指导学生学习的能力等还有待于提升；如何更高效地运用现代化信息技术实现师生间、学生间的交流等。通过实践，我发现翻转课堂教学模式其实对教师提出了更高的要求。翻转课堂的理念下，教师需要不断更新教学理念、提升各方面的教学能力，重在提升自己的学科素养、教育教学素养以及信息技术的素养等。

古罗马教育学家普罗塔克就曾说过："儿童不是一个需要填满的罐子，而是一颗需要点燃的火种！"教育并不是一件"告诉"与"被告知"的事情，而是学生主动参与的和建设性的过程。翻转课堂教学模式就是在高效传授知识的同时，对传统课堂中学生有效参与不足做出了很好的弥补，为新课程改革强调的"以学生为主体，教师为主导"的教学提供了新的指向。翻转课堂教学模式更能满足学生个性化的学习要求，对学生的自主学习、合作学习及创新思维能力是很好的锻炼，有利于培养学生历史学科核心素养。

今后，我将在教学实践中大胆创新使用这一教学模式，培养学生的洞察力、思辨力和表达力，在历史教育中唤醒学生的灵魂，最终实现教育从知识本位走向综合素质本位，激发学生的学习潜能，真正实现以学生为主体的因材施教。

南开大学附属中学

自主课堂的多策略导入

文/于 倩

精彩片段

师：同学们好，下面请大家观看视频片段《大国之酿》。

中国是四大文明古国之一，有着五千年的酿酒文化。古往今来，华夏大地美酒数之不尽，勤劳的人民用自己的智慧，采用了高温制曲、高温堆积、高温接酒、长期窖藏陈酿的方法，充分利用微生物的发酵作用酿酒，这被世人誉为的中国的“第五大发明”。酿酒在与现代科技的完美融合中，焕发出蓬勃的生命活力。

师：同学们，中华民族是一个勤劳智慧的民族。古往今来，劳动人民充分利用自然界中的微生物，酿造出了举世闻名的美酒。作为中国人，这是值得我们骄傲和自豪的。大家通过视频已经了解到酿酒需要的是酵母菌，它是一种微生物，可以在适宜的环境条件下将有机物分解为无机物。生活中大家见过酵母菌吗？

（学生回答）

师：（展示提前准备好的小袋干酵母）相信很多同学看到我展示的干酵母，就会想起来妈妈发面时用到它了。下面，老师给大家用酵母菌变一个“魔术”，让我们共同体会在酿酒和发面中发挥作用的重要角色——酵母菌。

教师在一个矿泉水瓶中加入酵母菌和葡萄糖，再加入温水，在矿泉水瓶口套一个小气球。稍等片刻后，学生们会看到气球逐渐增大的过程，并为此惊喜不已。

师：同学们，气球为什么会胀大呢？里面的气体是什么呢？酿酒的原理又是什么呢？让我们今天一起进入本节课“人类对细菌和真菌的应用”的学习。

背景简析

以上导入片段来自人教版八年级生物第四章“细菌和真菌”中第5节“人类对细菌和真菌的应用”内容的教学。“人类对细菌和真菌的应用”这一节内容本身不难，在设计之初，我希望能够充分发掘其中的育人价值。在导入环节播放“大国之酿》的片段，一方面是为了激发学生对酿酒原理的兴趣，另一方面，是为了强化学生对我国传统文化的认同感，提升学生的爱国情怀。“小魔术”内容是本节课的一个课堂实验，更贴近学生的年龄特点和学情特点，我将其放入导入环节，好奇和困惑会让学生很好地进入课堂学习。

主题论点

导入是课堂教学的重要组成部分，是激发学生学习兴趣的关键步骤。课堂类型不同，导入方法不同。每节课可以采用不同的导入方法，这恰恰说明教学有法、教无定法。一个精彩的导入，应该紧扣教学目标，渗透学习主题，激活学生原有的情感和认知，联系学生的知识和经验，使他们有条件去思考和探究，进而达到喜爱学习、渴望学习的境界，最终领会运用知识去解决生活中实际问题的终极目标。

深度反思

导入环节是一节课的开始，俗话说，“好的开始，就是成功的一半”，精彩的导入是非常重要的。教师在课堂上巧妙地导入，可以把学生的学习兴趣调动起来，使学生在整节课中思维都处于高度活跃的状态，这大大提高了学习效率。在教学过程中，我在认真分析教材内容的同时，努力找出在生物教学中切实可行的导入方法。下面，我将结合人教版八年级上册生物教材来谈谈自主课堂的多策略导入。

（一）生活情境引入法

教师可以根据教学内容创设情境，这一情境可以是虚拟的情境，也可以是真实的情境。根据学生对社会现象的关注以及获得的生活经验，营造一定的情境，可作为一个很好的教学切入点。

新闻曾报道：广东某超市里出现米猪肉，造成市民恐慌。在讲授第一章第一节“腔肠动物和扁形动物”时，教师若以新闻报道超市里出现米猪肉的事件引入教学，会使学生觉得课堂内容很贴近生活，由此很容易激发学习兴趣，自发地想要了解什么是米猪肉、米猪肉里有什么寄生虫、我们该如何预防等知识。讲授第三章“动物在生物圈中的作用”时，教师可介绍美国科普学家蕾切尔·卡逊在1961年出版的《寂静的春天》，书中描述了人类可能会面临一个没有鸟、蜜蜂和蝴蝶的寂静世界。通过营造这个情境，教师请同学们思考，如果真的没有了动物我们将会面对一个什么样的世界，进而进入本节课的教学。

（二）图片引入法

图片是一种非常直观和生动的教学辅助材料，适当巧妙地利用图片往往能起到语言表达难以实现的效果。利用图片导入课堂教学活动，可以有不同形式，比如可以利用课本中已有的插图、网络搜集到的照片，还可以利用挂图、自制水彩画、粉笔简画等。

第一章第四节“鱼”的教学引入，教师可以通过幻灯片播放天津极地海洋世界的图片进行。由于大部分八年级学生都去过极地海洋世界，相关图片很容易引起他们对极地海洋世界里的动物的回忆。很多学生都能说出各种鱼类的名称，进而很好地进入学习状态。

讲授第四章第二节“细菌”，教师可用图片展示金字塔里的木乃伊和腐烂的食物，并提出问题：“为什么很多食物存放时间长就会腐烂？为什么木乃伊千年不坏？导致食物腐烂的原因是什么呢?”教师由两张照片的对比引出两个问题，进而导入本节课的教学。

（三）视听引入法

视听引入是学生最感兴趣也是最能吸引学生注意力的教学手段。播放视频片段或者原声录音，能激发学生的兴趣，从而调动学生学习的积极性。在本册教材中，很多内容的教学都可以利用视听导入法。

第一章第六节为“鸟”，针对本节课的重点内容“鸟类适于飞行的特征”，教师可以在上课前通过播放鸟类在天空中自由翱翔的视频引入本节课的重点内容。

第二章第一节为“动物的运动”，本节内容关注的是一个动态的内容，所以非常适合用动态视频导入。通过播放“各种动物的运动场景”的视频，一方面吸引学生的注意力；另一方面可以激发学生对大自然的热爱之情。

讲授第四章第三节“真菌”时，教师可播放视频《一个橘子的腐烂过程（加速一百倍后）》，让学生亲眼看到生活中常见的橘子是如何慢慢腐烂长毛的，这能极大地激发学生的兴趣，进而很自然地过渡到“真菌”这一节内容的学习。

（四）用生物史引入

教学中适当地介绍一些生物史或科学家的传闻逸事，往往能收到较好的教学效果。生物史往往是很好的情感教育的素材。

如本文“精彩片段”中介绍了很多发酵食品的制作方法，其中大部分都是劳动人民智慧的结晶。上课开始，教师可以给学生介绍我国三千多年的发酵历史，尤其可以重点介绍我国在夏商时期便已经发明了白酒酿造技术，这一方面可以激起学生学习的兴趣；另一方面可以很好地进行情感教育。这就是生物史在教学导入中的应用。

（五）以生活问题引入，促使学生懂得学习的意义

教师通过学生生活中熟悉的事例或生理现象导入新课，能使学生产生亲切感，容易引发学生的兴趣，并且从中了解学有所用、学以致用的思想。

第四章第四节“细菌和真菌在自然界的作用”的教学时间恰是秋天落叶时，学生每天都能看到许多树叶飘落。教师在本节课的教学中，可抓住学生非常熟悉的生活现象，提出问题：“秋风扫落叶，年复一年，地面上的落叶会不会越积越多呢？为什么呢？”从而引出本节课的教学内容。

以上是我在教学过程中对课堂导入的一些尝试。课堂导入的方法很多，每节课可以采用不同的导入方法。一个精彩的导入，应该紧扣教学目标，渗透学习主题，激活学生原有的情感和认知，联系学生的知识和经验，使他们有条件去思考和探究，进而达到喜爱学习、渴望学习的境界，最终领会知识，并能够应用所学知识去解决生活中的实际问题。一个好的导入，就是一剂良药的活引子。我们应该精心设计每一堂课的导入环节，使课堂充满生机和活力，进而提高课堂教学效率。

天津市天津中学

树深时见鹿 文盛处寓理

文 / 任熠文

精彩片段

我就高中语文必修上册（2019版）第七单元教学内容，从单元整体教学角度对学生进行循序渐进的学习指导。第七单元由五篇写景抒情类的散文名篇组成，分别为《故都的秋》《荷塘月色》《我与地坛》《赤壁赋》《登泰山记》。我先从三篇现代散文入手，让学生挑出写景段落，从中归纳方法。

在这三篇文章景物描写的学习中，我先整合景物描写的段落，继而采用表格的形式呈现景物，分别按照"景物""景物特点""方法运用"三列将作者所写之景依次填入。

如《故都的秋》中，"小院秋景图"和"秋槐落蕊图"这两段中分别用到了视觉、听觉、嗅觉、触觉等多种感官，是多感官相结合的手法。《荷塘月色》中经典的4～6段写景段落中更是多处用到了比喻、拟人、排比等修辞手法以及动静结合、以动衬静等写作手法，学生将会将会遇到最典型的运用通感手法的句子："光与影有着和谐的旋律，如梵婀玲上奏着的名曲。"《我与地坛》中节选的第一部分三处写景，分别位于3、5、7段，从中学生可领略史铁生精妙的排比与细节描写。

在细致学习了这三篇文章的景物描写之后，我给学生留了一项拓展的作业。我把全班分为四个学习小组，各小组分别在"春雨、夏花、秋月、冬阳"中认领一个主题，运用至少三种描写手法，写一段200～300字的语段。

学生呈现的语段内容多样，各具特色，在对学生进行三项语言建构与运用能力的策略指导之后，学生写的语段由最初的平淡到最后写作上颇有一些亮点。以“春雨组”为例：

乍暖还寒，晚来风急，窗外下起瑟瑟的春雨。风雨凄迷，如杜鹃啼血，如嫠妇呜咽，如清猿哀啼。窗下腊梅，宛如迟暮的美人，被“风刀霜剑严相逼”。凄风苦雨无情地将花瓣蹂躏得残破不堪。伴着片片花瓣飘落在地上，我看到最后一缕清香也消散在泥土中。也许这便是春雨中晚春的无奈，想留住春天最后一丝气息，却奈何雨打花落，零落成泥。人生何尝不是如此，也许尚在春色之中，也许我们还对未来充满期许，但人生难免有沟壑坎坷，或雨打风霜，或前路迷雾，似飘零的花瓣经受不堪的折磨。可人生又怎能被折磨，就如春雨中的落花，虽花落入泥，却依旧芬芳四溢，人生可能不会一马平川，但这不妨碍我心无旁骛，剑指远方，策马扬鞭，追逐日月！

背景简析

唐代大诗人杜甫在提及文章写作时曾吟诵过“文章千古事，得失寸心知”这样的诗句，金代诗人王若虚也曾写到“文章自得方为贵，衣钵相传岂是真”。中国文人对于文章的雕琢是乐此不疲的，他们善于从生活的微处着眼，在细微之处探寻人生的真相，在反复捉摸推敲中寄寓理想与情怀，大有唐代诗人李白的诗句“树深时见鹿”中至真的意味。中国文人的光环无疑是璀璨的，但在现实高中语文课堂中，学生往往无话可说、无事可论，对于理解愈加深入的文本出现读不明白、写不出来的尴尬情况。归根结底，这是由于学生在语文学科素养方面的语言建构与运用能力水平欠佳。

语言建构与运用是指学生在丰富的语言实践中，通过主动积累、梳理和整合，逐步掌握汉语言文字特点及其运用规律，形成个体的言语经验，在具体的语言情境中正确有效地运用汉语言文字进行交流沟通的能力。它是语文学科核心素养的重要组成部分，也是语文素养整体结构的基础层面。学生语言运用能力的形成、思维品质与审美品质的发展、文化的传承与理解，都是以语言的建构与运用为基础，并在学生个体言语经验的建构过程中得以实现的，可以说语言建构与运用能力辐射语文学科的方方面面，而这其中最基础、最重要的便是学生对于所学文本的内容与思想的把握。

主题论点

在培养学生语言建构与运用能力的时候，我按照“三步走”策略，由浅入深进行。第一步是整体感知，在文章中学习“景”的写作；第二步即经典品读，在景物描写中体会情的抒发；第三步为披情入理，在景情关系里生发哲理的思考，这其中要教会学生寻找景情关系中景与情的特点，并且通过拓展点拨，帮助学生寻找思想深邃的突破点。

深度反思

在整体感知《故都的秋》《荷塘月色》《我与地坛》这三篇文章之后，学生最先呈现出来的语段仍稍显苍白，当学生经过描写方法的训练，具备了一定的描写基础之后，我们可以让学生再次品读文本的重点段落或重点语句的，抓写作对象特点，从而推出作者想要抒发的情感。

在高中语文必修上册第七单元的教学中，我们可以将具有代表性的描写段落提炼出来，让学生分析作者如何通过描写抒发情感。

如《我与地坛》中第一部分中第三段有这样一段话：“四百多年里，它一面剥蚀了古殿檐头浮夸的琉璃，淡褪了门壁上炫耀的朱红，坍圮了一段段高墙，又散落了玉砌雕栏，祭坛四周的老柏树愈见苍幽，到处的野草荒藤也都茂盛得自在坦荡。”

《故都的秋》中有这样一段话：“……租人家一椽破屋来住着，早晨起来，泡一碗浓茶，向院子一坐，你也能看得到很高很高的碧绿的天色，听得到青天驯鸽的飞声……静对着像喇叭似的牵牛花的蓝朵……”

合并这两课的景物描写就会发现，作者所选用的景物特点都十分鲜明：“剥蚀的琉璃”“淡褪的朱红”“坍圮的高墙”等都富有古老、荒芜之感，因此结合该文的背景，同学们很自然就能体会出这是作者在地坛的沧桑变化中体会了人生的真相，是一种岁月与人生厚重感的流露。同理，《故都的秋》中“一椽破屋”“浓茶”“青天驯鸽的飞声”“牵牛花的蓝朵”等都体现着一种清冷的意味，正好应和了故都之秋清、静、悲凉的特点。综合这两课的特点可以得知，分析文本中作者的情感是可以从景物特点、意境表达上去挖掘的，而这也为学生的写作提供了可操作的方法。

结合以上的方法，学生对语段进行了修改。还以春雨组的写作为例：

乍暖还寒，晚来风急，窗外下起瑟瑟的春雨。风雨凄迷，如杜鹃啼血，如嫠妇呜咽，如清猿哀啼。窗下腊梅，宛如迟暮的美人，被“风刀霜剑严相逼”。凄风苦雨无情地将花瓣蹂躏得残破不堪。伴着片片花瓣飘落在地上，我看到最后一缕清香也消散在泥土中。也许这便是春雨中晚春的无奈，想留住春天最后一丝气息，却奈何雨打花落，零落成泥。

学生从“瑟瑟春雨”“风雨凄迷”“嫠妇呜咽”“迟暮美人”“花瓣蹂躏得残破不堪”入手，很自然地可以抒发出春雨中无奈与惋惜的情感。

然而语言建构与运用能力的实践落实到学生日常的阅读理解和情感抒发上对于高中生来讲显然是不够的，所以这就需要教师进行第三步的引领，即对思想的延伸与拓展。

如在解读史铁生的《我与地坛》时，我选取了这篇文章并未入选课文的具有代表性的段落供学生讨论思考：“但是太阳，他每时每刻都是夕阳也都是旭日。当他熄灭着走下山去收尽苍凉残照之际，正是他在另一面燃烧着爬上山巅布散烈烈朝晖之时……。”另外，我又选取了史铁生另一篇文章《角色》中的句子：“现在是将来的过去，现在是过去的将来，将来是将来的现在。”我要求学生结合课文中根据景物描写的段落所归纳出的作者思想内涵，再根据我所给出的拓展语段各抒己见，谈谈对于史铁生其人以及他在《我与地坛》这篇文章背后所寄寓的思想。有了这些文本的依托，学生自己能说出很多让我感到很惊喜的见解。

在这样的一番探寻之后，我要求学生在语段写作中加入自己对于理的阐发，将语段的深度再挖掘。还以春雨组的语段为例，学生经过润色可写出：

乍暖还寒，晚来风急，窗外下起瑟瑟的春雨。风雨凄迷，如杜鹃啼血，如嫠妇呜咽，如清猿哀啼。窗下腊梅，宛如迟暮的美人，被“风刀霜剑严相逼”。凄风苦雨无情地将花瓣蹂躏得残破不堪。伴着片片花瓣飘落在地上，我看到最后一缕清香也消散在泥土中。也许这便是春雨中晚春的无奈，想留住春天最后一丝气息，却奈何雨打花落，零落成泥。人生何尝不是如此，也许尚在春色之中，也许我们还对未来充满期许，但人生难免有沟壑坎坷，或雨打风霜，或前路迷雾，似飘零的花瓣经受不堪的折磨。可人生又怎能被折磨，就如春雨中的落花，虽花落入泥，却依旧芬芳四溢，人生可能不会一马平川，但这不妨碍我心无旁骛，剑指远方，策马扬鞭，追逐日月！

无论是学生的写作训练还是文本阅读训练，都需要日积月累，这样一点一滴的训练，可以逐步提升学生对于文章整体的把控能力，对于文本中心思想的提炼概括能力以及对于中心思想准确阐述的表达能力，从而达到培养学生在具体的语言情境中正确有效地运用汉语言文字进行交流沟通的能力，进而使学生在语文学科核心素养中的语言建构与运用能力得到提高。正如诗人李白所言“树深时见鹿”，在细水长流的浸润与努力中，学生自然可以于情深之时启智，文盛之处寓理。

天津市第四十三中学

以“吵架”导入的历史课堂教学

文 / 唐国佳

精彩片段

历史课前10分钟，两位男生在教室门前发生了激烈的争吵，引来了同学的劝架，引来了两位班主任，甚至引来了教务主任……班上几乎所有人都看到了这一幕，除了两位在办公室协助我工作的课代表。

随着铃声响起，我走进教室，宣布上课。随后，我把因吵架而被班主任罚站的两位同学叫了进来，故作愠怒，斥责两位不当的行为。我让两人讲述争吵原因，二人各执一词，互不相让。我让班上同学讲出情况，班上同学大多不好意思直说。于是，我做了这样一个规定：大家拿出纸笔，不用署名，写出你们看到的情况。我收走了几份比较有代表性的记录，当堂念出，答案似乎也不尽相同。

接下来，我抛出了问题：“我想知道，到底谁说的是真相？为什么这些说法都不尽相同？”

同学们的议论开始了：“各说各的理呗。谁也没从头到尾都看见，谁也不知道到底怎么回事。”“这俩人情商都低，喊什么呀。”……这时，课代表说话了：“老师，实在不行可以调监控，问问当时制止他们的班主任也行。”

听到这里，我进一步发问：“监控我可以申请调看，但是监控即便记录下当时的全过程，那它就一定代表真相吗？两位制止他们的班主任，她们看到的情况，就一定代表真相吗?”

我用粉笔在黑板上书写了两个字——“真相”。

背景简析

在不久之前的高三统练中,学生们遇到了一个开放式的材料题:“根据材料二、三,美国专家和苏联学者在冷战起源问题上有不同的见解,如果据此展开基于历史证据的研究性学习,你认为如何才能探寻到冷战起源的真相?”

面对如此抽象的核心素养考查,学生自己是难以解决这个问题的。果不其然,在周末晚上,学生发出了求助微信,请教我这个题该怎样去解。我当时刚刚看过一部电影《全民目击》,突发灵感,给学生作了如下回复:“黄同学,这道题我周一讲,但需要请你帮我一个忙,找一个咱们班上的你的朋友,帮我演一场戏……”于是,就有了精彩片段的部分。

主题论点

新教改下,核心素养如何在教学中体现,如何在检测试题中体现,成为很多教师教学中比较头疼的问题。在这种情况下,很多教师不知如何处理,甚至有教师在做展示课前请教专家:“我要讲的这节课该怎样跟核心素养联系起来?”殊不知,核心素养是学生在经历一节课或一段时间的学习后,发自内心的呼喊,是不自觉的思维转变。那么,在历史教学中,该如何巧妙而有效地培养学生的核心素养呢?机缘巧合之下,笔者尝试引领学生进行了一次“体验式学习”。

深度反思

这一环节笔者将从以下三部分进行阐述。

(一)对于主题呈现教学的研究过程

承接“精彩片段”部分,关于如何找出事情真相的问题。(我用粉笔在黑板上书写了“真相”两个字)

“大家讨论到现在,你们找出真相了吗?现在,如果我告诉大家,他们俩吵架,是我周六晚上事先安排的呢?有微信记录为证。”我拿出了手机晃了一下。这时,班内哗然，大家再一次陷入了不自觉的讨论中……

我做了“安静”的手势，班上同学迅速静了下来。“那么，现在你们能否告诉我，到底谁说的话，能代表事情的真相？”

“老师，任何一方的单方面说辞，都代表不了真相。”课代表再一次说话了，“即使所有人都没有说谎，那么也无法用任何一人的说辞代表整个真相。您说您事先安排让他们吵架，可是他们为什么吵架，怎么吵起来的，您却并不知情；他们只是按照您的授意去找茬儿吵架，却并不知道您为什么要这样做。作为当事人都不可能全方位洞悉，何况是只看到其中一部分表象的旁观者。”

我进一步做了补充：“课代表回答得很好，那么我想再问一句，即使是我调出了监控，那么你们看到的，就一定是真相吗？”这时，我终于看到了大家不约而同地摇头。

我再一次进行引导：“那好，接下来，请大家思考讨论：怎样探寻历史的真相？三分钟后，我想听听你们的想法。”这时，有学生突然会意地笑了：“老师，原来是要讲考试那道题的解题思路……”

三分钟后，我请大家说出自己的想法，我负责在黑板上写出答案的关键词。经过几位同学的回答，关键词有以下几个：多个角度、史料辨析求证、论从史出、全方位。

我做了补充：“大家能领悟到从多个角度收集史料，懂得辨析求证，已经非常出色。但我再补充一点，既然前面我们发现不能轻信任何一方的说辞，那么我们就要——敢于质疑。”

最终，这节课在大家的共同探究努力下，我们收获了探寻历史真相的方法：多个视角全面地收集史料、学会论从史出、用逻辑整合史料、敢于质疑。

这堂课在学生们的无限回味中结束了。

（二）学生们的课后反馈

当天晚上，我委托课代表在学生中间做匿名微信调研：“这堂课听懂了吗？你的感受如何？”经过课代表的收集与整合，我收获了很多宝贵的反馈。篇幅所限，在此摘录几个代表性的回复。

“听懂了，感受到了教师和同学的用心。当时真的相信了他俩在吵架，后来仔细想想，要是真吵架也不会被这么快带回来。万万没想到‘幕后黑手’居然就是老师。这堂课学会了分析真相的方法。”

“听懂了，感觉如果把题带入到生活中，就比较好理解。无论是哪一方，哪一个角度都不能完整地还原历史真相。只有从多种角度出发综合来看，多质疑，才能接近并了解真相。”

“我听得很明白，听的时候思维完全是顺着下来的，很有效果，感觉这是很新奇的讲课方式，印象非常深刻。”

从学生评价上看，这堂课有几个关键词：通俗易懂、思路新颖、逻辑清晰、一气呵成。

（三）对整个教学过程进行反思与评述

这是一堂由解读统练试题拓展到培养学生核心素养——历史解释能力的课。关于历史解释的能力，《普通高中历史课程标准（2017年版）解读》中做了如下表述：要学会从历史的表象中发现问题，对历史事物之间的因果关系做出解释；能够客观评判现实社会生活中的问题……历史解释要综合体现在学生对历史的理性认识与价值评判上。

本节课从一个学生“吵架”事件导入，由于是发生在当时学生身边的事，两名“吵架”的学生是当事人，很多班上学生是旁观者，事件的原委情况则成为学生十分关注的问题。与冷战相比，大家更关心自己身边发生的事，或是自己亲历的事，所以笔者在这里做了一个巧妙的迁移——把如何探寻冷战起源的真相，上升到如何追寻事情的真相（今天的事件，一定程度上正是未来的“历史”。那么作为“历史的当事人”，如何探寻历史的真相？）。这种问题的迁移，更具有普适性。

在问题解决的过程中，通过层层设问自然构建逻辑，让学生始终觉得一切都是自己经历的，使学生们处于真实的情境中，无须创设。最终通过教师的引导，他们自然地感受到：要追寻历史的真相，不能单听各方的一面之词，否则就陷入了只看局部，不见整体的错误中。

这节课设计的好处有以下几点：一是杜绝了灌输式教学。对于历史解释这种核心素养的培养，是无法灌输的。这节课通过真实的问题解决，使学生体验到了追寻事情真相的方法——一节体验式学习的尝试。二是历史是一门社会学科，它最终的价值是“以史为鉴”，指导现实。本节课正是通过现实的问题解决，让学生亲自领会历史与现实的联系。三是本节课的设计正是对学生理性认识的一种潜移默化的熏染——整理史料不遗漏，独立思考不轻信。

教学是一门艺术，每一节教学课程，都难免会留下些许瑕疵与遗憾，这也正是艺术最美的地方。本节课所采用方式的局限性主要在于：它只能是一种课堂导入的方式，只能让学生从感性上认识什么是历史解释以及怎样进行历史解释，还不能培养学生如何从理性上对不同史料进行甄别和去伪存真。如何系统而理性地培养学生在历史解释方面的核心素养是一个任重而道远的任务，本文只是抛出一块试探的砖，希望以后在培养学生历史解释核心素养方面，能找到更深入理性的方法。

天津市第四十三中学

历史课堂中的情境教学导入

文 / 殷世杰

精彩片段

课堂伊始，我在讲台上放置了一支粉笔，请几位同学“帮”我拾起粉笔并递给我，然后大家共同观察受邀请的同学是怎么捡拾粉笔并递交给教师的。有的同学直接弯腰捡起来，然后双手递给教师，转身回座位；有的同学先蹲下，捡起粉笔后再双手递给教师，转身回座位；还有的同学随手一捡，双手递给教师，然后小跑回座位。向同学表示了感谢以后，我又邀请一位同学扮演教师，我来演学生，请大家看看我是怎么完成这个动作的。

首先我走到粉笔旁边，半蹲捡拾起粉笔，走到“教师”跟前，双手递给教师，“教师”说“谢谢”，我说“不客气”，然后后退一步，再走回自己的座位。通过情景表演，使学生感受到教师所扮演的学生的举止更加得体大方，进退得当。表演完这些，我讲道：“捡拾物品需要半蹲，不能直接弯腰，否则姿态不雅；双手递上表示尊敬长辈；后退一步再转身离开，表示尊重他人，仪态端庄；此外，面容要恭敬、谦和。虽然听上去似乎显得很复杂，但正是这套严谨的礼仪制度，彰显了我们的华夏文明，通过在待人接物方面遵循的礼仪体现了对他人的尊重。”

接着我又抛出问题：“那么，是谁提出要学‘礼’的呢？学‘礼’的作用是什么呢？‘礼’对中国社会产生了哪些深远影响？”……由此开始进入本课的知识教授环节。

背景简析

这是人民教育出版社《普通高中课程标准实验教科书必修三》第一课"'百家争鸣'和儒学思想的形成"一课的新知导入环节。学生们在初中历史课上已经学过了关于孔子的知识，但如何使学生不会对儒学理论产生疲倦感呢？如何让学生感受到以孔子为代表的儒家思想与今天的生活依然有千丝万缕的联系呢？如何使学生有古为今用的历史文化传承感呢？教师利用生活中的这个小情境来体现孔子"礼"的思想，"以点带面"引入本课。

主题论点

对于历史课而言，情境创设式的导入容易让学生对本节课的内容产生兴趣，以更快的速度、更好的状态进入本节课的学习，与教师共同形成一种学习氛围。师生互动或者生生互动都是为了创设一定的情境氛围，在这种情景氛围下使学生产生质疑，从而带着问题进入新知学习阶段，能够激发学生的学习主动性，便于教师进行课堂引导，进一步提高课堂知识的吸收率。情境创设式的导入环节可以达到推动立德树人根本任务的实现，体现正确的思想导向和价值判断。

深度反思

作为教育工作者，我们一直强调在学生的学习过程中兴趣是最好的教师。如果让学生带着兴趣走入课堂、融入课堂、享受课堂，那么这节课就会成功一半。良好的开端是成功的一半，作为课堂开端的导入新课环节十分必要和重要。情境教学是指在教学过程中，教师有目的地引入或创设具有一定情绪色彩的、以形象为主体的生动具体的场景，以引起学生一定的体验，从而帮助学生理解教材，并使学生的心理机能得到发展的教学方法。情境教学法的核心在于激发学生的情感。情境创设式的导入环节，就是让学生能够带着问题，带着憧憬，带着感情尽快和教师一起进入讲授新知的环节，使一堂历史课有情有境，学生在情境中学习历史，感受历史，思考历史，而不是传统的讲和听模式，这样能够进一步提升课堂效率和质量，达到"立德树人"的教育目的。

在历史课堂上，情境教学在导入环节上有以下几种不同方式：

（一）以语言创设情境

教学作为一种思想沟通的方式，它的载体就是语言，教师的语言表达就是一种塑造情境的体现。换言之，教师要通过语言表达的方式使学生产生身临其境之感，在这种氛围下让学生体会到历史的影响、历史的深厚以及历史的趣味。

如在讲《普通高中课程标准实验教材历史》必修一第一单元第一课“夏商西周的政治制度”的时候，在上课前我特意看了一下班里的学生的花名册，发现班里有一位姓宋的同学，还有几位姓赵的同学。于是在课堂上教师进行自我介绍的时候，我抛出一个问题：“我姓殷，我发现咱班还有一位姓宋的同学，其实如果往前倒，我俩可能是同一个祖先。你们知道这是为什么吗？我发现班里还有几位姓赵的同学，百家姓中排名第一位的就是姓‘赵’，大家知道‘赵’姓从何而来吗？”……经过我这么一问，同学们面面相觑，一脸的疑惑。几位姓赵的同学还互相对视，眼神中透露出不解。在大家的疑惑之中，我娓娓道来。我根据《史记》的记载讲到了西周灭了殷商以后，把殷商的人民分到宋国，于是一部分殷姓改姓为宋。

然后我又讲了周穆王去见西王母的时候，由于发生了徐国的叛变，因此他的臣子造父亲自驾车，用八匹千里马拉着周穆王迅速赶回国内，平叛了徐偃王的反叛。为了表彰造父的功劳，周穆王将赵城赐给造父。从此就有了赵氏。通过讲解这两个事例，我询问学生在事例中有没有发现什么问题，并归纳出问题：这两件事中有一个共性，那就是西周出现了宋国，出现了徐国。怎么在一个国家之中又出现了国家呢？这种现象是怎么回事呢？进而又提出一个更贴近学生现实的问题：“我们的姓氏都是从哪儿来的呢？”

这样带着现实问题，师生进入第一课的学习，最后通过学习认识到了分封制和宗法制。大家通过分封制，知道了国中之国是怎么回事，甚至还知道了一些姓氏的来源，通过宗法制知道了姓和氏是体现高低贵贱的……这样通过语言以及史料实证创设情境的导入方式把几千年前的历史现象与今天的实际生活联系在一起，在激发学生求知欲和学习主动性的同时，通过教学使历史变得触手可及，让学生更喜欢历史。

（二）以多媒体展示创设情境

多媒体教学是现代教学手段，它丰富了课堂教学方法，使学生能够更直观地接受知识，易形成形象的知识概念。多媒体教学运用在导入环节上，能够通过视听等手段，使学生在教师创设的情境中逐步走向本课的核心知识。

在讲《普通高中课程标准实验教科书历史》必修二第二单元第五课“开辟新航路”的时候，考虑到学生在初中阶段已经学过该内容，但是对新航路开辟产生的重大影响不甚清晰的学情，为了使学生重视此内容，在导入新课的环节中我播放了央视纪录片《大国崛起》的片段。该视频片段讲述了16世纪初荷兰等国家证券交易市场的出现、股份公司的出现、期货的出现……视频中情境的再现使学生可以观察并感受到15、16世纪西欧社会生活的一隅，在这种情境中我抛出问题：“是什么原因促使此时的西欧社会发生了这种改变？这种改变对西欧和世界有怎样的影响？”学生带着问题进入本课的学习中来。最后在把新航路开辟的重大影响讲授完后，再与导入新课环节的问题相呼应，不仅回答了课堂一开始的问题，而且还避免与初中知识重复，使学生掌握理解此知识在高中阶段的深层含义，由此看来，这种视频创设情境可以使学生更直观感受到本课的重难点。

（三）师生互动创设情境

在“精彩片段”环节中，教师采用了师生互动创设情境，这种方式进一步体现了以学生为课堂主体的教学思路，使学生充分融入课堂教学中来，而不是作为一个简单的接受者的存在。创设情境还有其他更多的方式，但是不管如何创设情境，创设情境式的导入环节还应该注意：

1.时效性。作为导入新课环节，时间不能过长，尽量控制在3分钟左右，否则时间上会与后面的环节产生冲突。

2.质疑性。在情境创设下抛出问题，要使学生感到有疑问，进而产生解决问题的主动性，并积极配合教师完成教学任务。

3.生活性。创设下的情境应该是学生在现实生活中能够见到的，只有如此学生才会感到历史不是抽象的，是对现实生活有影响的。

4.趣味性。学生毕竟是未成年人，创设有趣的导入情境，才能使学生更快地进入到课堂学习的状态中来，激发出他们的学习积极性。

创设情境的导入方式是符合现代教学理念的，它使历史知识不再如空中楼阁，使学生在创设的情境下能体会到历史的存在感，感到历史的“触手可摸”，缩短历史距离感，催生历史学习兴趣，达到古为今用的作用。但是也要注意并不是所有的学科、所有的课程都适合用创设情境式的导入新课方式，还是要根据具体实际情况来采取更合适的导入课程的方式。

天津市南开区美达菲学校

先声夺人　激趣课堂

文 / 王东颖

精彩片段

师:同学们,大家喜欢旅游吗?

生:喜欢!(简单让学生说一说去过的地方、旅游的感受等)

师:老师也喜欢旅游,尤其喜欢大草原,它让人心旷神怡。

(播放草原的视频)

师:我们就随着视频一起感受一下草原的壮美。大家都看到了什么?

生:奔腾的马儿,还有拴在树上休息的马儿。

师:对,草原上有许多马,这里正好有一匹休息的马。我们看到它正在低头吃脚下的草,但是它被绳子拴在树上了,它的活动范围受到了限制,那它能吃到的草的面积呢?

生:它吃到草的面积也是有限的。

师:是的,那它可以吃到多大面积的草呢?(暂停视频)

生:就是绳子绕树一周形成的面积。

师:那这实际上就是一个什么图形的面积呢?

生:(齐答)圆的面积!

师:(快速追问)圆的半径是什么?

生：就是拴着马的绳子的长度。

师：同学们说得太好了！（播放马绕树走一圈，围成一个圆的动画）马能吃到的草的面积就是这个圆的面积，那马儿到底能吃到多少草呢？我们今天就一起进入“圆的面积”的学习，帮小马解决这个问题！

背景简析

这是人教版小学六年级上册第五单元第三课时“圆的面积”一课的导入片段。本课是在学生已经掌握了长方形、正方形、平行四边形、三角形和梯形的面积的基础上进行学习的，它是学生初步研究曲线图形面积的开始，所以我在课程伊始通过情景导入把孩子们带到草原的场景中发现问题、探究问题，这种方式既富有乐趣，又自然生动，符合小学生形象思维占主体地位的特点，更容易让学生在轻松愉快、贴近生活的氛围中进入新知识的学习。

主题论点

好的开始是成功的一半。一节课程的导入就像一个成功演出的序幕，序幕拉开得精彩才能吸引观众的兴趣，导入得精彩才能先声夺人，激发学生的求知欲，让学生产生新旧知识的矛盾冲突，进而主动探究问题，想方设法地解决问题，引发思考，为一节课的知识学习奠定良好的开端。因此，重视导入环节才能先声夺人，激趣课堂，为教学内容锦上添花。

深度反思

（一）导入的原则

1. 目的性。导入是完整教学设计的一部分，究其根本，应该是服务于教学目标、教学内容的。教师应明确设计导入环节的目的，切忌流于形式，为了导入而导入。教师应该紧紧围绕本节课的教学目标设计导入，把学生从生活中熟悉的情境引导到本节课的学习内容上，这样既可以自然过渡，又能让学生快速明确本节课的教学重点，进而发挥导入的最大作用。

2. 趣味性。在满足目的性的基础上，导入的最大作用还是激发学生学习的积极性，使其对本节课的学习产生兴趣，能够发现问题、主动探究。小学生处于形象思维占主体的阶段，环节越生动具体，语言越诙谐幽默，越容易引起学生的兴趣，使其参与的动机越强。因此，教师在设计导入时应注意形式的趣味性，要贴近学生的生活，引发学生的探究欲。

3.全体性。新课标特别重视的一点就是教学要面向全体学生，在设计导入环节的时候也应紧紧围绕这一原则，使每一层次的学生都能学有所获，积极地参与到课堂学习中来，得到不同程度的发展提高。

（二）导入的形式

1.复习导入，自然过渡。复习导入是数学课堂中常见的一种导入方法，也是数学学科中运用较为广泛的一种导入形式。相比于其他学科，数学这一学科最大的特点就是知识衔接得十分紧密，在学习的过程中必须层层递进，温故而知新。结合这一特点，复习导入的优势就在于通过复习旧知识，在新的情境中发现新的问题，引发学生新旧知识的矛盾冲突，从而激发学生的探究欲望，带领学生从对旧知识的复习过渡到对新知识的学习中。

如在人教版五年级下册第三单元“长方体和正方体的表面积”一课的教学中，就可以运用复习导入的形式。

师：同学们，看到本节课这个题目，你都可以想到哪些知识？

生：长方体和正方体都有六个面。

生：我们学过“长方形的面积=长×宽”，那么长方体的表面积会不会和长方形的面积有一定的联系呢？

生：长方体相对的两个面的面积相等，正方体每个面的面积都相等。

师：同学们回答得可真好，非常全面，还有同学提出了自己的猜想。那么这节课我们就带着这些问题，一起来探究长方体、正方体的表面积问题。

这样看似简单的问题，却可以引发学生许多的思考，回忆起很多学过的知识。并且，在学生你一言我一语的讨论中，就会提出解决长、正方体表面积问题的方法。这样的导入形式，很好地帮助学生做到了温故而知新，将新旧知识有效地衔接起来，形成一个知识系统，并激发学生的自主探究意识。教师只需要稍加引导，学生就可以发现问题、解决问题，完成本节课重点内容的学习。

2. 开门见山，直奔主题。这种导入形式是指在课程伊始就提出本节课要研究的问题，直接进入正题。相比其他的导入形式，开门见山式简单直接、一目了然，可以让学生快速抓住该节课学习的重点，并有效地节省了时间，为后面重、难点知识的学习提供便利。但是，开门见山式并不适用于所有的教学内容，它更适用于新旧知识联系性不强的课程，或是单元的初始课程。比如教授人教版六年级下册第二单元“税率”一课时，就可以使用开门见山的导入形式。

师： 同学们，大家知道最近很多人都在免费接种新冠疫苗吗？

生： 知道。

师： 对，这是国家给我们的福利和保障。那大家知道，我们国家发展医疗、经济、教育、交通等的经费是从哪里来的吗？（学生各抒己见）纳税是国家收入的主要来源之一，国家用收来的税款发展建设，为我们提供更优质的生活。

学生在听完教师对于纳税的知识普及之后，已经有了一定的想法并随之产生一些问题，这时教师再顺势引导，就可以使学生快速集中注意力，进入到课堂的学习中。

3. 以情入境，引人入胜。情境导入也是数学课中常见的一种导入方法。它主要通过创设和学生生活相关的情境、讲解数学小故事把学生拉入到相关场景中，从而使学生产生学习的兴趣并引发对数学问题的思考。如在本文开头的“精彩片段”中运用的就是情境导入的方法，让学生从生活中发现数学、学习数学。

教师在创设情境时，要注意情境导入与信息技术的整合。如通过播放视频资源，运用视、听觉调动学生的多种感官，快速吸引学生的注意力，使其注意力集中到对本节课知识的学习中。再如数学软件的使用，比如FLASH动画、几何画板等，都可以有效地解决教学中的难点问题，调动学生学习的积极性。

4. 实践操作，互动热身。数学作为一门工具性学科，很多结论的推导都是通过实践操作获得的。小学生的思维处于具体形象思维向抽象思维过渡的阶段，他们对于一些概念、公式的理解较为薄弱。具体的操作过程更能吸引学生的注意力，使其快速地参与到课程学习中。

如人教版小学六年级上册第五单元“圆的周长”一课的导入设计就可以使用实践操作导入的形式。

师：今天上课之前，老师为每位同学都准备了学具，同学们想不想当一次小小研究员？

生：想！

（教师出示学具：圆形卡片、直尺、绳子、数据记录单。）

师：同学们想一想，利用手中的学具，可以研究哪些问题？又可以测量出哪些数据呢？

学生通过动手操作，很容易发现利用这些学具可以测量圆形卡片的周长，从而在学生的操作探究中引出本课的课题：圆的周长。实践操作的导入形式可以让学生把抽象的概念转化为动手操作的过程，更易于进入到主题的学习。除此之外，游戏互动也可以算作实践导入的一种形式，它更符合小学生爱玩的天性，抓住学生的好奇心，为接下来的教学做好铺垫。

5.设置悬念，问题导入。根据教学内容，设置问题情境，造成观点冲突或者只知结果而不知原因的情况，这样的导入方法就可以称作设疑导入。设疑导入可以活跃课堂气氛，促使学生产生疑问，激发追根溯源的探究欲望。

如人教版小学五年级下册“3的倍数特征”一课的教学，就可以运用设疑导入的形式。教师可以让学生任意说出一个数，教师不计算快速回答是否是3的倍数，学生由此产生疑问——教师是如何判断的？3的倍数和2、5的倍数特征是否类似？从而引发讨论，激发探究的欲望。悬念问题，可以激发学生对未知结果强烈的探索欲望，在学习过程中体验求而得之的惊喜，加深学习印象。

教无定法，实际的课堂教学中还有更多好的导入方法，笔者只是列举了几种典型的形式。在日常的教学过程中，教师要根据学生学情、教学内容选择适合自己课堂的导入方法，这样才能使课堂导入发挥最大的效用，真正做到先声夺人、激趣课堂。

天津市南开区川府里小学

第二章 多元互动——让课堂更活跃

课堂教学是实现教学活动的主阵地。教师作为新课程标准下课堂教学的组织者和参与者，更应该转变观念，以学生的发展为本，把学生作为学习的主人，大胆放手，为学生提供更多的参与机会，积极实现师生互动、生生互动，构建高效课堂。

核心素养背景下交互式课堂教学
涵养美感　和谐身心
自主探究与网络技术结合教学
新冠肺炎疫情背景下直播课中师生互动的有效方式
巧起标题，让语文课堂更活跃
针对学生差异的“多元互动”语文课堂模式
自评与互评，让学生在交流中共同成长
初中英语听说课中指向思维品质的问题链设计
互动有“度”
巧用课堂问题设置　促进教学目标达成
立足核心要素　着眼整体设计
在课堂互动中倾听学生的差异
巧用课堂提问构建高效的小学数学课堂
有效提问是课堂教学的生命力
教会徒弟“吃饱”师傅
道德与法治课的品质课堂建设

核心素养背景下交互式课堂教学

文 / 陈平平

精彩片段

师：同学们，大家知道我国的哪个节日入选了《人类非物质文化遗产代表作名录》吗？

（很多同学都不约而同地提到了“端午节”）

师：我国有很多重要的节日，如春节、元宵节、清明节和中秋节等，为什么这些节日没有入选名录呢？请大家在自己小组内讨论一下。

在经过讨论之后，第1小组学生A说道：“老师，我觉得是前些年的中韩端午节之争，让我们开始重视并着手端午节的‘申遗’工作。”

第2小组学生B说道：“我不完全同意第1小组的说法，难道我国的其他节日没有‘申遗’吗？应该是端午节的历史文化价值更符合联合国教科文组织对于人类非物质文化遗产的定义。”

师：相信同学们在听了大家不同的见解以及学习了本课之后，对于我国中秋节和中医的“申遗”历程已经有了基本的了解。国际上对中医存在一些不友好的声音，大家对此怎么看呢？

第3小组学生C说道：虽然中医还未被广泛认可，但是自新冠疫情发生以来，在中国在对患者的治疗过程中，我们充分看到中医发挥的积极作用。正是因此，我们更要学好知识，宣传中医，让世界上更多的人了解中医，了解中国文化，让中医为世界人民服务。

背景简析

本课的主题是Chinese Cultural Heritage Bid for UNESCO（中国文化遗产申报联合国教科文组织人类非物质文化遗产名录）。这堂课介绍了我国中秋节和中医的“申遗”情况。课堂上，教师通过精心设计的问题，层层引导，激发学生积极参与课堂讨论。学生在课堂上参与小组讨论并进行展示是英语课上的基本活动；展示后，老师要鼓励学生发表不同看法，形成小组与小组之间的互动。

主题论点

在交互课堂上，教师通过设问，引导学生开展小组讨论，并进行小组汇报。在课堂上形成师生之间、小组与小组（生生）之间的精彩对话，很多对话内容体现了学生较强的文化意识以及批判性思维能力。这种交互式的课堂很好地激发了学生学习英语的兴趣，锻炼了学生的语言表达能力，更重要的是增强了学生的民族文化认同感。这与当前课程标准中提出的普通高中英语课程的具体目标相一致，培养和发展学生在接受高中英语教育后应具备的语言能力、文化意识、思维品质和学习能力等学科核心素养。

深度反思

（一）实践中交互式课堂教学的形成

当前英语课程目标从综合语言运用能力转向英语核心素养的培养，英语教师要关注学生思维发展、关注学科核心素养的落实。教师需要在交互式课堂上，根据课程内容与主题，设计一系列有效的小组活动，并进行公开展示，鼓励其他组的同学表达不一样的观点，并合理陈述理由，发展学生的语言表达以及批判性思维能力。教师在这个过程中要注重引导学生关注东西方不同文化之间的差异。

在本节课中，借助中国文化遗产申报联合国教科文组织《人类非物质文化遗产代表作名录》这一主题，笔者设计了“我国哪个节日入选《人类非物质文化遗产代表作名录》”这一导入式问题，引出了端午节的“申遗”，进而激发学生展开小组讨论：

春节、元宵节、清明节和中秋节等我国传统节日为什么没有入选名录呢？进而激发学生关注我国传统节日“申遗”。

通过为期一年以类似本节课这样的教学形式在高中英语课堂上进行尝试和摸索，形成了交互式课堂教学。交互式课堂教学主要分为交互式学生课前学习和交互式课堂教学两个阶段。

首先是在课前学习阶段，传统的预习和“互联网+”有效结合。其次是在课堂上学生与学生之间的交互，教师与学生之间的交互，有效促进学习目标的完成。主要体现在学生合作汇报学习成果，有助于学生语言能力的提升；在这个过程中提出问题，能够激发大家思考与讨论，更好地提升学生的思维品质；教师要针对学生的汇报进行回答、提问和启发，引导学生更好地学习阅读材料，促进学生对文化差异的认识，增强文化意识。再次，学生通过学习任务的完成，集体反思，总结出学习过程中出现的问题，并进行改进，把经验用在下一轮的交互学习。

（二）研究成果的学术价值和对策建议

1.教师应不断更新教育理念，注重对学生批判性思维和文化意识的培养。在基于课程标准的高考改革的大背景下，教学模式变得越加灵活和多样。教学要真正以学生为中心，从学生的角度进行教学设计，通过开展丰富多彩的英语学习活动，提高学生的英语学习兴趣，增强学生的思维能力训练，同时营造良好的学习氛围，引导学生关注东西方文化差异，从而有效地促进学生英语学科核心素养的发展。

2.教师要引导学生合作学习。合作学习就是在教学中以小组的形式，给学生提供一个共同开展学习活动、合作完成一项任务和集体学习、开展讨论的机会。在集体自主学习的过程中，学生会遇到问题，需要经过合作探究来解决，分享和学习知识，因此我们建议教师采用交互式课堂教学模式在英语课上进行教学。教师应引导学生积极参与到合作学习中，同时结合任务型教学法，来培养和激发学生的合作学习意识，进而促进他们学习能力的提升。

3.开展有针对性和多样性的英语学习活动。针对中学生学习外语的特点，教师更要采取多种方法激发他们学习英语的自主性和积极性。学生渴望参与活动，那么教师可以考虑办一些与英语学习相关的活动，使他们既能参与活动，又能提高学习英语的热情。如开展题材广泛的小组合作阅读，开展观看好莱坞电影，写英文影评的活动，还可以开展课外英语配音比赛、演讲比赛以及口语角等活动来激发学生学习英语的兴趣，进而促进学生语言能力、文化意识、思维品质和学习能力等学科核心素养的全面发展。

天津市南开中学

涵养美感　和谐身心

文/吴　震

精彩片段

合唱教学中丰富实践的形式，可增强学生的艺术表现力。以下是《次仁拉索》的教学片段。

教师运用录音、录像、实物和演示等教学手段，讲述编创段落的相关情景，鼓励学生集思广益，分小组讨论，对《次仁拉索》进行旋律编创。

生1：老师，我们选用变化节奏的方式改编。

师：能说出理由吗？

生1：原旋律采用中速4/4拍进行歌唱，表达了藏族人民带给人们的祝福。而节奏变化后的2/4拍，带动了情绪，可以让听众感受到藏民愉快的生活场景。

生2：老师，我们组采用变化节奏和力度的方式进行歌唱，因为轻快的语句改变了声调平缓的旋律，演唱力度的变化，更加突出活泼律动的节奏特点。

师：你们想的方法都太好了！这首作品旋律是由结构规整的四个乐句组成，如果我们加入新素材，会是什么效果呢？

生3：老师，我们展开旋律、融入新素材不成作曲了吗？不过我们还是想出了一种方法——可不可以在中间的段落加入慢板，呈现藏族人民在草原上的生活呢？

师：你们的想法很好，可以使用哪些声音素材呢？

生4: 在西藏的草原上也会下雨、刮风,牛、羊也都是我们的朋友,不如我们就用声势模仿,让听众发挥想象吧!

全体同学高兴地拍手认同。

背景简析

教学片段取材于高中音乐校本教材《合唱曲集》中第三章民歌篇。《次仁拉索》是一首藏族民歌,通过规整的四乐句表达藏族人民永恒的赞美之意。通过课堂教学将其改编成的多声部合唱形式,丰富了歌唱的结构,突出合唱培养多声部歌唱能力的教学要求和目标。学生将把握横向结构与纵向和声逻辑关系作为学习重点,融合音高声势与模拟手势的编创方法,带动学生营造歌曲的意境,给予其音乐想象的空间,提升合唱的艺术表现力。

主题论点

合唱实践是涵养美感、和谐身心的过程。多声部歌唱形式需要集体共同完成,学生不但要具备基本的歌唱能力,还要积累相关的音乐文化知识与技能。学生通过多样的学习方式,拓宽音乐视角,提升其音乐听辨能力、理解能力和表现能力等基本音乐素养。教师应善于激发学生的想象力,挖掘学生的音乐创造力,引导学生自行编排,使其在参与音乐创作实践时,享受音乐艺术的熏陶,感受合唱艺术的魅力,释放自身潜在的艺术表现力。

深度反思

(一)藏族民歌风格与声音训练的效果呈现了主题教学

1.合唱曲目的选择。藏族民歌有着特别的民族性声音形态,我们熟悉的合唱作品《天路》《大青藏》《北京的金山上》《翻身农奴把歌唱》《珠穆朗玛》中都洋溢着藏族民歌的气质。而藏族民歌演唱中真假声交替、流动的气息、支配自如的高位歌唱支点,均突出了藏族民歌嘹亮、宽广、穿透力极强的高原气质音色。由于我们的教学对象是藏族学生,为其选择短小精悍、艺术性强的《次仁拉索》,能够调动藏族学生的学习积极性,顺利完成旋律编排的教学目标。

2.歌唱方法的训练。藏族学生嗓音条件非常富有特点，男女声高音区音色嘹亮，中音区音色暗淡，因此教师在声音训练中要做好音色的和谐统一。藏族民歌又多采用单旋律歌唱的方式，学生们对多声部和音准辨析不容易掌握，因此科学地运用发声器官，关注藏语的吐字和咬字方法，能够避免影响歌唱的完整性和统一性。

因此，面对藏族学生合唱训练的现状，选择熟悉的藏语旋律，调整教学计划，拓展《次仁拉索》主旋律的织体结构，发挥学生编创的特长，用声势表演替代纵向旋律和声，能够避免各声部音色、音准的不统一，帮助学生树立歌唱的自信心。

（二）巧用多样化的教学方法呈现作品内容

提高学生对合唱作品音乐的理解和情感表达，需要教师采取科学有效的教学方法，提升学生合唱的表现能力。

1.互动教学。教学中对速度、力度和情感表达等音乐要素的处理，对完整演绎合唱作品起到重要的作用。教师可采用多样的教学方法，使抽象的音乐要素形象化、可视化。如在片段教学中，学生对旋律节拍改编的同时突出音乐的强弱变化，引导学生通过拍手、撵指、跺脚的强弱关系联想到旋律的力度变化，在肢体动作中感受音乐的流动性。

2.创设情境教学。情境教学的目的是拉近学生与作品的距离。在教学片段中，教师运用录音、录像、实物演示等教学手段，讲述编创段落的相关情景，可以使学生闻其声、观其行、临其境，在创设的情境中很快进入教学活动中，激发学生创作灵感，采用声势模仿藏民的生活之音，高亢的原生态民歌在草原上沁人心脾，完美再现了天空湛蓝、云彩恬淡的景象。学生很快提升了音乐表演的艺术性。

（三）编创转换角色，表演创新潜能

片段教学设计以丰富合唱实践形式增强学生的艺术表现力为教学理念。教师采用引领、示范、探讨、分析的教学方法，由浅入深地带领学生进入音乐作品《次仁拉索》的意境之中，逐步提高学生的审美感知能力。编创活动实践的过程循序渐进地开展，学生由以往被动接受音准、力度、音色等音乐要素训练转变为主动的创作者，结合已有的表演经验，改编并确定最佳的艺术处理方案，感悟音乐的千姿百态，用正确的歌唱状态深情演唱。作品中段的慢板改编是学生对家乡生活的向往和憧憬，教学中选用的藏族民歌《次仁拉索》包含着深刻的思想内涵，藏汉一家亲。藏族学生通过参加合唱学习，陶冶了道德情操，培养了团队精神，启迪了音乐智慧，健全了人格，创作出描绘藏民美好的生活之音，体现了合唱教学在培养学生音乐素养以及育人价值的独特作用。

（四）充分挖掘合唱模块教学的价值，合理规划课堂教学

合唱教学是高中音乐教育的重要组成部分，又是必修课程中的首个模块，强调实践性，是必修课程“歌唱”模块的拓展和延伸，课堂教学中教师应力求通过多种形式的合唱活动培养学生多声部歌唱能力，提高音乐学科核心素养，激发音乐感知力，培养团队向心力。由此教师必须合理规划课堂教学，体现合唱的艺术魅力。

在教学片段的设计中突出以学生为主体，自主发掘和实践音乐要素的不同形式，准确地把握作品传达的音乐信息，提升学生音乐理解和表现能力。学生通过编创享受合唱乐趣的同时，积累了音乐表现的感性经验，将音乐转化为交流的工具，运用合唱的方式与他人沟通，增强了彼此间合作协调的团队意识，这是教学设计优势所在。

为了藏族学生合唱教学的可持续发展，教师还需要合理规划课堂教学。首先运用科学的歌唱方法，培养良好的合唱音色。从基本的呼吸训练、规范咬字吐字、共鸣腔体运用，到音阶、音域的拓展，教师要带领学生努力做到各声部的音色统一。其次，要落实音准和节奏的基础性练习，加强速度、力度、调式和结构等要素的正确表现能力。再次，对于藏族学生单旋律思维方式的训练要通过多声部作品实现，逐步建立学生多声部立体音响的意识，通过由简到繁递进式的和声训练，相互聆听各声部的平衡，相互学习，达到提高多声听唱素质的目标。最后，教师要加强自我专业素养的提高，合唱教学不是依靠钢琴逐一唱准每一个声部后合唱，而是需要教师帮助学生分析每一首合唱作品的音乐形式及其文化内涵。教师还应具备对作品深加工的能力，在尊重原谱记号的基础上，设计语气、语调等用来表现歌曲思想内涵的歌唱提示，这样可以更高质量、更生动地表达作品情感，提升音乐表现力。

南开大学附属中学

自主探究与网络技术结合教学

文 / 赵亚男

精彩片段

一节平常的立体几何数学课即将开始，我像往常一样走进教室，课前两分钟，学生们照例在看课本预习新课。

铃声响起，我便利用黑板上刚刚画好的空间几何体和静态课件开始进入新课的教学，在判断长方体被一个平面截成的两个几何体图形时，学生们的反应不似之前那么热烈，我当时一直沉浸在对自己专业技法的满足和图形带来的数学美感中，并没有很强烈地感知到学生吸收情况不尽如人意。课后，陆陆续续十几位同学来请教图形组合问题，表示想象不到图形变化，我这才发觉学生们似乎对于“简单几何体”这个概念的理解并不是很清晰。

反思后，我再次对于本节课教学内容进行梳理，请“数学作图软件小课题组”的同学们现场利用网络及数学作图软件画出立体图形，并拖动边角进行几何体的旋转、移动、拼接、截切等操作，学生们积极性高涨，空间理解力提升，班里掀起了学以致用的数学热潮，为后续的自主型探究学习打下了良好的基础，带动了学习积极性，提升了学习效率。

通过对比这节课的不同教学方法，我发现：将课堂与几何作图软件、互联网技术等结合起来，可以让学生更直观地了解到几何体的特征以及运动的轨迹，能更好地理解所学内容。这一次教学反思及尝试也为我探索自主型教学模式指引了明确的方向。

背景简析

教师讲解这一内容时的传统教学方法，仅是在黑板上画出相应的立体图形或者利用课件展示，让学生在脑海中自行建构空间物体，这种方法对于想象力一般的学生来说相对比较吃力，学习起来比较困难。若是将课堂与几何作图软件、互联网技术等结合起来，在课堂中拖动边角进行几何体的旋转、移动、拼接、截切等操作，便可通过数学软件增强课堂互动性、提升学生课堂参与度，提高探究时效，实现高效课堂。

主题论点

随着社会的进步、互联网技术的不断发展，基于网络环境下的新型教学模式已经成为一种趋势。这就要求我们数学教师要树立新的教学观念和师生观念，重视和发展学生自主学习的能力，这样可以提高学生的学习效率，调动学生的主动性、积极性和创造性，同时更利于他们掌握数学学习的方法以适应社会的发展，促进学生成才。本文旨在探究网络环境下如何形成自主型的教学模式，以期能够提供一些可行的策略，进而引导学生进行自主学习。

深度反思

高中课程改革的不断深入、现代互联网技术和信息技术的发展，为实现高中数学课程改革的理念提供了切实可行的方法、技术，为新的数学学习环境提供了切实保障。《国家基础教育课程改革纲要》指出：教师在教学的过程中应该积极地与学生互动、共同发展。课程标准也特别强调学生学习数学的过程和获得新知识的体验，教师的教学理念、教学方法以及教学的手段都发生着巨大变化，课堂变得更加灵活、更加多样化。“满堂灌”的现象不再出现，更多是以学生为主体的课堂模式。因此，把学生的学习与互联网技术进行有机结合，从而形成自主型教学模式是至关重要的。

（一）利用网络环境创设自主型教学模式的重要意义

1.利用网络环境能够激发学生学习的主动性。科技的进步和发展使学生对于网络并不陌生，在这种情况下，教师若能将高中数学学科与网络技术相结合，并对学生进行引导，满足学生对于新事物的好奇心，便能在一定程度上消除高中学生对数学学科产生的恐惧感，提高学生的学习兴趣，并帮助学生在有限的时间里掌握更多的数学知识。如在讲解“虚数的计算方法”时，为了更好地让学生理解这一节的内容，呈现加减乘除的计算过程，教师利用网络技术向学生呈现生活中若没有虚数会出现什么样的情况，非常生动形象，这样不仅便于学生了解数理知识，而且能够激发学生学习的欲望。利用图片和视频等教学手段相对于传统教学还是有一定的优势的。

2.可以突破教学时间和空间上的限制。利用互联网技术，在数学学科教学中可以打破时间和空间上的限制。在这次新冠肺炎疫情中，我们便突破了空间上的限制，利用一起学、微信和腾讯会议等互联网软件，使学生在特殊时期也能按时完成自己的学习任务，教师能对其进行一定的监督，使学生真正做到随时随地学习数学知识。与此同时，在数学课堂中利用网络技术还可以提高课堂的效率和教学密度，让学生能够突破空间上和时间上的束缚，让学生更好地理解所学知识。如在讲解“平面向量”的时候，课堂时间不足以让学生完全吸收知识内容，于是我便将网络与平面向量的相关知识点进行结合，把学生反馈过来的难点和疑点进行汇总，制作视频，放至网站上供学生随时下载观看，在视频中也设置一定的“障碍问题”让学生解决，这样大大提升了学生学习的效果以及对知识点的掌握程度。

3.善于利用网络技术解决高中数学中庞大的计算问题。高中数学的知识点不仅繁杂、难以理解，而且还有庞大的计算量。运用传统的教学方法，会使教师在教学的过程中浪费大量的教学时间，而利用互联网技术，教师便可以运用各类特殊的计算器进行计算，同时也可以通过各种数学模型的建构，帮助学生理解数理知识。如在讲解数列概念及公式的时候，通过建模，让学生在面对较大计算量的数学题时有更好的解决办法，让学生感受到数学的魅力，提升了教学效率。

（二）自主探究是高中数学课堂建构自主型教学模式的重要内容

自主型教学模式应该着眼于学生的探究性学习能力、自主学习的能力、合作能力等，以数学实验为主要的手段，以学生的自我评价为主要的评价机制，形成如下的模式：创设情境—提出问题—自主探究—合作学习—教师个别辅导—网上自测—课堂总结，共计七个环节，其中自主探究是该模式的关键内容。

自主探究就是学生根据创设的问题，独立进行自主探究。教师可以提前启发引导学生按照实验操作法、归纳类比法和独立分析法等方法进行自主探究。在此环节中，教师也要避免以下情况的出现：多媒体以及网络教室等虽然给学生带来一些信息上的共享，但许多教师为了呈现较好的课堂效果，常常会给学生提前预设好教学环节，这样会使学生过分依赖教师，这种“包办”的行为不利于学生进行一定的自主探究。因此在自主探究这一环节中，教师应避免对学生进行干预，教师要成为学生学习中的“脚手架”，而不应该把知识灌输给学生。在自主探究的过程中，教师应该有意识地培养学生独立思考的能力、合作学习的能力、利用网络实践的能力、运用精炼的语言准确表达自己观点的能力。

（三）通过主动地学习，学生利用网络获取了新的知识

教师要及时鼓励学生之间相互启发，创造有利于学生的环境并进行归纳总结。教师在课堂最后应对本节课的知识点进行归纳总结和分析，增强学习的效果。

各个环节的运用一定要结合本班学生的情况，要树立以学生为本的理念，合理地利用网络技术，帮助学生主动积极地思考问题、探索知识、获取知识，增强学生学习的积极性，进而提高学生的综合素质，促进学生的自主发展。作为一名高中数学教师，若将网络信息技术与数学教学工作紧密结合起来，那么不仅会打破时间和空间上的限制，更好地提高学习数学的效率，而且也会让原本枯燥的数学课堂变得更加有互动性、趣味性，更能培养学生的思维能力。这种方式对于其他学科的学习也是有所助益的。

天津市第四十三中学

新冠肺炎疫情背景下
直播课中师生互动的有效方式

文/索振美

精彩片段

师：同学们，大家好！在开始今天的网课之前，老师播报几则简短新闻，请大家注意各国领导人的称谓有何不同。

德国总理默克尔表示，应取消一切不必要的活动。法国总统马克龙表示，新冠肺炎疫情是法国近一个世纪以来遭受的最严重的卫生危机。英国首相约翰逊表示，英国曾经面临过各种挑战，也将克服新冠肺炎疫情这一挑战。国家主席习近平2020年3月17日在人民大会堂同巴基斯坦总统阿尔维会谈。

同学们，各国领导人的称谓为何不同呢？这跟我们今天要学习的政体有关。老师先找一位同学来帮大家回顾一下我国的国体是什么。

笔者点了一位同学的名字，然而并没有人回答。几秒之后，留言板上出现了该生输入的文字：老师，我没有麦克风，不能用语音回答。

看到此信息后，笔者本打算换一位同学回答。但转念一想，如果下一位同学也不能语音呢？这样既耽误了课堂时间，又使课堂互动显得尴尬。而且更令人担心的是，如果没有麦克风就可以不回答问题，那之后如果有麦克风但不想回答问题的同学借用此“套路”，应该如何是好？

师：好的，我看到了这位同学的留言。不能用语音回答，没有关系，请这位同学把答案写在留言板上。与此同时，其他同学认真回忆一下我国的国体是什么，请一位同学对留言板的回答进行点评。

背景简析

这是2020年上半年笔者进行网络授课、讲授高中思想政治必修三《政治与法治》第五课“人民代表大会制度：我国的根本政治制度”时的一个小片段。2020年是一个不同寻常的年份，中国乃至世界都受到了新冠肺炎疫情的“凶猛袭击”。为了不耽误学生的学习，全国各地积极响应教育部“停课不停学”的要求，运用直播授课平台开展线上教学。线上直播课对于广大师生来说是一种全新的教学体验，亦是一种新的挑战与机遇。

主题论点

网络直播课跟传统班级面授课相比，一定程度上增加了课堂师生互动的难度。但任何事物都具有两面性，教师可以探索尝试新的师生互动方式，进而提高网络教学课堂活力，提升教学效果。如根据思想政治学科特点设置课前新闻播报环节并以此调动课堂氛围，深化政治认同核心素养；挖掘直播课功能键并以此增强学生参与度，提升互动效果；运用线上批阅作业小程序以此拓展互动时空，提升作业质量。总之，教师应千方百计地调动学生的积极性、主动性、创造性，突出学生的主体地位，使网络课堂活跃起来。

深度反思

（一）课前新闻播报：调动课堂氛围，深化政治认同

根据高中思想政治课的学科性质，笔者在网课的课前五分钟设置了“新冠肺炎疫情新闻播报”环节。笔者所教的三个班级的学生同时上网课，因此每节课每班由一名学生进行疫情播报。每名学生播报时间控制在一分钟左右，播报内容可以是精确的每日疫情确诊数字，也可以是温暖动人的疫情防控故事；可以是国内热点，也可以是国际焦点，总之播报的内容是有关疫情的新闻。播报方式是在网络课堂上与教师“连麦”。第一次进行课前播报的是每班的政治课代表，随后的新冠肺炎疫情播报都是由课代表选定播报同学，原则上每人一次。

学生们通过课前播报环节，一方面开阔了视野，了解到了最新时事新闻；另一方面，也增强了家国情怀，在潜移默化中感受到了中国特色社会主义制度的优越性，提升了政治学科核心素养。在三个月网课的锻炼中，笔者明显感觉到学生们的蜕变。从一开始只是单纯播报疫情数字到后来涵盖政治、经济、社会等方方面面的疫情新闻素材，从只是关注国内到放眼世界，从最初播报的紧张到后来的沉稳自如，从播报一周之前的新闻到注重新闻的时效性，当天的政治课能播报当天的新闻……学生们的这些点滴变化，大家有目共睹。

（二）挖掘直播课功能键：增强学生参与度，提升互动效果

1.随机抽奖“连麦”——激励学生互动的积极性。在直播课授课中，有的学生会积极主动与教师进行“连麦”答题，但是有的学生不太会主动“连麦”，还有的学生想回答但是不好意思主动“连麦”。为了避免出现有问无答的尴尬局面，也为了活跃课堂气氛，教师可以充分使用随机抽奖的按钮请学生回答问题。抽中的同学会得到“海星数”作为答题奖励，教师通过这种方式激励学生参与课堂互动。

2.答题器、抢答器——检测学生学习的有效性。在网课学习中，要避免“一言堂”“满堂灌”，应该采取讲练相结合的方式，巩固学生学习内容。尤其在网课中，教师不能看到学生们的听课状态，因此很有必要通过习题或提问及时了解学生对知识的掌握情况从而调整教学。

答题器更适合客观题，学生们通过答题器答题后，教师可以立即看到学生对知识的理解情况。针对学生错误率较高的选项可以有的放矢地进行讲解，从而提高教学的质量和有效性。

抢答器更适合主观题。如教师在提出一个问题后，点击“抢答器”按钮，同学们进行抢答，平台会显示每位抢答同学的时间，教师请用时最短的同学回答问题。抢答器可以激发学生们的竞争意识和课堂互动的自觉性、参与性。

3.留言板——增强学生互动的广泛性。由于网课时间有限，课堂上“连麦”互动的毕竟是少数人，为了增强学生互动的广泛性，教师可以利用“一起学”平台的留言板互动区。笔者的通常做法是在与一位同学进行“连麦”时，其他同学可以同时在留言板书写答案。留言板可以多人同步发言，进而增加课堂互动的广度。而且，在多种互动方式中，同学们也比较喜欢留言板互动方式。在调查问卷“你最喜欢通过哪种方式进行线上课堂互动?”这一问题中，57.14%的同学选择了“留言板”。

（三）线上批阅点评作业：拓展互动时空，助力作业质量

1.借助“作业登记簿”小程序批阅作业。在平时的面授课中，批改作业相对方便。然而在直播课的背景下，催收作业和批阅作业给教师带来一定的困难。若在学生班级微信群里收作业，会造成信息覆盖，而且统计人数也较麻烦。随着直播课的推进，笔者偶然发现了一款高效便捷的收作业神器——“作业登记簿”小程序。该小程序有以下优点：

第一，高效统计作业。首先教师在“作业登记簿”小程序里创建班级，邀请所教班级学生加入对应班级。教师布置作业后，学生们把作业拍照上传至小程序里，小程序自动统计作业完成情况。教师根据小程序显示的“未提交名单”可以有针对性地找学生，提醒其交作业。这种操作方式改变了教师对照花名册进行逐一挑勾的传统做法，方便且高效。

第二，多种方式批阅。教师根据学生上传作业的具体情况，可以采取文字式批阅——在学生作业下面编辑文字写批语；语音式批阅——如果学生的作业问题比较多或者不方便用文字表述可以给学生语音留言；标注式批阅——在学生作业图片上用红笔进行标注，比如错别字的标注或者漏写的标注等。教师也可以对同一学生作业同时使用多种方式进行批阅。

2.班级微信群上传优秀作业，树立榜样，使学生见贤思齐。通过批阅小程序里的学生作业，笔者精选出优质作业上传至班级微信群，与此同时，还会在微信群里说明优秀作业的学生姓名。这样一方面，学生受到表扬备受鼓舞，下次会继续认真写作业；另一方面，其他学生看到优秀作业，会将自己的作业与之比较，找出不足，奋力追赶。榜样的力量是无穷的，尤其是身边的榜样，带动力量更为强大。

在党和政府的高度重视和有力组织下，我国疫情防控取得了重大战略性成果，各校各年级分批有序复课。这时我们可以把网上授课师生互动的相关经验与线下授课有机整合。如网课期间的线上新闻播报环节，笔者复课后继续延伸到了线下课堂中，新闻播报内容不再局限疫情素材，时事新闻皆可，形式也更多样化，学生可以制作课件，图文并茂地进行演讲。把线上互动的教学理念融入线下教学中，可以让学生动起来，课堂活起来。

天津市第二十五中学

巧起标题，让语文课堂更活跃

文/赵鹏翔

精彩片段

师：为了帮助大家理解为何要“慎独”，请各位读一读书本第40页“知识链接”中“四知”的故事并复述出来。

（学生尝试口头表达，复述的内容基本上跟原文一致，但他们只是简单地重复，学生的兴致不强，并没有开动脑筋，课堂气氛不活跃。）

师：各位同学，既然大家已经熟悉了故事的情节，请以“起标题”的方式概述这个故事，标题不超过10个字。

（学生拟题，大家开始主动讨论交流，课堂气氛渐渐活跃。）

师：同学们有何高见呢？（学生七嘴八舌地回答。）请一位同学说说。

生1：杨震拒绝贿赂。

师：不错，点出了主人公、主要事件，但还缺少主题，需要再补充一下。

生2：杨震慎独拒贿赂。

师：要素齐备且7字成句，但“贿赂”二字似乎不妥。

（学生带着疑惑再读原文。）

生3：王密送给杨震钱财实为报恩，且二人不存在上下级或利益关系，所以“贿赂”二字不妥。

师：那怎么改？

生3：改成“钱财”即可。

师：好，就听你的，题目定为“杨震慎独拒钱财”。

（下一课时，在我引用司马徽说“好好”的典故来帮学生区分“中庸”和“折中”思想时，我要求学生模仿古典章回体小说题目起出与“杨震慎独拒钱财”相对的标题。学生们驾轻就熟，很快给出了“司马折中说好好”的答案。）

背景简析

该片段是在教授人教版高中语文选修《中国文化经典研读》第四单元《中庸》节选部分时的环节。《大学》《中庸》等文化经典作品理解难度相对较大，尤其是原文中的一些概念，如“中庸”“慎独”等并不好理解，学生由于缺乏生活的阅历，理解起来并不容易，对文本的研读往往缺少兴趣和耐心，在课堂上思维行动都不活跃。教师在执教过程中就要引入一些具体的事例辅助学生理解，同时给学生设定具体可操作的任务，实现师生互动、生生互动，从而让课堂活跃起来。

主题论点

这里所说的“起标题”，指的是给某一篇文字材料或文章起标题。具体到语文课堂教学中，它既是教师组织课堂教学的一种教学活动，也是学生应教师要求而完成的一项学习任务。它引导学生在真实的语言运用情境中，通过自主的语言实践活动，积累言语经验，培养运用祖国语言文字的能力。它能够通过任务驱动、文字游戏、小组活动等方式，催发学生的阅读动力，唤起学生的学习乐趣，激发学生的参与热情，从而让语文课堂更活跃。

深度反思

对于“起标题”这种教学活动，我在之前的教学过程中已有所借鉴和实践，但未对其进一步进行思考和总结。而这一次成功的经验得到教研员的认可，更让我肯定了“起标题”这一教学活动在语文课堂教学中的积极作用，坚定了对其进行反思总结和再实践的决心。“起标题”这一教学活动之所以能够实现师生、生生之间的多元互动，让语文课堂更活跃，在我看来有以下三个原因：

（一）任务驱动，催发学生阅读动力

所谓“任务驱动”，就是学生在教师的帮助下，以一个任务为活动中心，在强烈的问题动机的驱动下，通过对学习资源的主动应用，进行自主探索和互动协作的学习，并在完成既定任务的同时，引导学生进行学习实践活动。这种“任务驱动教学法”将以往以传授知识为主的传统教学理念转变为以解决问题、完成任务为主的多维互动式的教学理念，它能将再现式教学转变为探究式学习，使学生处于积极的学习状态。

“起标题”是教师给学生设置的一个任务。任务看似简单，但学生要完成这个任务首先要阅读完一段或一篇文章。如上文提到要给“四知”故事起一个更直观的题目，那么学生就必须阅读故事的内容，熟悉故事中的主人公、具体的事件并思考故事的主题。学生在阅读过程中不是盲目被动的，而是带着问题和任务去阅读，自然也就有了动力。学生在“起标题”这一任务驱动下的阅读，不是囫囵吞枣、不求甚解的浅阅读，而是要对阅读材料进行总结提炼的深阅读，学生必须通过反复斟酌和深入思考才能完成。学生给“四知”故事所起的新标题中，“慎独”二字是对典故主题的凝练，非深入思考不可得。

（二）文字游戏，唤起学生学习乐趣

“寓教于乐，寓学于趣”是现代教育极力倡导的教学理念，是广大教育工作者不断追求和践行的高效教学方法，其能够让受教者在游戏过程中、在轻松愉悦的氛围中获得知识，实现能力的提升。“语言建构与应用”作为语文学科四大核心素养之首，如何通过“寓教于乐”的方式提高学生“语言建构与应用”的能力呢？我认为传统文化保留下来的一些文字游戏是效果不错的方法。如猜字谜、说歇后语、对对子、成语接龙和飞花令等。这些文字游戏往往需要参与者遣词造句、“咬文嚼字”，这就无形中提高了参与者理解和运用语言文字的能力。

“起标题”虽算不上典型的文字游戏，但它确实具有这方面的性质。因为“起标题”这一任务不仅要求学生对文字材料进行阅读并归纳概括，而且要求学生使用最为准确凝练的语言文字进行表达。学生在遣词造句的过程中，必然要字斟句酌、咬文嚼字。在这过程中，学生对语言文字的兴趣自然而然地被唤起。给“四知”故

事起标题，学生最初给出的标题不是“杨震慎独拒钱财”，而是“杨震慎独拒贿赂”。我先是肯定了学生们的答案，但接着指出“贿赂”二字是不妥当的。学生带着疑惑再次投入阅读，发现我的质疑是有道理的。因为昌邑县令王密与东莱郡太守杨震不存在上下级关系，而王密之所以送金钱给杨震，是为了报答知遇之恩。于是学生们把“贿赂”一词改成不带有感情色彩的“钱财”二字，方符合事实。在下句的安排上，我借鉴古典章回体小说起题目的方式。学生们很顺利地用“司马”对“杨震”、“折中”对“慎独”、“说好好”对“拒钱财”，完成了对对子的任务，从中也获得不小的成就感。

标题短小凝练，势必要求学生做到字斟句酌，而学生也正是在咬文嚼字的过程中体会到了文字游戏的乐趣，从而提高了对语言文字的兴趣。

（三）小组活动，激发学生参与热情

在“起标题”这个教学安排上，为了激发学生的参与热情，让更多的学生主动参与进来，我们可以采取分组研究和汇报的方式，让组与组之间达到既竞争比拼又交流合作的活跃状态。这一点，我在讲授李商隐的《锦瑟》时有所运用。

《锦瑟》一诗主旨历来众说纷纭，莫衷一是。在讲授这首诗的时候，我要求学生课下自查资料，给这首诗另起一个相对比较明确并能够反映主旨的题目。为了激发学生们的参与热情，我组织学生以小组为单位展开研究，然后在课上进行分组汇报。四个小组在私下里其实已经交流过不同的见解，所以在课上汇报的时候，大家各有立场，围绕着“华年”“思恋”“忆旧”“无题”等四个自起的标题展开阐述，甚至进行激烈的辩论。学生们思维活跃，发言内容涉及李商隐其人其诗各个方面，其观点也超出了我的预设。大家既因为起标题的任务而查阅了大量资料，又因为要阐明自己所起的题目而分享了不同的解读。总之，那一次分小组起标题的教学活动确实激发了学生们的热情，还是比较成功的。

回到本次“起标题”活动，之所以设置“起标题”这一环节，是出于两方面的考虑：一方面由于学生对《中庸》本身不太感兴趣，文本研读很容易将课堂带入沉闷枯燥的状态；另一方面，学生在借助“四知”故事理解“慎独”概念时容易流于表面，对素材把握不到位、印象不深。对此，笔者安排了这一环节。总的来讲，其效果还不错。期间既有自然流畅的师生互动，又有“百家争鸣”的生生互动，活动很好地激发了学生的兴趣和积极性，对活跃课堂起到了良好的作用，同时加深了学生对“慎独”概念的理解，锻炼了学生语言建构与运用的能力，可以说较好地完成了预期目标。

当然，回头再看，该环节还是有些不妥当的地方。如标题“司马折中说好好”的说法是缺乏说服力的，即把司马徽在评价人物时候总是说“好”理解为折中之道的表现是一种没有充分依据的论断，所以我们在起标题过程中务必注意措辞严谨。再有，“起标题”环节设置的初衷是为了主题教学服务的，不能为了“起标题”而“起标题”，走上形式主义的歧途。

天津市第九中学

针对学生差异的“多元互动”语文课堂模式

文 / 王 琳

精彩片段

师：请第三组同学来分享他们的讨论结果。我们看一下，第三组同学找到了哪些异同之处，得出了怎样的结论呢？

生1：我们找到的相同点是“渐……渐……”，不同点是石兽“渐沉渐深”，水“渐激渐深”。

师：请大家思考一下，这位同学的表达足够准确吗？

生2（与生1同组）：不对，应该是水“渐激”，石兽“渐深”。

生3（与生1不同组）：应该是水“渐激”，坎穴“渐深”。

师：同学们，你们觉得哪种理解是正确的？

其他学生：水“渐激”，坎穴“渐深”是对的。

师：同学们理解得很准确，那你（生1）能来给大家具体讲讲石兽旋转至上游的过程吗？

生1：可以。我想给同学们画个图来讲。

师：那去黑板上画吧。

生1（边画边讲解……）

师（面向全体）：同学们，他讲解得非常清楚，现在你们明白在上游找到石兽的原因了吧？这篇课文最难的地方被这组同学解决了，请大家给他们组鼓鼓掌吧。

生4（主动举手）**：**老师，这句话我还发现了一个不同的地方。

全班同学（异口同声）**：**是“耳”字。

师：你们都是善于发现的好孩子。（面向生4）那你能分析一下吗？

生4：这个“耳”是“罢了”的意思，我觉得讲学家说话的语气很傲慢，仗着自己有学问就看不起别人。

师：你说得非常好，讲学家是一个自恃有学问且空谈事理的人。我们再来请下一组同学来分享。

生5：我们组找到的相同的地方是两个人都是“笑曰”，但我们感觉两个人的“笑”是不同的。我们也觉得讲学家有点儿自视甚高，瞧不起别人。

师：那请你们组给讲学家和老河兵的“笑”前面各加一字，更准确地表达两者“笑”的不同。

（组内短暂讨论）

生5：讲学家应该是“轻笑”，这样才能体现出他的自视甚高；而老河兵应该是“嘲笑”，他嘲笑讲学家不懂装懂，也嘲笑寺僧轻信讲学家。

师：同学们，你们对词语的品析能力非常强。文言文的炼字十分精准巧妙，一个“笑”字使讲学家和老河兵的形象跃然于纸上。

背景简析

在讲授《河中石兽》时，教师请同学们阅读文章的第二、三段，找出异同并分析原因。分组讨论之后，请同学们互相分享讨论之后的结果。精彩片段为第三、四组同学分享的讨论结果。基于学生已理解文言文大意，为了让学生更深入地研读课文，品析文章语言，把握讲学家和老河兵的人物形象，教师设计了该教学环节，通过小组合作探究的方式，激发学生自主阅读的兴趣，提升学生思考问题的能力，培养学生合作学习的能力，在教学过程中得到了很好的教学效果。

主题论点

异质分层和多元互动是设计这个教学环节的核心理念。异质分层是一种不着痕迹的隐形分层，组内不同层次的学生能够做到互帮互助、扬长避短，竞争与合作并存，从长远角度讲更利于学生的发展。多元互动是语文教学的一种开放式课堂模式。教师是课堂教学的组织者和参与者，其积极引导学生深入思考问题，发挥学生的主体作用，能够实现师生互动、生生互动。

深度反思

（一）课堂亮点

1.有效的异质分层。教师将图表以幻灯片的形式在班内展示，请学生自行归类。基于对学生的学习态度、学习能力、认知水平和性格特点等多方面的了解，笔者认为学生自我归类的结果还是比较符合真实情况的。另外，根据该班学生3次检测的平均成绩，笔者将全班学生划分为6个小组，每组6人，每类学生1～2人。公布小组成员名单后，根据学生意见酌情微调。

2.利用多元互动的课堂模式有效突破重难点。相对于传统教学方法，多元互动的课堂模式更具开放性和融合性。它的出现打破了课堂中单纯的“师讲生记”的传统模式，教师与学生的对话方式不再是单一的，而是多元的、放射的、有指向性的，能够使教学相长、师生共赢。其中“生生互动”这一对话模式使课堂上的学习充满竞争性和发散性。

在课堂活动中，学生能够较好地发挥主体作用，教师在其中也起到了主导作用，呈现出多元互动的课堂模式。课堂问题设置难度比较符合学生水平，能够由浅入深地引导学生进行思考，使不同层次的学生都能有效参与课堂，实现教学目标，有效突破了该课的重难点。

在教学过程中，教师设置问题为“请同学们阅读文章的第二、三段，找出异同并分析原因”，这个问题本身就呈现了多层次性。能够针对学生的差异有效设置问题，是多元互动的保障。A、B两类学习能力较强的学生往往更注重分析差异的原因，而C、D两类学习能力较弱的学生更注意发现异同之处。C、D两类学生因为参与了问题的解答，在听取后续原因分析时往往显得更投入，因此在A、B两类学生的引导下，更容易掌握学习内容。

在师生对话上，教师充分起到了主导作用，教师采用了以问代讲的方式，实现了“师生互动”，能够较好地引导学生深入思考问题，把握人物形象，挖掘文章的主题。教师的提问有层次、有梯度、有密度，学生的回答也呈现出多角度的思考，充分体现了学生的个性。

在学生遇到解决不了的问题时，教师采用了组内解答法和小组交叉解答法，实现了生生互动。学生们思维火花的碰撞使课堂讨论达到了一个高潮，学生回答问题的精彩呈现恰恰是生生互动所激发的，学生在合作与竞争中，完成了对本课内容的学习，激发学生对文本的探究兴趣。

（二）课堂反思

应注重异质分层与动态分层相结合。事物总是处于不断运动和发展中的。在不同教学内容的基础上，组内层次也应该做适当的调节以便更好地达成多层次的学习目标。此外，通过一段时间的学习，学生的层次也有可能会发生变化，应该及时调整学生层次，实现异质分层与动态分层相结合。

多元互动的课堂模式是符合客观规律的，它的发展有利于促进素质教育的进一步发展，有利于学生全面发展的同时保持个性化差异。多元互动的课堂模式，可以有的放矢地让学生学习到自己可以学会的知识，不做无用功。学生通过多元对话的方式，培养了合作与竞争的能力，有利于学生今后走向社会，形成良性竞争。多元互动的课堂模式，使学困生拥有课堂参与感，学优生有了用武之地，普通学生对知识的学习也可以满足自身需求，提高学习热情，这样不同层次的学生都能立足自身获得发展。

天津市南开区科技实验中学

自评与互评，让学生在交流中共同成长

文 / 杨美娜

精彩片段

学生了解“程门立雪”中的相关人物后，教师布置了一个学习任务：“书读百遍，其义自见。为了让同学们更好地理解文意，请同学自由组成小组，分配角色，朗读文本。”学生遵循就近结组的原则，由组长结合组员的特点分配角色，练习朗读。教师边巡视边指导。充分朗读后，课堂进入朗读展示环节。学生展示朗读前，教师在课件上展示《学生朗读评价表》。

师：请同学们结合《学生朗读评价表》的具体要点，对展示朗读的小组进行评价，并说明理由。

生：（踊跃举手，展示朗读）

师：请组长对本组的朗读表现进行自我评价。

生1（组长）：我们组的同学在朗读时读音比较准确，但是对“时河南程颢与弟颐讲孔、孟绝学于熙、丰之际”这句话的停顿把握不好，所以我们组的朗读可得9分。

师：请你按照自己的理解读出这句话的正确停顿。

生1（组长）：（朗读）

师：现在请同学们齐读这句话，加强对节奏的把握。

（全班齐读）

师：现在还有哪位同学愿意对这个小组的朗读进行评价？

生2： 我认为他们可得8分，除了停顿把握不准确之外，其中一名同学的声音不够洪亮，所以得8分。

生3： 我也认为可得8分，除了句子停顿把握不准外，“酢”的读音也误读为zhà。

师： 两位同学听得非常认真，分析得非常准确，希望所有同学在朗读时注意以上问题。接下来，我再请一个小组进行朗读展示。

小组二展示朗读，并进行自评和生生互评。

课堂的这一环节充分调动了学生的积极性。学生在听读和朗读环节大大提高了学生课堂参与度和学习的兴趣，使得朗读的方法指导落到实处。

背景简析

我校（天津市育贤中学）自2018年开发了校本课程“有故事的成语”，并在七八年级的教学中实施。上面的片段来自八年级《程门立雪》的课堂教学。八年级的学生经过一年的学习，积累了部分文言词汇，能在初步诵读的基础上初步判断文言语法现象，较轻松地掌握文意，所以教师在授课时要兼顾文言文的知识性和文学性，以学生自学为主，侧重师生、生生的多元互动，帮助学生理解文本内容，体会古人的高尚品格。

主题论点

新课程标准下，教师应是课堂教学的组织者和参与者，学生是学习的主体。教师应该以学生自身为出发点，认识主体、尊重主体、热爱主体，为学生提供更多的参与机会，通过引导让教学能够互动起来，积极实现师生互动、生生互动，使教与学有机地融为一体，构建高效课堂。

深度反思

文言文教学是语文学习的重点，而朗读是学习文言文的重要法宝。学生通过朗读可以感知语言的韵律美、节奏美，从而加深学生对语言的理解，进而感知文本的内容及情感，从中感受中华传统文化的魅力，汲取养分，提升个人乃至整个中华民族的文学素养，但是千篇一律的朗读形式，难免会使学生产生厌倦之感。所以教师在教学中,力求放手,由学生自由结组,选择适合自己的朗读形式,由传统的教师点评转变为学生自评和生生互评,充分挖掘学生的竞争意识,发扬团结合作精神,变被动学习为主动学习。这样的转变意味着在教学中教师成为学生学习的启发者、指导者,学生成为教学的积极参与者、促进者。教师突破了单纯的“教”的角色,在欣赏学生的参与、相互促进中引导其善于“学”,营造平等、民主、和谐的氛围,促使学生“亲其师、爱其道、善其学”,通过教学互动实现真正意义上的教学相长。

评价是课堂教学中必不可少的一个环节,评价方式的多样化有助于学生更好地融入课堂,完成既定的教学目标。

当代著名心理学家和教育家布鲁纳认为,知识的获得是一个主动的过程,学习者不应是信息的被动接受者,而应该是知识获取的主动参与者。所以,在课堂中,学生对自己主体地位能否清醒认识,决定了其是否能动地发展自我主体意识和主动精神,成为学习的真正主人。所以笔者在教学中安排了小组自评,旨在使组内成员对本组表现有初步认知。只有对自我有清醒的认知,才能结合他人的评价,有的放矢地进行改进。

另外,学生的自我评价不是任意为之,而是参照《学生朗读评价表》的内容进行评价,而表格中的评价内容是朗读的关键要素。学生通过自我评价,对朗读过程进行反思,这一过程也达到了强化朗读方法指导的目的。

众所周知,语文学科是一个能够充分反映学生理解能力和领悟能力的学科,对学生的终身发展有着至关重要的作用。为了更好地促进学生全面和谐地发展,在教学中,笔者组织学生进行生生互评,充分利用初中生的心理特征激发学生的内部动机,使之在练习朗读和听读过程中全身心地投入。尤其是听读环节,未展示朗读的学生看似是局外人,实际上是课堂教学中必不可少的参与者,他们在听的过程中既可以取他人长处,补自己劣势,又能找出他人的不足,准确评价的同时警示自己,从而提高自身的思辨能力。尤其是当生生互评后,评价的内容得到教师和朗读组的认可时,学生心理上会产生较强的满足感和成就感,而这种评价方式可以调动学生的参与热情和学习热情,在以后的教学中学生就会调动自己的经验和创造力,充分发挥主观能动性,循序渐进地达成学习目标,从而提升语文学科素养。可见,学生自评和生生互评可以增进学生之间的合作交流,提高课堂效率,实现共赢。

当然,在语文学习中,学生易产生分歧,他们因积累程度和阅读理解能力不同,对某些问题的理解也不尽相同，这就是所谓的“一百个人心中有一百个哈姆雷特”。面对这些问题，教师的主导作用显得尤为重要。教师是整个教学过程的组织者，往往会根据学生的需求制定课堂的教学目标及教学方法，进而在一定的教学进度内确保教育目标的实现。所以教学中教师的引导有助于教学过程的顺利进行。

每个年龄段的学生都具有较鲜明的个体差异，教师应了解自己所教学生的身心特征，在课程设计之初应考虑全面，做好预设，在学生自主学习的过程中遇到疑问时，教师也可以进行适当引导。如学生在练习朗读环节，对“时调官不赴，以师礼见颢于颍昌”这句话的节奏把握不准，教师必先引导学生对这句话的内容进行分析，再结合以往所涉及的朗读方法指导并带领学生恰当地划分节奏。这种问题的解决直接影响学生对问题本质的认识和知识结构的建立，所以这一过程既要面向全体学生，又要尊重学生个体差异，教师要在两者兼顾的基础上，帮助学生树立信心，指导学生把握认知的方向和过程，引导学生自主分析问题和解决问题。如果教师对自己的身份没有做好“定位”，那么其引导作用也无法“到位”。

在师生互动时，教师要努力唤醒学生的主体意识，激发学生的主动精神，让学生知道教师只是课堂教学的组织者和引导者，只有这样学生才能大胆地自由结组，分配角色，合作朗读。尤其是生生互评环节，展示朗读组组长进行自我评价时，提到对“时河南程颢与弟颐讲孔、孟绝学于熙、丰之际”的节奏把握不好时，教师可再次引导学生回顾成语中的主要人物，进行朗读指导，带领学生准确朗读。当然，在整个评价环节中，教师在对待学生发言时，要以鼓励、肯定的态度对待，引导学生大胆表述，及时对学生的表现进行反馈，帮助学生及时发现问题，促进学生自我改正和自主发展。

但是值得思考的是，这节课还可以更好地促进学生自身发展。在小组展示朗读后教师应给学生思考时间，由各组组长整合组内成员对朗读组评价，并进行综合表述。由于评价组通过讨论会得出较为准确的评价，所以第二组朗读展示可以由评价组进行，主要目的在于检验评价组的朗读能力。在语文课堂上，教师应该大胆放手，将课堂交给学生，组织学生活动，充当主导者，引领学生自主学习，在交流中收获成长。

天津市育贤中学

初中英语听说课中指向思维品质的问题链设计

文／王潇楠

精彩片段

教师屏幕上呈现披头士乐队的图片，教师询问学生对这个乐队是否有所了解，若学生给出否定回答，教师紧跟问题："If not, what would you like to know?" 教师及时板书学生提出的问题，如《Where were they from? /What were their hit songs?》

对于学生未提及的，教师直接引出问题"Here are some questions you know, while there are also some questions that I want you to know. Let's have a look."

学生完整地听一遍对话，完成信息卡的填补。教师在此环节结束后提问："How much do you know about the Beatles? Could you introduce in sentence?" 学生依据信息卡的内容，完成从单句到小段落的渐进式复述，夯实新知。

在进入分听环节前，教师先抛出问题："By listening, who likes the Beatles more, Alan or Gran?" 引导学生回听提取信息，在学生给出答案后，教师立即追问："Why do you think so?" 让学生阐述理由，支撑其观点。

当一名学生表达观点后，教师随即转问其他同学："Do you agree with him?" 最终将完整的答案呈现在屏幕上。接着抛出下一问题："When talking about the Beatles songs, Alan makes a mistake. Can you find it?" 一名学生猜测后，教师转而询问全体同学："Do you agree with him?" 并借用复听环节让学生明确答案。

教师引导学生进行小结:“So when talking about the songs, what sentences do they use?”教师设计补全填空的方式回顾完整的听力内容,学生复述听力材料中出现的语句,降低信息输出的难度,同时进行语调模仿练习,巩固交际句型。对于其中的难点句“OK, if you say so.”的适用情况,教师设置选项供学生判断,加深对难句的理解。

背景简析

本片段出自《剑桥新思维英语青少版》第一册第十二单元中的一篇介绍披头士乐队的听力材料。本单元主题是“音乐”,主题语境为“人与社会”。教师授课对象为七年级学生,英语基础素养为中等水平,能够捕获简单的文本信息,实现对文本的初步理解。部分学生能够简单地用英语反思文本、表达观点,但在信息的整合与分析、逻辑推理方面可能仍欠缺足够的训练。鉴于此,教师尝试构建以“音乐”话题语境为主线,以问题链为导向,以发展思维品质为核心,以综合活动为载体的思维课堂。

主题论点

从推动教学流程来看,英语听说课中常用的“问题链”主要可分为五种类型:导入型问题、递进型问题、铰链型问题、迁移型问题和反思型问题。教师需要整合教材,积极构建系统、完整、既独立又关联的教学问题,引导学生沿着“问题链”,紧密串联起整节课的教学目标和重难点。问题设计的层次性关系到听说教学的质量。有层次的问题链能让学生建立合理的思维路径,完成螺旋式上升的学习过程,同时也能感受到思维的发展和深化。因此,指向思维品质的“问题链”设计应占据听说教学课堂的主导地位。

深度反思

(一)听前阶段以兴趣入题,为激活思维品质启航

本节课的每个环节与问题的设置都与思维品质紧密结合。从导入环节开始,思维培养点是激发学生对熟悉话题产生新的兴趣,确立思维的起步点,初步感知目

标语言和主题语境。由学生自行主导的课前分享环节，节奏得当，紧扣主题，又不落俗。教师在各环节提问角度不同，既考查对事实细节信息的捕捉，也为下文埋伏笔，奠定学生发展思维品质的心理基础。教师以信息卡片的方式总结分享内容，旨在培养学生条理清晰、脉络严谨的思维方式。教师利用图片、关键词引导学生对即将听到的内容进行合理预判、推测，自主发问，此处的思维培养点是发展学生思维的发散性，为下一步有针对性地捕捉相关信息进行铺垫。导入型问题链能有效激发学生学习内驱力，促使学生由回答者转为提问者，在回答开放性问题时，学生需要积极主动地观察和判断问题的类型，从而提高思维的敏捷度，激活思考状态。

（二）听中阶段循序渐进，为训练思维品质导航

在本节课的听中阶段，教师设置了以下三个层次的子问题链：

1.第一层次：整听文本，明晰主线，重在发展学生梳理、提取、整合信息的能力。由于此前导入环节中已有类似的信息卡介绍，此处的任务完成难度并不高，任务旨在训练学生提取关键词，理清听力内容的脉络。作为递进型问题的第一层次，重在推动全体学生积极思考参与课堂活动。学生口头复述文本是对其逻辑思维能力、抽象概括能力和组织语言能力的有效训练，而复述效果很大程度取决于之前对输入信息的内化程度，所以第一层次的问题难度要降低，要照顾到大部分学生的理解水平。

2.第二层次：精听文本，细节评判，发展学生辨识、检测、分析信息的能力。作为递进型问题的第二层次，问题的难度逐步加大，从辨识浅层观点过渡到理解文本信息的内在关联，对思维能力的要求更上一个台阶。同时，教师追问“Why do you think so? / Do you agree with him?”等翻转问题——把例行公事的“回忆性”问题变成让学生证明“理解了”的问题，这既是帮助回答错误的学生加深思考，也是拓宽回答正确的学生的思路，使其关注各层次学生的认知水平，促进长时记忆，让学生掌握辨析、梳理思考问题的路径。

3.第三层次：深入文本，合理推断，发展学生概括、整合信息的能力。在学生理清整个听力材料的脉络后，进行听中阶段的小总结，回顾本节课的输出重点，同时解读重难点句型。为此，教师降低难度，设置了concept check question，检查学生对本课关键点的理解。

在听中阶段，教师设计递进型问题链，由表及里，符合学生的认知水平。第一、二层次问题链引导学生运用各种技巧“剥洋葱式”地解构文本信息，第三层次的问题链则更多关注学生内化重难点、建构新知，并在此基础上为下一步运用新知识做好准备。学生的思维过程始于问题，而优质的问题是产生思考和真实学习的基点，因此优质的课堂提问环节不可或缺。精心设计的问题链能让学生在真实的交际情境中实现信息的传递，在此过程中，学生的交际能力、表达能力等均有所提升。

本节课的问题链设计围绕“音乐”主题展开，巧妙串联起思维层次分明的听力活动，激励学生主动思考，培养多元的思维品质。在听前环节，通过引入型问题让学生预测新知，激活思维；在听中环节，通过递进型问题对主要信息进行设问，从信息型问题过渡到分析型问题，将文本中零碎信息用一条主线串联起来，通过小循环、小总结帮助学生掌握适合特定交际场合的表达句型，强化分析、概括的思维能力，逐步推向深层思考；通过一两个铰链型问题考查学生对本课重难点的解读是否到位、充分；在听后环节，教师可通过迁移型和反思型问题链推动学生进入高阶思维模式，在准确理解文本信息的基础上，发表个性化、创造性的观点，与高层次的认知过程相关的主动加工有助于深度知识的发展和实现知识迁移的图式的建构。但本节课在部分环节的衔接上仍欠缺自然的过渡，有些问题的思考角度转换过程仍略显突兀，这对于授课教师的课堂把控力也是极大的挑战，教师仍需要不断地钻研。

天津市南开日新国际学校

互动有“度”

文 / 邢　艳

精彩片段

师：这是谁做的？说说你的想法。

长方形面积：$7\times6=42(cm^2)$；

梯形面积：$(4+6)\times(10-7)\div2=15(cm^2)$；

多边形面积：$42+15=57(cm^2)$。

（学生按解题过程复述。）

师：这位同学的想法是从A点向CD边做垂线，我们给垂足命名为F，这样便于表达。

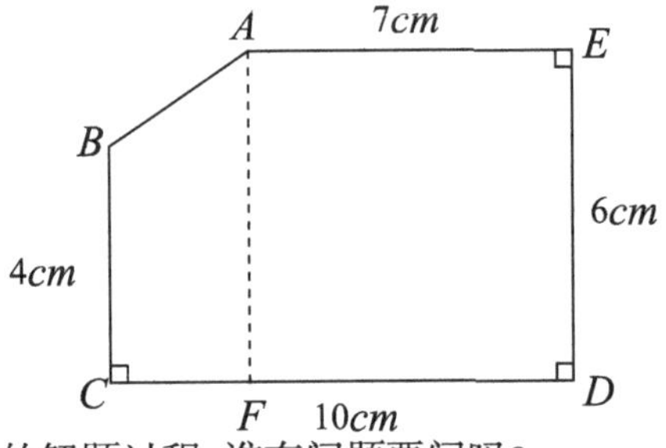

师：对于这位同学的解题过程，谁有问题要问吗？

生：*AF*的长度是多少？

生：*AF*的长度是6厘米。

生：CF的长度是多少？

生：10−7=3，3厘米。

师：这两个问题都切中了要害，但又都轻易地放过了最珍贵的思维过程。我替你俩问好不好？（学生点头）

师：AF这条边是6厘米，你是怎么知道的？

……

生：因为ED是6厘米，AF和ED都在长方形AEDF中。

师：他利用长方形对边相等这个图形特征推理出了隐藏的数据。（板书：推理数据。）

师：谁来追问第二个问题？

（学生跃跃欲试）

生：CF是3厘米，又是怎么知道的呢？

……

生：在长方形AFDE中，FD等于AE，是7厘米，CD长10厘米，CF的长度就是CD−FD的差值。10−7=3，3厘米。

师：他根据图形之间的关系计算出来隐藏的数据。（板书：计算。）刚才的两个追问，问出了精髓。我们可以通过推理和计算找到图形中的隐藏数据。

师：问题不仅要找得准，还要提得好，要把闪亮的思维展示出来。这样的提问水平更高。

背景简析

上面的教学片段出自义务教育小学数学五年级上册第六单元的最后一个学习内容“组合图形的面积”。学生之前学习了长方形、正方形、平行四边形、三角形、梯形的面积计算，这为组合图形的面积计算打下了知识基础。在公式推导过程中，学生也初步积累了一定的割、补方法和转化的数学思想。这节课学习把多边形转化成由几个基本图形组成的组合图形的面积计算。教学片段重点突破找出图中隐藏数据的方法。

主题论点

知识不仅通过教师传授获得，而且也能通过巧妙设计和有效指导由学习者自我建构。课堂互动也要遵循建构主义思想，精心创设教学情境，预设教学线路。有效互动的主体以平等的身份参与互动，意味着教师与学生已结为学习共同体。在这个共同体内，师生互动向生生互动发展。有效互动源自有温度的沟通，只有情感的融入，知识与技能才不会是僵化的，才能实现立德树人的教育目的。

深度反思

课堂是教学的主阵地，问题是数学的“心脏”，课堂的一切教学活动都要围绕问题展开。唯有让学生真真切切地参与课堂互动，才能发挥学生积极学习的优势，教学才能不流于形式，在有限的四十分钟时间里让学生有更多的收获，使教学更有效。

（一）精心设计，保障有效互动的“深度”

凡事预则立，不预则废。预先做好谋划是保证教学成效的前提条件，任何一节成功的课都离不开教师的精心设计和认真准备。

1.问题情境是有效互动的基础。问题情境就是把那些不知与知、浅知与深知之类需要学生解决的矛盾问题，带到一定的情境之中去。教学片段中的课堂互动就是基于学生尝试解决问题的情境展开讨论的。这个问题需要具有一定的难度，对学生来说既是他们能力所能及的，又是必须经过努力或者“起跳”才能解决的。从中学生了解隐藏数据的前因后果与来龙去脉，使解决问题的思路更清晰，这样知识在学生的脑海中才能印象更深刻。

2.深耕细作是有效互动的保证。纵观教学过程，教师需要从数学课程目标的要求出发，面对学生认识的初始状态，开展探究性学习。教师适当点拨指导思考过程，执果索因，向数学本质推进。学生对图形的认识从现有的信息，到“隐藏”的数据——CF和AF的长度，上升为数学思想方法。他们主动参与从感知经表象达到认识的思维过程，这加深了学生对于组合图形面积计算要关注基本图形的特征和图形之间的关系的理解。

夸美纽斯主张“应当循序渐进地来学习一切”。课堂互动要遵循一个“序”，这个序就是由浅入深、由简到繁、由具体到抽象的逐步深化，这既符合青少年认识事物的客观规律，又呈现清晰的教学思路。教师需要投入精力去精耕细作，有序地设计一组有层次性、阶梯性的教学问题，一步步提出环环相扣、层层深入的问题，激活学生的思维，提高教学的效率。

3.精准提问是有效互动的关键。在师生互动过程中，教师与学生共同以主体的姿态出现在对方面前。课堂上，教师提出问题给学生创造解决问题的舞台。开始学生只关注了解决问题过程中的表象，即图形中线段的长度。此时，教师突破学生的表象思维定式，提出了处于学生的“最近发展区”的问题：“AF这条边是6厘米，你是怎么知道的?”从而引导学生依据图形的特征和图形之间的关系寻找隐藏的数据，使得学生透过显性的、表层的认识，将隐性的含意外显化。

教师的引导要根据学生的学情，把握好教学内容的实质，设计“具有一定难度”的问题才能激发起学生的兴趣，让学生深层次地思考数学问题。这样的学习过程才不至于让学生感到索然无味或失去信心，而是激发他们主动探索知识，抓关键，找准隐藏条件，由表及里观察，掌握学习方法，增长解决问题的能力。

（二）以情励学，提升师生互动的“温度”

课堂教学的师生互动是精神交互以求达成共识的互动过程。

1.情感奠基。斯普朗格说：“教育绝不是传授已有的东西，而是要把人的创造力诱导出来，将生命感、价值感‘唤醒’。教育过程不仅要从外部制约生长者，而且要解放成长者内部的力量，要通过‘唤醒’而建立受教育者的主体性。”教师通过深入钻研新旧知识之间的联系，充分地了解、把握学生（知识经验、智能水平等）的特点，创设繁简得当、难易适度的问题情境，既紧紧围绕教学任务，又适合学生的情趣喜好，使学生既有所得，又乐在其中。有的学生享受到尝试成功的惊喜，有的体会到教师的信任，有的在教师的鼓励下唤起自信与自尊……每个学生均产生积极向上的学习热情。

2.情感引路。面对学生介绍的解题过程，教师没有急于评价，而是耐心引导，让学生有针对性地提问：“对于这位同学的解答过程，谁有问题要问吗?”当学生讨论了教师的示范提问后，教师再一次把思考和提问的机会给了学生：“谁来追问第二个问题?”并请学生从座位走到讲台前，让学生去自行“发现”，让学生从中体验到“艰苦的脑力劳动后的幸福”和“自己作为发现者的权威感”，长此以往，学生的学习兴趣和探究热情必然会得到不断发展和提高，从而获得“如何思考”的智慧。

3.情感共鸣。教学中，学生最初提出问题时，教师这样反馈：“这两个问题都切中了要害，但又都轻易地放过了最珍贵的思维过程。我替你们俩问好不好?”这里教师首先给学生的是鼓励和肯定——“切中要害”，此时学生会感到欣慰；然后，教师真诚地指出存在的问题——“轻易地放过了最珍贵的思维过程”，此刻学生会感到好奇；最后，征得学生的同意，学生会感受到平等和尊重，产生和教师一起解决问题的情感共鸣；通过教师示范提问——“AF这条边是6厘米，你是怎么知道的?”学生踊跃回答，精彩纷呈，闪烁出解决问题的思维火花，有效的教学能激发学生参与学习的热情，促进学生思维水平的提高和情感、态度、价值观的形成，从而达到了由数学认知到数学思维的飞跃。教学只有上升到这种层次，整个课堂才能具有极强的感染力，让学生在有效的教学时间内尽量学得轻松、学得活泼、学得扎实，并时刻保持一种高度的兴奋，“知其然，更应知其所以然”，获得一种全新的感受。

课堂是教师与学生共同的活动场所，如何帮助学生从具体抽象的问题过渡到建立数学模型是一个值得重视的问题。教师要尽快激活学生的思维，学会认真倾听学生的心声，分清主次，从中抓住有思考含量的问题，因势利导、步步深入，引导学生直奔问题的关键去探讨，打开学生的解题思路，有效地构建学生的数学思维结构，其意义就是数学要训练出学科所需的清晰思考的能力，使学生能够体验成功的喜悦。

天津市南开区教师发展中心

巧用课堂问题设置 促进教学目标达成

文 / 郭嘉露

精彩片段

探索“压缩空气后体积会变小”环节。

执教者采用封闭式提问：“压缩空气后空气体积是变大了还是变小了？”

所有学生都能通过观察实验现象正确回答，按照预设目标进行教学活动，提高了课堂效率。

探索“压缩空气有弹性”环节。

师：现在老师如果把活塞往里推，用手紧紧地堵住橡胶塞，你觉得老师推得动吗？（预设：推得动或者推不动）

生：推得动。

师：（追问）如果压下去，松手之后有什么现象？（开放性提问）

生：又弹回去了。

师：生活中什么东西压完后又弹回去了？（预设：各种球）

生：篮球、足球、气球……

师：（追问）生活中还有什么东西？这些东西有什么共同特点？（预设：弹簧。弹簧有弹性，压缩的空气像弹簧一样，有弹性）

三年级学生认知水平有限，很难回答出弹簧，教师可采用实物演示的方法，展示弹簧，很多学生立刻就能回答。

生：弹簧，弹簧有弹性。

执教者追问："生活中还有什么东西压完后又弹回去了？"将"弹"字引出，是引出"压缩空气有弹性"的重中之重。教师在追根究底地提问中锻炼学生的思维能力。

背景简析

本环节选自三年级科学上册"压缩空气"一节，教师带领学生探索"压缩空气和水"实验。学生在上节课通过实验体验空气占据空间这一现象，而在对部分同学的前概念调查中发现：学生对空气占据空间的大小是否可以改变这一问题非常不确定，不能说出有依据的猜测。在科学实验探究中，执教者通过探究法、实践法等手段创设课堂的教学情景。小学生们大都具有很强的好奇心，但理解力相对较差，在执教者引导下，学生通过自身的体验和实践，大胆地表现自己并认识世界。

主题论点

此环节是本节课的核心部分，在探究式教学中，教师的课堂提问水平和能力直接影响着探究式教学的结果。在提问有确定性答案的问题时，教师用封闭式提问可迅速聚焦学生的注意力，突破科学学习重点。在运用理解性提问和应用性提问时，教师可联系生活实际，培养学生科学应用意识。本课首先让学生尝试预测实验结果，然后通过小组活动、师生多元互动和亲身体验相结合的学习方法解决问题，从而促进学生主动积极地参与练习，提高学生学习的自主性。

深度反思

一堂课能否紧紧围绕教学目标这条主线生成，问题设置十分关键。小学科学教育教学具有探究性、开放性、生动性、活泼性。在探究式教学中，教师的课堂提问水平和能力直接影响着探究式教学的结果。高水平的提问会推进探究式教学的进行，反之则会阻碍其进行。关于课堂提问水平的分类有很多，其中最有名的是布卢姆的认知领域六层次分法，其将问题分为识记、理解、应用、分析、综合和评价六个层次。问题设置以"问题发现"和"问题解决"为要旨，在解决问题的教学过程中，教师应引导学生运用科学的思维方式，建立与“问题”相关的知识结构。

在小学科学课堂中，问题的合理设置不仅可以有效地保证科学问题的解决，还能促进学生科学思维的发展和科学知识结构的构建。本文旨在探究如何通过问题设置促进压缩空气和水实验中目标的达成。实践出真知，实践是学生认知的基础，实验中的探究活动是实践的基本形式，也是能力形成的桥梁。学生能否有所发展有赖于是否能充分探究。因此，在实验教学中，探究的过程非常重要。

小学科学实验教学中，让学生形成科学思维，养成良好的科学习惯是一个长期而漫长的过程，需要教师在日常教学中逐渐积累和一个个教学目标的达成。而教学目标的达成，不应通过机械地“满堂灌”，而应在课堂的提问中，突破科学学习的重点，联系生活实际，培养学生科学应用意识，锻炼学生的科学思维能力。

（一）提问具有确定性答案的问题时，用封闭式提问可迅速聚焦学生注意力，突破科学学习重点

在探索“压缩空气后体积会变小”时，执教者尝试开放性提问：“老师想知道，20ml的水和空气，压活塞的时候，会发生什么变化？”教师发现学生的回答并不能按着预想的“体积变小”回答。当执教者改成封闭式提问：“体积变大了还是变小了？”所有学生都能回答正确，按着预设目标进行。因此，在提问具有确定性答案的问题时，用封闭式提问可迅速提升学生注意力，突破科学学习重点，促进目标达成。

（二）运用理解性提问和应用性提问时，联系生活实际，培养学生科学应用意识

“压缩空气有弹性”是本节课难点，学生很难回答出来，因此要引导学生回答压缩空气的这一特性，也需要执教者反复探索、多次尝试。教师在提问中采用追问的方式，比如提问“松手之后有什么现象？”这个开放性的问题，激发学生头脑风暴，学生在回答过程中可能会回答出“弹了回去”，“有弹性”等类似的答案，但这属于极少数情况。执教者在教学中发现有一位学生回答了“弹了回去”，进而得出压缩空气有弹性的结论，课后得知该生提前预习了知识，但对于大部分三年级学生而言，很难达到此水平。很多班级需要执教者联系生活中的例子，将科学知识运用到生活中，提示生活中还有什么东西压完后又弹回去了，诸如“恢复”“变回”“变成”这些同义词的不同表述，让诸多学生回答问题，将“弹”字引出，是引出“压缩空气有弹

性”的重中之重。

探索过程包括猜一猜，压一压，记一记。在科学教学中，教师通过语言描述、实物演示、知识渲染等手段创设课堂的教学情景，通过丰富的情感体验和社会实践，使学生大胆地表现自己。笔者尝试采用实践教学法和探究教学法，明确活动要求。笔者用两个相同的注射器，分别抽进同样多（20ml）的水和空气，然后堵住注射器管口，将活塞向下压和向上拉，让学生观察会发生什么变化，并记录观察结果。

学生汇报。教师应该对学生进行有效引导，让学生自己得出实验结论，并联系实际，进行发散思维，给学生多些探讨时间。学生主要从刻度的变化总结出——和水相比，空气占据的空间受力后容易被压缩和扩张；要从力的感受总结出——在向下压和向上拉的时候，水和空气的实验力的感受是不一样的进行描述。

教学后，学生对本堂课的思考比较多。如学生提问：“如果将自制空气炮里的空气换成水，是不是可以做成水炮？”有学生对水分子和空气颗粒之间是否发生反应感兴趣，这激发了孩子对化学反应的兴趣。本堂课学生掌握教学重难点，学生实验成功率都是100%，实验记录正确率100%，教学目标能顺利完成。不足之处是：教师在设置问题时，参与学生探索过程较多，学生自控能力不足。教师在今后的教学中应循序渐进地增加学生自我管理、团结协作能力，培养学生独立思考、发现问题、解决问题的综合能力。

天津市南开区五马路小学

立足核心要素　着眼整体设计

文 / 刘鑫彦

精彩片段

教学片段一:《搭船的鸟》

师: 请一位同学读一读,其他同学一边听,一边想象翠鸟捕鱼的情景。

师: 翠鸟捕鱼给你留下了什么印象?

生 1: 它的动作太快了。

师: 想看看翠鸟是怎样捕鱼的吗? 我们再来看看慢动作,请大家仔细观察,看看能观察到翠鸟捕鱼时有哪几个动作。

生 2: 冲。

生 3: 飞。

生 4: 衔。

生 5: 站。

生 6: 吞。

师: 作者的观察真细致啊! 翠鸟捕鱼身手敏捷,但也躲不过作者细致地观察。作者写出了一系列动作的变化,让我们仿佛看到了翠鸟就在我们眼前捕鱼的情景。全班齐读,请大家一边想象翠鸟捕鱼的情景,一边体会留心观察的重要。

教学片段二:《翠鸟》

师: 请大家默读课文二三自然段,用横线画出描写翠鸟动作的句子,想一想从这些句子中能体会出翠鸟动作有什么特点?

生1: 我认为翠鸟的动作很快。“翠鸟蹬开苇秆,像箭一样飞过去……”我从蹬、飞、叼、贴这一连串的动词中感到翠鸟的动作实在太快了。

师: 你抓住了关键词来体会。

生2: 我认为它不仅快还很机灵。小鱼刚刚隐约可见,翠鸟就蹬开苇秆,像箭一样飞过去,叼起一条小鱼,贴着水面往远处飞走了。

师: 你能通过朗读,让大家感到翠鸟的动作之快吗?

师: 让我们再来读读这两个自然段,感受这只机灵的翠鸟是如何捕鱼的吧!

背景简介

统编本教材强调语文教学要“阅读与表达”并重,从第二学段开始,统编教材围绕观察、想象、写事、写景、写物、写人、围绕中心意思写、表达真情实感等习作关键要素编排了八个习作单元。这是统编本教材编写体例的突破与创新。统编本习作单元中的精读课文应该怎么教呢?我们将统编本习作单元《搭船的鸟》一课教学与传统阅读课文《翠鸟》一课教学进行了对比,从两个片段师生互动的方式对比中,发现学生训练点的变化。

主题论点

“习作单元”作为一个特殊的单元,由导语、精读课文、交流平台、初试身手、习作例文、习作六个部分组成。这六个部分层层深入、步步推进。习作单元中的“精读课文”教学在功能定位上有别于传统课文的阅读教学,直接指向写作。因此,教师的教学无论是环节的设计还是提问的方式始终要围绕语文要素这个核心展开,从单元整体出发,精准解读文本,优化教学设计,实现有效的师生互动,真正推动学生语文核心素养的形成与发展。

深度反思

如何精准解读文本，实现有效的师生互动呢？

（一）树立整体意识，转变教学理念

在小学语文习作单元整组教学中树立单元整体教学意识是非常必要的。利用导读部分让学生明确语文要素和习作要求，解决“写什么”的问题；借助课文和交流平台让学生学习习作方法，解决“怎么写”的问题；利用“初试身手”和“习作例文”让学生在实践中积累习作经验，解决“怎么写好”的问题。由此步步推进、层层深入，一步一步地完成对学生习作的指导。教师从学生的习作中发现问题并有针对性地进行讲评，将具体反馈放在学生习作之后，构建出完整系统的教学体系。

《搭船的鸟》是统编本语文教科书三年级上册习作单元中的一篇精读课文。在单元整体教学意识下，教师明确了本单元的语文要素：一是体会作者是怎样留心观察周围事物的；二是仔细观察，把观察所得写下来。因此，这两点成为《搭船的鸟》一课的教学目标，同时也是本课教学的重难点。通过两个片段的对比，我们不难发现传统课文《翠鸟》一课的教学以阅读为中心，侧重品词析句，指导朗读，把对精读课文的解读重点放在阅读方法上；而习作单元中《搭船的鸟》一课的教学，直指单元语文要素——留心观察，重在引导学生学习观察的方法，把对精读课文的解读重点放在写作知识与表达方法上。教师的提问从“在这些句子中你能体会出翠鸟动作有什么特点?”转变为“仔细观察，看看你能观察到翠鸟捕鱼时的哪几个动作?”提问方式变化的背后是教师根据两篇课文在功能定位上的不同，教学理念发生的转变。因此，只有整体把握、统筹规划，明确习作单元中精读课文的功能与定位，教师才能找准训练点，进行高效的教学设计，实现有效的师生互动。

（二）抓住内在联系，精准解读文本

1.聚焦“单元导读”。课标中各学段应达成的目标被细化、分解，落实到了教材各单元。“单元导读”以图文明并茂的形式明确了单元主题和语文要素。教学目标的指向性非常明确。因此，教师要将“单元导读”看作“指挥棒”，始终围绕“单元导读”中的语文要素进行研、教、学。

2.关注“课后练习”。“课后练习”或提示了理解课文的思路，或体现了教学训练的重点，或渗透了教法和学法，或提供了拓展延伸。读懂“课后练习”的设计意图，就找到了师生互动的“靶心”。对于一篇精读课文，可以挖掘的点有很多，这就需要教师基于本单元的语文要素，关注“课后练习”，进行大胆剪裁，实现“一课一得”。

3.联系“交流平台”。习作单元的“交流平台”与普通单元不同，重在对本单元的习作方法和要求进行梳理、归纳。教师可以根据“交流平台”中提示的要点在师生互动中对学生做出引导与点拨，从而突破重难点。

4.留意“习作例文”。“习作例文”为学生提供了习作的范例，教材中在典型的地方加入了批注，使学生进一步感悟习作方法，积累习作经验。教师要参考“习作例文”的批注，找准精读课文中师生互动的着眼点，让精读课文成为“习作例文”的先锋，使“习作例文”成为精读课文的复现。如此往复，前后呼应，凸显了单元语文要素，提升了教学效果。

5.结合“初试身手”。“初试身手”是学生初步尝试用学过的方法进行片段练习的习作实践。教师可以根据“初试身手”的特点，使其成为“精读课文”拓展延伸的话题，先说一说，再写一写，既开拓了思路，又降低了难度。

（三）发挥自身价值，优化教学设计

精读课文往往是习作单元的开篇之作，肩负着激发学生习作兴趣的重要使命。兴趣是最好的老师，教师通过精巧的设计、精妙的引导，让学生觉得真有意思、真有趣，这样才能打消学生学习习作时的畏难情绪。教师在教学实践中不断尝试，及时调整，慢慢摸索出一套习作单元精读课文教学模式：“明确任务”——聚焦单元语文要素，让学生明确本单元自己要完成的任务。“重点导读”——找准读写之间的联结点，有目的地指导。“总结方法”——在理解、朗读的基础上，紧扣习作训练点，总结写作知识与方法。“随文练笔”——抓住“训练点”，让学生进行课堂练笔。“交流反馈”——结合学生练笔的情况，当堂反馈，表扬优点，改正不足。

教无定法，贵在得法。教学模式不是唯一的，教师可以根据教材特点创造性地使用习作单元的精读课文，如《搭船的鸟》与《金色的草地》两篇精读课文分别从动物、植物角度引导学生观察什么、怎样观察。教师在教学时可以将这两篇课文放在一起进行比较阅读，通过师生间的互动，学生发现观察动物时要留心观察、细致观察，要按照一定的顺序、抓住显著的特点，同时还要注意观察其动作的变化；观察植物时除了要留心细致观察外，还要反复观察，可以按不同时间和地点来观察植物的变化。

统编本习作单元"精读课文"板块有别于传统的阅读教学。教师要了解教材的编排特点，转变教学理念，从单元整体出发，精准解读文本，设计有效的师生互动话题，使学生在师生互动、生生互动中，激发习作兴趣，学会习作方法，提高习作能力。"习作单元"作为一个特殊的单元，对于当下的习作教学是新课题、新挑战。教师应及时探寻规律，总结经验，让"特殊"的单元产生"特别"的效用，全面提高学生的语文素养，为学生的终生发展奠定基础。

天津市南开区中营小学

在课堂互动中倾听学生的差异

文 / 孙睿智

精彩片段

讲解《伯牙鼓琴》一课时，为了解学生课前阅读情况，教师在刚开始上课时通过多媒体课件展示伯牙鼓琴、钟子期听琴的图片，并且播放古曲《高山流水》。

师： 孩子们，请大家边看画面边听音乐，想一想你从中感悟到什么？

生1： 这段古典音乐很悠扬，很动听。

师： 能在音乐中感受到美，你真是一个好听众。再看看画面，你有什么想说的？

生1： 画面上一个人在弹琴，另一个人站在旁边，好像在听。

师： 你不但听得认真，而且看得仔细。

生2： 通过课前阅读我知道了，图片上的人物应该是俞伯牙和钟子期，他们是春秋时期的一对好朋友。

师： 你能说出人物的名字，还知道他们的关系和生活年代，可见你在课前阅读中不但了解了课文的内容，还查阅了相关背景资料。

生3： 这段音乐是《高山流水》，我在《中华成语故事》中知道"高山流水"也是一个成语，讲的是俞伯牙和钟子期的故事。

师： 你真是个博学多识的孩子，不但听出了乐曲的名称，还能联系以往的阅读经验，跟大家分享了一个成语。给你点个赞！那就让我们走进《伯牙鼓琴》，一起聆听俞伯牙和钟子期的那段故事吧。

背景简析

这个教学片段出自部编版小学语文六年级上册第七单元第二十一课《文言文二则》中的《伯牙鼓琴》。在课堂导入交流时，教师用画面和音乐创设情境，引导学生说出自己的感受。在课堂互动中，教师倾听到学生课前阅读的差异：第一位学生的兴趣点在音乐上，能感受到音乐的美，说明他刚才听得很专注，教师及时给予他鼓励，为了深入考量他课前阅读的程度，教师引导他观察画面，学生说出了图上的简单信息，但没有把画面、音乐和课文联系起来。第二位学生说出了图片上的人物名字、关系和生活年代，说明他课前阅读比较充分，了解到一些文学常识。第三位学生能联系以往阅读经验，由古曲《高山流水》想到成语“高山流水”，还知道这个成语背后的故事，可见他课外文学知识比较丰富，教师对他进行鼓励，并由此导入新课。在课堂互动中，教师认真倾听不同学生表现出来的差异，甄别产生差异的原因，并用激励性语言有针对性地进行点评，让每个学生都能在课堂上充分发挥自己的主观能动性。

主题论点

随着课程改革的进行，人们逐渐意识到具有独立思考能力的学生才是学习的主体，教师应该从课堂的“控制者”转变为知识的传授者。教师倾听是指在课堂教学中教师有专门的时间接收学生的语言和非语言信息并给予有效反馈，从而建立倾听关系的一种教学行为。在课堂师生互动中，教师要倾听学生的差异，要把学生看作一个个有主观能动性的个体。当学生的不同声音汇集到教师耳边时，教师应听出这些声音所反映出的个体差异，并迅速做出甄别和判断，运用多种方法积极反馈，促进学生原有的认知与当前的新知进行加工、重组和改造，这样可以促进学生对知识的理解，将学生个体差异转化成一种有利的教学资源。

深度反思

教师倾听学生的差异要贯穿课堂教学的各个互动环节。

（一）在导入互动中倾听学生的差异

在导入互动中，教师了解学生课前阅读情况，听出学生的已知、未知、可能的困难和差异，鼓励学生发言，促进学生的创造性思维发展。（如前文精彩片段。）

（二）在梳理质疑中倾听学生的差异

在课堂互动中，教师对学生的疑问、困惑等进行梳理，把从学生那里听到的资源进行统整，形成统领全篇的中心问题，找到教学的起点，通过倾听学生的差异，了解不同学生的困惑，通过提示和鼓励，提升学生的语用能力，并引导学生归纳出中心问题。

教师在讲授《金色的鱼钩》一课时，在初读课文了解主要内容之后，教师对学生提出的问题进行梳理和归纳，形成了统领全篇的中心问题。

师：刚才我们初读了课文，你有什么疑问或困惑？

生1：为什么是鱼钩，不是别的？

师：别的指什么呢？你能完整地叙述你的疑问吗？

生1：别的就是老班长，这篇课文是说老班长的，为什么不叫这个题目？

师：哦，你对课文的题目产生了质疑。你能组织一下语言，让大家听得更明白吗？

生1：（思考了一下）这篇课文讲了一个关于老班长的故事，题目为什么是《金色的鱼钩》而不是《我的老班长》？

师：你从课文的内容入手质疑题目，这个问题很有价值！

生2：我觉得这不是一个金色的鱼钩。

师：说说你的理由。

生2：课文第4段说老班长“取出一根缝衣针，烧红了，弯成个钓鱼钩”，被烧过的缝衣针不应该是金色的。

师：你不但提出了自己的疑惑，还在文中找到依据，这种求证的思维很难得！你和前一位同学从不同的角度提出了疑问，但是你们的问题有一个共同点，你发现了吗？

生2：我们都对题目产生了疑问，就是为什么课文要以《金色的鱼钩》为题。

师：总结得很到位，那就让我们带着这个问题深入地走进这篇课文吧。

初读课文之后，学生对文章内容有了一定的了解，但是理解的程度和角度是有差异的，为了解不同学生的困惑，教师放手让学生质疑。第一位学生刚开始语言表述得不具体、不完整，让人不知所云。在教师的启发下，他说出了对题目的质疑，但是语言还是不够清晰。教师先肯定他，再提示他重新组织语言，学生经过思考后完整清楚地说出了疑问。第二位学生的语言表达能力较好，而且有求证的思维，教师有针对性地给予他鼓励，并进一步引导他发现自己与前一位同学的共同点，并让他总结出统领全篇的中心问题。在这个过程中，教师倾听到学生在语言表达方面的差异，指导学生学会组织语言进行归纳总结，提高了学生的语用能力。

（三）在分享互动中倾听学生的差异

在组织学生围绕中心问题进行个人阅读、生生互助学习进而开展全班互动交流时，教师应展现自己的耐心，表达共鸣，帮助学生提高认识与阅读思维能力。教师在分享交流中倾听学生的差异，允许学生发表自己独特的见解和看法，合理地批判和吸收，可以更好地引导他们探索新知。

教师在讲解《那个星期天》一课时设计了一个问题："'看着盆里揉动的衣服和绽开的泡沫，我感觉到周围的光线渐渐暗下去，渐渐地凉下去沉郁下去，越来越远，越来越缥缈，我一声不吭，忽然有点儿明白了。'这句话放在这里有什么作用？"

生1：这句话说明妈妈洗衣服洗到很晚。

师：你从字面意思上体会到了，结合"我"心情的变化，你还能再读出什么呢？

生1：一时答不上来。

师：我们再来听听其他人的看法。

生2：这是一段环境描写，说明我等了很长时间，心情越来越不好。

师：你能说出环境描写，还能说出人物的心情，很好！在揉动的衣服和绽开的泡沫前，"我"之前的期盼……？

生2：即将落空。

师：周围的光线渐渐暗下去，凉下去沉郁下去，"我"的希望……？

生2：渐渐破灭。

师：当美好的憧憬越来越远，越来越缥缈时……

生2："我"的心情很失落、很失望，甚至有些"绝望"了。

师：理解得真到位！谁还记得我刚才提出的问题？请第一位同学回答。

生1：这句话放在这里有什么作用？

师：现在你能完整地回答这个问题吗？

生1：这句话是环境描写，“我”等了很久，心情失落、失望，甚至有些“绝望”了。

师：就是这个意思，你可以组织一下语言，说得更连贯、语言更美一些吗？

生1：通过环境描写烘托出“我”在漫长的等待中心情变得失落、失望，甚至有些“绝望”了。

师：理解深刻，表达很生动！

教师倾听到第一位学生没有意识到这是环境描写，也没有体会出“我”心情的变化。第二位学生能说出环境描写和心情变化，但是说得不太具体，教师用文中的语言创设情境引导学生一步一步体会主人公的心情，学生的理解能力得到提升。同时，教师继续对第一位同学进行引导，有了同伴的提示，第一位学生能较全面地回答问题，但是语言不够连贯，最后在教师的指导建议下，学生流畅地说出自己的想法。在这个环节中，教师耐心倾听学生的发言，尊重学生的差异，对不同层次的孩子给予区别对待，使每一位孩子在原有的基础上得到发展，最终引导学生积极主动地学习，阅读思维得到了提升。

（四）在总结互动中倾听学生的差异

教师引导学生在经历了深入阅读后进行总结，并清楚地表达出对文本的认识和发现，提出新的问题。

讲解《丁香结》一课时，结课之前，教师引导学生总结这节课的收获。

师：同学们，回顾《丁香结》这一课，你有哪些收获呢？

生1：这篇课文让我觉得丁香花很美。

师：作者是怎么写出它的美的？

生1：作者从颜色、样子、气味三个方面写出丁香花的美。

师：你从文章的内容上有所启发，真不错！

生2：作者从丁香花想到丁香结，又由丁香结想到人生的境遇，这是联想的写法。我在写作时也可以运用这种写法。

师：你不但学到联想这种写法，还想把它运用到自己的写作中，你能具体说说吗?

生2: 比如我从菊花联想到陶渊明,又从陶渊明联想到像他一样高洁的人。

师: 学以致用,你在这节课收获颇丰! 前一位同学,听了这位同学的发言,你现在有新的触动吗?

生1: 我下次再写某种事物的时候,也可以从几个方面来介绍它的特点。比如写雪花,可以从颜色、样子和触觉三个方面写出雪花的美。

师: 触类旁通,你是个很会学习的人。

在这个教学片段中,第一位学生在教师的倾听和反馈下由浅入深,从内容上有所得。第二位学生从写法上有收获而且还提出了将写法运用到写作中,教师抓住契机引导他试着运用,并借助同伴示范,继续启发第一位学生,让他也在原有的基础上有所提升。教师在课堂总结时倾听学生的差异,采用不同的反馈方式,有针对性地进行指导,让水平不同的学生在协作中共同提高。

每位学生都有独立的人格,他们是学习和发展的主体,教师在倾听学生差异的过程中,理解和尊重学生丰富的内心世界和独特的情感表达方式,根据学生的差异改变自己的教学设计,在课堂上给他们创造自由表达的机会。倾听学生不同的声音,不但能引导学生探索知识领域,还能在情感上走进学生的内心世界,真正做到以学生为中心,让每个学生在课堂上都有一席之地,充分展示个体差异,让学生真正成为课堂的主人。

天津市南开区五马路小学

巧用课堂提问构建高效的小学数学课堂

文 / 刘瑞童

精彩片段

从教学需求角度来看，课堂提问能够有效检验学生的学习水平，也能够引导学生将注意力集中到课堂上，对于提升教学效率有较大的帮助。但是综合低年级的小学数学课堂来讲，一些数学知识本身较难理解，小学生的思维跳跃性较强，在理解问题和分析问题的过程中会出现较多的问题，因此构建完善、科学的问题提问机制，综合学生的实际情况进行研究，不仅是本文分析的重点，也是当前应对教学改革、加强数学教学有效性的关键任务。

背景简析

数学本身是具备较强逻辑性的学科，低年级的小学数学教学内容虽然以基础知识为主，但是也需要利用具备技巧的教学方式来奠定学生的数学观念，这个过程也是将生活化认知向系统化、科学化数学体系转变的过程。而针对具有逻辑思维要求的数学学习来讲，具有科学性和技巧性的提问能够帮助学生定位重点，引导其理解知识体系，提高学生对于难点的理解能力，从而提升教学效率。

科学的教学模式讲究师生互动，要通过沟通和交流来实现知识点的传播。对于小学生来说，小学生本身好动，注意力容易被其他事物占用，一旦教学氛围过于枯燥，就会导致其学习兴趣下降。而具备引导性的提问机制能够活跃课堂氛围，利用问题可以引出互动、研究、沟通等环节，从而吸引学生积极地参与课堂互动，营造良好的学习环境，构建科学完善的教学体系。

学习行为并不是单纯建立在理论背诵、重复练习基础上的机械行为，而是建立在学生主观能动意识条件下进行知识研究、挖掘的过程。有效的提问机制能够引导学生发现学习过程中的难点，也能够定位陌生知识中的兴趣点。而在解析问题的过程中，学生能够发现数学的奥妙之处，一步步的解题过程可以形成“柳暗花明”的认知感受，从而强化学生的探究意识，使其热衷于解答问题，这不仅符合教育改革的要求，也符合数学核心素养培育的要求。

科学有效的提问机制能够更好地辅助小学数学教学的开展，而如何定位提问的有效性，如何提升提问的技巧，还需要结合实际的数学教学环境和环节进行针对性分析。

主题论点

课堂的进行和知识点的运用并不拘泥于一种形式。在小学数学的课堂中，教师可以通过问题来激发学生的反向思维能力，可以精心设计即将在课堂中提出的问题，让学生从多个角度进行分析和思考，从而获得多种多样的答案，让学生明白某个问题在某些情况下可以存在多个答案，以此来增加学生对问题和答案的思考。

如在学习“加法和减法”的课程中，通常教师会问“1+3等于多少？”“10–5等于多少？”“3+4–5等于多少？”这类问题，学生经过略微思索就能得出答案，这种提问方式并不能令学生进行深入思考。因此，教师可以这样提问：“什么加什么等于8？”“什么减去什么等于2？”“什么加2减4等于6？”此类问题可以激发学生的发散性思维，经过一定程度的思考，学生将数字进行组合运算，最终得出多种答案，这样的提问方式不但可以提高学生的发散思维能力，还可以使学生获得成就感，让其学习的自信心更高。

深度反思

（一）以学生的实际情况作为问题构建的起点

就小学一二年级的学生来讲，其逻辑思维还不够成熟，自身的数学基础知识不够丰富，因此教师在制定问题的时候，需要言简意赅、通俗易懂，同时也要具备启发性,利用简单的逻辑思维来开发学生的数学智力。

如在带领一年级小学生认识图形的过程中,教师可以在课堂导入阶段为学生展示本节课所需的道具如长方体、圆锥体、圆柱体、球体等,然后提出教学导入问题:“你可以将这些物品进行分类吗?”教师可以做出示范,比如长方体和正方体可以分为一类,因为它们都有12条边。按照教师的示范,学生发挥自身的想象力进行分类。接下来,教师根据学生分类的情况进行提问,如“为何圆锥体与圆柱体能够分为一组呢?”并由该问题引导学生进行思考,使其明白两者均有一个面是曲面。最后,教师将分类活动中得出的答案与教材中的理论知识相结合,引出本节课讲解的内容:不同立方体的特点和名称。

分类活动较为简单,符合小学生的基础认知。问题一能够引导学生思考立方体之间的相同点,从而使其形成初步的图形认知;问题二则是建立在基础生活认知的角度上,将学生的数学观念向科学化方向推进,实现教学目标。在这个过程中,问题的类型和方向起到了推进教学流程的作用,能够强化学生对立方体的认识。

（二）结合学生的需求制定问题的类型

不同类型的问题能够实现不同的效果,同时在不同问题引导下开展的活动也不同。针对低年级的小学生来讲,其往往需要数学课堂更有趣,更活跃,因此教师在制定问题类型的过程中需要增强趣味性和生活性,激发学生的好奇心,从而引导其进行学习探究。

如在引导学生学习“认识钟表”时,教师需要定位教学内容与学生的联系,钟表是生活化的物品,教师在教学中需要引导学生认识分针、时针,并能够正确地进行时间读数。因此,在制定问题时,首先要引起学生的兴趣,如“大家听一听这是什么声音”,并播放闹钟铃声、秒针嘀嗒声、整点敲钟声等音频,目的是让学生了解本节课的核心,并且能够掌握不同种类钟表的外形;其次,教师为学生打造教学情境,“在表盘中,两根指针仿佛相互追逐的小朋友,大家想不想和它们一起玩呢?”并分发指针类型的头饰,组建角色扮演,不同的小朋友手持数字,组成不同的时间。

在这个过程中,问题一是引导式的问题,其能够激发学生的好奇心,使学生将注意力集中在教学素材中,从而打开教学突破口;问题二则是互动性问题,以邀请的方式开展教学活动,构建教学情境,学生能够主动参与到活动中,从而实现教学目标。

（三）结合教学目标制定问题逻辑

数学问题制定的主要目的是引导学生进行思维跟进，从而获取相关的答案，这个过程也是解题的过程，因此制定问题逻辑能够帮助学生强化数学实践能力。而逻辑关系需要呈现递进式，能够使学生逐步完成目标，最终形成逻辑体系。

如在讲述“数学广角——推理”一章时，完成推理行为的主要依据便是学生的逻辑思维能力，因此巧妙地应用问题逻辑来打造逻辑思维，引导学生认识到逻辑存在的形式和关系，不仅是章节教学的目标，也是学习数学过程中必备的技能。教师可以抛出简单的问题，如：“在以下算式中，不能应用到乘法口诀‘三九二十七’的是哪个？”并给出选项“3×9、$27\div3$、$29\div3$、$27\div9$”。这个问题中包含的关键数字为：3、9、27，那么用最基本的观察逻辑法进行选择，只有“$29\div3$”没有同时具备两个数字，其为正确答案；用计算逻辑推理进行选择时，可以利用“两数相乘的乘积除以乘数等于被除数”理论进行反推，那么“$29\div3\approx9.67$”，而9.67不符合“三九二十七”中的任何数，那么便可以得出正确答案。

这种简单的反推逻辑能够锻炼学生的逻辑思维能力，而问题中的乘法口诀首先定位了数学元素之间的关系，凭着这种关系，学生对选项进行逻辑反推，便能够得出答案。

（四）提问要留足思考的时间

小学数学教师在设计问题时，应合理分配课堂的时间，要根据学生的能力估算学生回答问题大概需要多少时间，给学生足够的思考时间，让学生经过一定的思考获得答案，不能因为赶时间而直接给出答案。如果所给的时间不足，学生无法及时想出问题的答案，会产生挫败感，从而降低答题积极性和课堂参与度。

有效的课堂提问是课堂效率和课堂质量提高的重要保证，因此小学数学教师的提问要能激发学生的学习兴趣，提出的问题要具有可行性，能激发学生的发散性思维，并且教师提问时要给学生足够的时间让学生思考。

天津市南开区咸阳路小学

有效提问是课堂教学的生命力

文 / 辛庆连

精彩片段

Teacher: Look! How many apples can you see?

Students: Seven.

Teacher: Now, let's count from one to seven.

Students: One… seven.

Teacher: Great! Here's a question. What's the lucky number in China?

Student A: Number six!

Teacher: So clever! That's true. Anyone else?

Student B: Six and eight!

Teacher: Excellent! In our country, six and eight are the lucky numbers. Then, how about the western countries? Can you guess?

Students: Five/Eight/Six/Ten…

Teacher: Sorry, I don't think so. Actually, people in western countries think seven can bring good luck to them, so they often say "lucky seven"! But why seven is the lucky number in western countries? And why the lucky numbers are different between China and western countries?

Students: …

Teacher: Don't know? It doesn't matter. Here's your homework. You can find out the answer after class! Get it?

Students: Get it!

有效提问，引导学生对比中西方数字文化的异同，帮助其了解数字背后的文化知识，培养其良好的文化品质。

Teacher: Good! Look! Another apple tree. How many apples?

Students: Ten.

Teacher: Excellent. What's seven and ten?

Students: Seventeen.

Teacher: Good job! Look at this picture, what numbers can you see?

Students: Seven, eleven.

Teacher: Super great! Do you know seven-eleven?

Students: Yes.

Teacher: Cool! We know it's the name of a shop. Where else can you see numbers in our life? For example, I can see numbers on a calendar…

Student A: I can see numbers on a watch.

Student B: I can see numbers on the ruler.

Student C: I can see numbers on the maths class.

Student D: I can see numbers on the refrigerator.

Student E: I can see numbers in the elevator.

借助生活中的图片，引导学生畅所欲言，让课堂互动更有效，让课堂氛围更活跃。

Teacher: Fantastic! We can see so many numbers in our life. That's to say: the numbers are around us! Now, let's read together!

Students: Seven eleven.

Teacher: Very good! Then what's seven and eleven?

Students: It's eighteen.

Teacher: Great! Look carefully now! What's the number?

Students: Eight!

Teacher: Well done! What can you think of when you see number eight? For example, I'm in class 8, or the bus number is 8. Volunteers?

Student A: I'm 8 years old.

Student B: My number is 8.

Student C: It looks like two zero.

Student D: Two oranges.

Student E: It looks like two circles.

Student F: Four and four is 8.

Student G: I have eight books.

Student H: I eat 8 bananas.

有效提问，多元互动。借助数字8引导学生进行头脑风暴，克服思维定式，培养学生思维的灵活性及创新性。

Teacher: Good points! You are so clever! So numbers are around us, we should observe our ordinary life carefully! Now, look at the picture, work in pairs and do ask & answer.

Students: …

Teacher: Super great! Look here! It's eighteen now, who can make another question?

Students: What's five and thirteen…

Teacher: It's seventeen now, who can make another question?

Students: What's eight and eight? …

Teacher: Fantastic! Look at the cards! Can you read it?

Students: Thirteen, fourteen … nineteen!

Teacher: What kind of rule can you find from these words?

Students: 它们都是以teen 结尾。

借助卡片，有效提问，引导学生寻找数字13 ~ 19的英语拼写规律，培养学生的归纳与总结能力。

背景简析

此片段出自人教版小学精通英语四年级上册第二单元What's your number? Lesson 10的教学过程。学生在前面的学习中已经掌握了数字1 ~ 6的英文听、说、读、写及13 ~ 16的听、说、认读，且能够运用句型“What's … and …?”“It's …”掌握15以内的加法算式，这为本课的学习奠定了良好的语言基础。学生在本课继续学习“四会词”seven，eight以及“三会词”seventeen，eighteen及加法算式“What's … and …?”“It's …”教师运用探究式、归纳总结、发散思维和小组合作的教学策略，引导学生主动思考，增加师生、生生间的多元互动，培养其英语核心素养。

主题论点

语言的交际性决定了英语语言的学习必须通过互动来实现。英语课堂中的有效提问是教学过程中教师和学生进行多元互动、交流的重要方式之一，也是促使英语课堂更活跃、更高效的有效途径之一。有效提问指与教授内容密切相关的、能提高学生参与意识、激发学生思维兴趣，并能使学生做出相关的、完整的答复，最终促成教师教学目标和学生学习目标实现的教学过程。有效的课堂提问应以学生为本，注重问题的质量；应繁简得当，少而精；应有深度和广度，不仅引导学生发表自己的见解，而且要关注学生多方面能力的培养；应因材施教，教师通过多样化的提问方式来满足不同层次学生的需求，同时把握学生的共性和个性。

深度反思

我以《义务教育英语课程标准（2011年版）》《中国学生发展核心素养》为指导，基于教材和学情，制定了本课的教学目标。为突破本课重点词汇和句型，我不仅将英语文化融入课堂，引导学生自主探究隐藏在中西方数字背后的文化知识，拓宽视野，培养其文化品格，而且将英语和数学巧妙融合，采用探究式教学策略，引导学生动思考、探索数字间的规律，且用逆向思维的方法引导学生灵活练习句型“What's … and …?”锻炼其语言表达能力。为突破本课的难点，我将英语课堂和学生生活紧密结合，以学生众所周知的图片，引出对eighteen的教学，且采用归纳总结的教学策略，引导学生在习得单词seventeen，eighteen后，以实物卡片的方式自主探究英文数字13～19的书写规律，帮助学生形成有效的学习策略，发展自主学习能力；为培养学生的思维品质与创新能力，我采用发散思维的教学策略，以头脑风暴的形式，鼓励学生打破思维定式，畅所欲言，增加课堂互动性，活跃课堂氛围。

（一）方法分析

1.提问前：充分准备，精心预设问题

（1）根据学生的认知特点，精心设计不同层次的问题。学生多样性的特点意味着不同的学生理解能力和认知水平不尽相同，这就要求在教学前，教师应根据教学目标有针对性地设计不同层次的问题以满足不同学生的认知需求。如在本课的数字教学中，我依次设计了不同层次的问题：How many apples can you see？ / What's the lucky number in China？ /How about the western countries？ /Why the lucky numbers are different between China and western countries？循序渐进地引导学生对比中西方数字文化的异同，帮助其了解数字背后的文化知识，培养其文化品质，开阔视野。

（2）问题预设要“少而精”。教师预设问题时要抓重点，围绕课堂的核心内容设计有价值、有意义的问题。所谓“精”是指预设的问题要起到帮助学生理解重难点、促进学生思维发展的作用。太过频繁且毫无意义的提问不仅会使整节课散乱无序，而且会导致学生厌倦，大大降低课堂教学的质量。

2.提问中：激发学生答题的积极性，活跃课堂气氛

（1）问题表述简单明了。小学生的英语水平有限，教师在表述问题时，应根据学生的智力水平，采用他们所熟知的词汇，问题应通俗易懂、清晰明确。如在问及中国的幸运数字时，我的问题是：“Which numbers do you think are considered as the lucky number in our country?”因为忽视了学情，问题太长，且学生无法理解consider的意思，听不懂问题，无法作答，见此情景，我更改了一下表述用语：“What's the lucky number in China?”问题简单，学生听到lucky和China时，马上理解了问题，争先恐后地作答。可见，简单明了的提问不仅使课堂气氛活跃，而且能很好地达到教师预期的教学目标。

（2）提问方式多样，激发学生兴趣。一对一的课堂提问是教师常用的教学方法，

但是如果反复长时间使用一对一提问，学生会感到单调乏味。因此，我会适时地更换提问方式，如采用个人抢答、小组PK抢答、学生点名回答、各种形式的接龙回答等方式，吸引学生注意力，激发他们的兴趣，将课堂提问的积极作用发挥得淋漓尽致，最大程度提高教学效率。

（3）利用TPR教学理论，巧妙调动学生的多种感官。TPR（Total Physical Response），即“全身反应教学法”，其强调教师在英语教学中除了注意培养学生的听说能力外，还应注重调动学生的听觉、视觉、触觉等多种感官，引导学生全身心参与到课堂学习中，鼓励生生、师生间开展各种互动活动。如引导学生说出numbers around us时，学生回答不出来，我没有立刻给学生提示，而是说：“Close your eyes and touch it, please.”学生通过触摸并结合已有知识，立马说出“I can see numbers on a ruler.”将TPR教学理论运用到课堂提问中，使学生多种感官相互协作，对教学质量的提升大有裨益。

（4）把握好提问的度。教师在课堂提问时应处理好提问的点和面、难和易、多与少的问题。

首先，提问要面向全体学生，让优等生、中等生和学困生都能积极融入课堂，参与答题，并且针对不同水平的学生提出不同的问题，让每个学生都能体验成功的喜悦，增强他们的自信心。在座位的排列上，我一般将学生按九宫格的形式划分，确保每节课每个“格”里回答问题的学生数量基本均等。其次，提问要难易适当。教师提出的问题要贴近学生的“最近发展区”，才会更具启发性、挑战性，学生才更乐意接受。过于简单或太难的问题都不能激发学生主动思考。最后，提问要数量适中。过于频繁的提问会使课堂陷入“满堂问”的泥潭，引起学生厌烦的情绪；提问次数太少，师生间的互动就会大大减少，学生的注意力也会容易分散，学习积极性不高，课堂气氛不活跃，容易造成教师“灌输”式地教学，不能很好地体现学生的主体性，进而影响教学目标的实现及对学生英语核心素养的培养。

3.提问后：及时反馈、多元评价

没有及时反馈的课堂提问会使提问失去它原有的价值，无趣且无味。在小学英语课堂中，学生的学习动力很大一部分来自教师的期望与鼓励，因此教师应给予学生及时的反馈，并注重评价的方式。多元化的评价方式，如口头表扬、肢体鼓励、小粘贴、组内加分和小礼物等会使学生始终保持对英语学习的新鲜感，激发其主动学习、积极思考。在口头表扬时，教师应避免对所有学生的评价都用good、right、great等简单的评价，对每个学生给予独有的评价，才会使他们感受到来自教师的关注与喜爱，从而调动他们学习英语的积极性。

（三）亮点分析

英语文化教学。在词汇教学环节，教师采用中西方数字文化差异的理念去讲解，如讲解seven时，通过the lucky numbers in China and western countries引导学生对比中西方数字文化的异同，帮助其了解隐藏在数字背后的文化知识，培养其文化品格。

教学贴近学生生活。教师巧用便利店图片进行教学，不仅巩固单词seven，引导学生感知seven和eleven的拼写异同，帮助其记忆；而且引导学生仔细观察生活，寻找生活中的数字，并畅所欲言；还借助句型“What's seven and eleven?”引出新授词eighteen。该图片的运用，一举多得且颇具创新性。

英语与数学的巧妙融合。在操练环节，打破常规的机械式的朗读练习，以数学题的形式，引导学生发现数字间的规律，不仅巩固了本课的重点词汇，而且培养了学生归纳与总结的能力。

发散思维的教学。通过有效提问“Where can you see numbers in our life?”引导学生畅所欲言，从不同的角度去发现生活中的数字，培养学生思维的广阔性。通过有效提问“What can you think of when you see 8?”引导学生进行头脑风暴，采用“多重变式”的方法为学生的英语思维注入活力，克服思维定式，训练和培养学生思维的灵活性与创新性。

逆向思维的教学。在操练句型“What's…and…?”“It's…”时，除了采用问答的形式巩固句型，还为学生固定答案，引导学生提出多种不同的问题，锻炼学生的逆向思维能力。

学生创新。在Brainstorm环节，学生回答：“It looks like two zero.”“It looks like two oranges.”“It looks like two circles.”克服了日常的思维定式，颇具创新性。

（四）反思与提升

有效提问是小学英语课堂教学的生命力，也是课堂教学中师生互动的有效方式之一。本课的教学中，教师运用多元化的教学策略：探究式教学策略、归纳总结的教学策略、发散思维的策略和小组合作的策略，从语言能力、文化意识、思维品质和学习能力四方面践行对学生英语核心素养的培养，调动学生英语学习的积极性与主动性，引导师生、生生进行多元互动，尤其是发散思维的教学，让教师发现学生身上更多的可能性，对之后的教学有很好的借鉴意义。

但是本课尚有不足之处，如虽然回答问题的学生覆盖面广，但是回答次数有些失调；由于时间限制，在发散思维教学环节，有些同学没有机会分享自己的见解；教师的评价语缺乏创新性。在今后的教学中，针对主观性问题，我会邀请更多学生说出他们的想法，寻找更多的可能性；对于学生的回答，我会有的放矢地给予评价，且评价语丰富、到位；给予学生回答问题的机会尽可能均衡。

天津市南开区中营瑞丽小学

教会徒弟“吃饱”师傅

文 / 于雪原

精彩片段

“老师，这师傅我不想再当了！我给他讲解这个绿色能源车的动力系统已经讲了两节课了！他还是记不住！我真的什么方法都用了，可他就是不会，您看能不能给我换个徒弟啊？”还没等我说话，师傅鹏鹏就机关枪一般开始诉苦。

“哦，怎么回事呀？”我没急着回应他的诉求，开始询问起鹏鹏的徒弟来。

“他说的那些话有点深奥，我听不懂啊……有时候，有些问题我不明白，一问他就急，说讲了怎么还记不住。”徒弟晓龙说着说着眼泪就在眼眶里打转。

“鹏鹏师傅，你先认真回答我几个问题，然后再决定换不换徒弟，怎么样？”

“好。”

“晓龙问你的那些问题，你都知道答案吗？”我问道。

“这……差不多吧……”鹏鹏师傅明显脾气小了许多。

“晓龙和你差了两个年级，你说话的方式是他能接受的吗？”

“额……我觉得他能听懂……”

“你在教他之前，自己有没有好好准备呢？”

第三个问题一问，鹏鹏师傅彻底不说话了。

“怎么样，鹏鹏，你还打算换徒弟吗？”我笑着看他。

“老师，我不换了，他不换师傅就不错了。”

“你是个聪明孩子，等他这个徒弟出山了，你这个师傅也就‘吃饱’喽！”

背景简析

鹏鹏和晓龙这两个人是我校科技课题小组的“师徒组合”。在我们的课题中，采取了Mentorship Study教学模式，即课题教师集中培训“师傅”，再由“师傅”分别带更低年级组的“徒弟”的模式。采用这样的方式，是因为由于我们课题是操作性和指导性较高的科技课题，但学校师资力量有限，以常规方法不能做到课题学员的全覆盖教学。因此，便采用了这种创新的课题授课形式。

主题论点

在教学中，我们经常听到的一个词就是“教学相长”，即教师和学生通过课堂上的教学互动，达到互相提高的教育目的。精彩片段中的小故事，则展现了我们课题中的一个核心教育理念——“如何由师生教学相长向生生教学相长转变”，最终达到课堂以外提升学生之间的可持续互动式综合素养的目的。

深度反思

首先简单介绍一下Mentorship Study教学模式的运作流程：课程教师首先选拔中高段学员，传授课程知识，然后以高学段学生个人为单位，为其组建课题研究小组，带领低年级学员来完成课题的研究。每个月，教师和“师傅们”进行座谈，开展经验分享会议，实时了解各个小组的学习情况。高学段学生以师傅的身份带领低年级学员进行课题学习，既可以使高学段学生加深学习记忆，还可以使低学段的学员们有更多可以寻求帮助的人员，体会“团体”的意义和作用，达到“师生教学相长”向“生生教学相长”转变的教学研究效果。

在这个教学模式前期，我们所思考的问题是：“这些孩子真的可以做到吗？这样的教学模式真的是可以实现的吗？”在很长的一段时间内，教师对于自己的学生都是“搀扶引领”的姿态。在教学上，教师不敢放手，学生“张嘴等喂”。这不是学校课题组的个例，而是普遍存在于日常课堂教学的问题。由于这种教学关系，教师失去了不断更新思想、不断研究教学的动力，学生缺乏了自己探索学习知识的活力。

所以在这个课题筹备之初，大家对于在这个模式下学生们的表现没有十足的把握。但是，随着课程的开展，这些“师傅”和“徒弟”之间发生了十分微妙的化学反应：由于身肩传道授业解惑的“重担”，高年级的学生对于课程学习的主观能动性明显提高；由于帮助低年级学员的是与他们年龄差距不的小“师傅”，所以“徒弟们”更愿意参与活动和提出问题。学生们的表现切实地告诉我们：他们有着无穷的创造力和活力，而激发这些力量的钥匙就在教师的手里。

事情的发展总是向前但又充满曲折的。就在我们对学生们的表现感到惊喜的同时，也出现了新的问题：“教师如何在生生学习的过程中，扮演好引路人的角色而不是带路人的角色？”首先，对于这些“师傅”，教师要有承担他们犯错的心理准备和勇气。在解决生生之间的矛盾时，应该摒弃简单地批评教育这种方式，而应该通过自己的引导来让这些学生学会自省，发现自己在课题学习上的不足。“每日三省吾身”在学习上是十分重要的，这不仅可以使学生学会阶段性的总结梳理，也能够培养他们发现并改进自己学习不足的能力和习惯。而这也要求教师，日常对于学生勤观察、多研究，时刻掌握学生的学习进程和思想变化。

对于“徒弟”来说，课程中的内容让他们感兴趣，也使得他们的学习欲望十分强烈。但是对于这些小“师傅”，他们也有不安，这打破了日常教学中学生对于“教师”这个权威象征的依赖。高年级小“教师”的小失误、小错误、小懒惰也让这些学生明白：这个师傅并不是完全“靠得住的”，不是可以完全依赖的。课程中“师傅”教的东西，使“徒弟”明白了自我思考和质疑是十分重要的。

“我爱我师，我更爱真理。”在这个课题活动中的“生生关系”其实也是另外一种师生关系。这让这些“徒弟”明白：教师所教未必是所得，唯有思考内化后最终得到的知识、能力才是自己的。这样通过小徒弟们的“隐性鞭策”，让小“师傅”感受到了来自徒弟的求知压力和自己身上的“教学责任”，“逼迫”小“师傅”不断提升对自己的要求以满足这些“徒弟”的求知欲，达到了“生生相长”的课程目的。

对于这种新型的学习关系，教师要做的是“维系和改进”。通过课题的学习，时刻把握好两者的发展拐点，不断对两者提出新的要求，促进他们的自我思考和突破。在展现新问题的同时，教师要告诉他们问题出在哪里，而不要急着自己帮学生解决。作为拥有独立人格的学生，他们的思想同样独立、有创造性和发展性。甚至有的时候，他们解决问题的方法要比教师还要简单有效。而在这些“师傅”进行反馈的同时，教师又可以成为研究者和学习者，得到宝贵的研究素材。这样，“生生教育”反哺教师，为教师提升自己的教育智慧提供了更多的机会和研究素材。而这一切的实现，都要由教师勇敢放开手开始。

这个教学小片段，展现了我校课题教师如何通过自己的教学智慧维系和引导这种生生关系的教学策略。通过一步步的引导，让学生们发现自己的不足，看着学生自省而悟，真的是一件非常令人欣喜的事情。

天津市南开区风湖里小学

道德与法治课的品质课堂建设

文/韩　坤

精彩片段

师：从水稻的育秧到插秧到田间管理再到收割、碾米，农民经过这么多的劳动才有了我们餐桌上这一碗香喷喷的米饭。同学们听完介绍，想说些什么吗？

生1：水稻的种植过程真复杂啊。

师：你们想不想体验一下水稻插秧的感受呢？不如就让我们一起来试一试吧。

师：3分钟的体验过后，同学们，大家有没有新的感受和我们分享一下呢？

生2：插秧真累呀，我的腰都直不起来了，腿也很疼，还出了一身汗，种田真是太辛苦了。

师总结：我们仅仅体验了3分钟，就觉得如此辛苦，对于每日在田间劳作的农民伯伯来说，从播种到收获需要整整大半年。正是有了种田人的辛勤付出，才有了我们餐桌上的大米饭，才让我们过上美好的生活。

背景简析

道德与法治课具有很强的实践性，注重学生的实践体验。要建设有品质的小学道德与法治课堂，教师要引导学生积极融入社会体验，实现师生互动，形成客观理性的价值体系，回归课堂本真。在课堂教学中创设良好的情境，是实现教学艺术的重要途径，也是成功实施教学内容、达成教学目标的重要手段，更是建设品质课堂的重要步骤。情境教学是授课教师借助创设的生动形象，激发学生学习兴趣，使学生自愿、自主地融入课堂情境中，最终提高学生学习效率的教学模式。

主题论点

围绕情境创设模式，教师在课堂教学中进行了一系列研究探索，实践表明：创设模式能最大限度地激发学生学习的积极性和主动性，与此同时，该模式为学生构建了一个自主学习与探究问题的广阔平台，为学生的创造性思维和创新实践能力的培养搭桥铺路。

深度反思

就目前的道德与法治课的课堂教学而言，部分教师存在以下几点不足：

第一，局限于教材，过分依赖教材，不能及时关注生活，忽视了道德与法治课的生活性、实效性。

第二，发掘学生生活情境资源或设置课堂教学生活情境时，由于部分教师对生活情境的认识不全面，在情境创设的过程中出现了误区。如个别教师在教学过程中机械复制学生已司空见惯的日常生活，无法激起学生的学习兴趣。

第三，情境设置脱离学生的真实生活。由于学生的生活经验有限，部分教师在课堂中没有结合学生的实际认知水平，创设出学生不熟悉的情境，硬要带给学生生活体验，这种偏离学生生活实际的课堂情境会导致课堂效果不佳，教学目标难以实现。

鉴于此，笔者尝试创设课堂情境教学模式，以探索品质课堂建设在小学道德与法治课的实践。

笔者在讲解四年级下册“我们的衣食之源”一课时，通过讲故事的形式，吸引学生注意力，借助故事的过程、结局、高潮等设置悬念，激发学生们的学习兴趣。笔者在经过前期大量素材的积累后，选择了适合本课的故事内容，使得课堂教学有了良好的开端。同时，笔者在课堂教学过程中尝试把音乐融入教学中，通过创设音乐情境，提升课堂的教学效果。在现场教学过程中，结合学生已掌握的生活经验设计教学，使学生的积极性被充分调动，踊跃参与到情境创设中，感知具体实物，加强直观认识，从而使学生生活经验获得提升，达成教学目标。本案例便是将具体的实物呈现在课程情境中，学生通过直观感知增强了对生活的认知，也提升了教师的教学效果。

教师巧妙创设生活情境，能够让学生在不知不觉中得到知识、能力、情感上的升华，通过自我体验建构自我认知体系。笔者在讲解四年级下册“我们的衣食之源”一课时，加入了现场体验水稻插秧环节。上课前，笔者在泡沫箱内填满泥土，并在泥土上层浇了一定的清水，用以营造水稻的生长环境。而后，教师准备了一把新鲜的韭菜，以此替代水稻秧苗。

课堂上，学生对眼前出现的“新奇”事物充满好奇，积极参与到活动体验中，在一次次的弯腰、插秧、观察中，学生深刻体会到种植水稻的艰辛与食物的得之不易。借助教师创设的活动情境，师生互动增强，课堂气氛活跃，教学目标在课堂中高效完成。教师在课堂实践基础上，通过发放纸质问卷与问卷星小程序的方式，对品质课堂建设的效果进行了调研。纸质问卷由学生在课堂填写，问卷星小程序由家长在微信群中进行反馈。

通过对学生及家长调研结果的分析得知，学生与家长均认为形式多样的教学情境能吸引注意力，取得良好的教学效果，支持教师尽量多创设情境教学。另外，必须明确的是，课堂情境教学模式的创设应根据具体学情实际以及教学内容需要来决定要不要创设生活情境、怎样创设情境。只有这样，教师所创设的课堂情境才能发挥其应有的价值。

天津市南开区华夏小学

第三章 兴趣探究——让课堂更多彩

新课程标准倡导探究性学习，课堂教学强调引导学生主动参与、亲身实践、独立思考、合作探究。带着兴趣进行探究，以改变学生的学习方式为着眼点，帮助学生主动探究知识，提高解决实际问题的能力，有利于提升学生的核心素养，促进其全面发展。

运用项目式教学方法　丰富化学水资源课程

创设生活问题情境　培育化学学科素养

以兴趣为径　探究生命教育的教学策略

情境教学助力学生兴趣探究

巧用思维导图　提升读写素养

授之以鱼，不如授之以渔

提高学生主动参与度　师生共建课堂更精彩

让每一株幼苗都能在兴趣的浇灌下生根发芽

边说边演——教室里的小剧场

运用情境教学　构建心育活力课堂

巧借思维导图　助力英语教学

幽默艺术　寓教于乐

音乐课堂中的教与学

集中识字和随文识字的教学策略

用熟悉事物的陌生点激发学生的学习兴趣

运用项目式教学方法 丰富化学水资源课程

文/牛 政

精彩片段

故事一：

生1： 教师，我们组研究的主题是“水体污染”，我们查询资料发现，水体环境污染按污染物种类有：有机污染、重金属污染、化肥和农药污染、病原微生物污染等，其中多数种类的污染都与化学有关。我们组不由得发问：既然化学能够造成水体污染，为什么我们还要在化学课中学习“爱护水资源》这节课呢？不使用化学物质不就解决根本问题了吗？

师： 你们组的疑问很好，但是你们的想法较为片面。我们的生活离不开化学，人类的衣食住行与化学息息相关。我们学化学是为了人类能更好地发展，大家拥有了化学知识就能更好地用化学思想解决实际问题。而且科学家也在不断地寻求问题的解决办法，你们想不想知道化学家做了哪些工作？让我们去南开大学做调研吧！

故事二：

生2： 我们组设计的流程图主打“废物利用”，利用化学反应使过程中产生的废物重新变为原料进行产品的制备，这个点子太棒了。

生3： 那算什么，我们组除了利用“物尽其用”的思想设计流程图外，还充分考虑天津地区独特的地理环境，利用海水原电池组为纯碱工厂提供电能。

师：同学们不要吵，你们的想法各具特色，我欣赏你们的每一件作品。为公平起见，我们去请工程师为你们的作品打分如何？

背景简析

两个故事分别选自人教版九年级《化学》上册“爱护水资源”及高中《化学》必修第二册“海水资源的开发利用”两个课例。我校学生生源较好，有能力也有水平进行高质量的项目学习。其中初中学段开展基于问题的项目学习，高中学段开展基于设计的项目学习。在开展项目教学过程中，教师应该充当学生学习的指导者，适时地为学生创设问题、任务和环境，帮助学生拓宽思维进而完成预设项目。

主题论点

项目学习是一种教学模式，它选取现实生活中真实的情境激发学生学习课程内容的兴趣，学习者以小组的形式解决基于课程的、跨学科且具有一定挑战性的真实问题，这种方式更加注重学生的实践性和参与性。我认为，将这种学习模式引入日常教学过程中，学生通过参与复杂问题的解决过程，获得的不仅仅是基本学科知识，同时能够提升批判思维、创新意识、归纳分析等综合能力，也会加强科学精神与社会责任的学科核心素养。

深度反思

项目学习中的项目可以根据认识性和实践性所占比例的差异，进一步分为基于问题的项目和基于设计的项目，因此针对于初高中学段所涉及的水资源课例在设计方面需要根据学生的能力以及知识水平采用合适的项目学习的教学手段，这样才能更加高效地开展教学。那么，教师应如何在该教学过程中实施合适的教学策略，培养学生的化学学科核心素养呢？依据北京师范大学王磊教授团队研究成果——项目式教学设计的关键点和水平图表，结合自身教学特点以及我校学生水平，我进行了初高中学段衔接的课例研究。

水平

项目目标的设定	驱动性问题的选取	学生活动任务拆解	素材的理解和使用	项目评价的设计
知识学习目标与能力发展目标深度融合，体现学科核心素养	基于真实问题，激发学习兴趣，与学科本体知识深度融合	基于真实问题解决的过程，由学生进行任务拆解	把素材作为研究对象，进行深度加工和创新开发	有个性化的过程性评价及综合精准的终结性评价
关注知识目标及学科核心能力目标	基于真实问题，激发学生学习兴趣，与学科本体知识融合度差	基于真实问题解决的过程，由教师进行任务拆解	把素材作为研究对象，进行简单挑选和加工	有简单的过程性评价，综合精准的终结性评价
关注知识目标的同时体现一定能力发展目标	基于简单学科问题，驱动性差	活动任务的拆解与真实问题解决过程的逻辑匹配性差	仅把素材作为信息载体，不进行加工	仅在整个项目结束时进行简单的终结性评价
仅关注知识学习目标	忽略驱动问题	简单知识讲解	忽略素材	忽视项目评价

图1 项目式教学设计关键点和水平

（一）爱护水资源

“爱护水资源”课例的项目目标设定能够按照此表中最高水平设定，在进行项目教学过程中，在驱动性问题的选取方面，教师可以将问题的选取权交给学生，让他们能够基于真实问题激发学习兴趣，与学科本体知识深度融合。对于本课程的教学，教师可以适时地为学生创设问题、任务和环境，帮助学生打开思维。课程的设计采取课下、课上先后两部分进行，课下部分是以项目学习研究为主线进行的，课上部分是通过学生充分展示交流进行的。

以自主探究环节为例，学生初步了解本组项目学习主题后进行主动的探究学习，但在项目学习过程中教师可以帮助学生发散思维，根据学生的学情特点帮助孩子设置问题，学生在探究的过程中能够自主地对基于真实问题解决的过程进行任务拆解。当然学生在学习的过程中会有着诸多的疑惑，如对于探究方式、方法的困惑，对于学习场地的选择，以及前沿知识的获取方式等问题。此时教师应鼓励学生积极努力地解决问题，充当好学生学习的促进者，指导学生通过对网络信息的加工、与专家沟通对话、现实场景的调研等方式完成任务。

基于课前学生在真实的情境中对自己设定的驱动性项目进行了充分的研究学习，教师就应该为学生提供充分的时间与空间，让他们发表自己有理有据的观点。在课上学习环节，每组进行组内项目学习的总结交流，随后进行“答辩”，教师与其他小组成员根据汇报内容进行提问。提问结束后，“答辩组”成员会对小组成果研究进行客观公正的评价，待所有小组成员汇报完毕后，教师与4个小组长再次更加有针对性地对每一位参与项目学习的同学进行综合精准的终结性评价，这里包含：学习能力、协作能力、创新能力、实践能力等，教师在指出每位学生的优点同时也会指出学生的问题。

（二）海水资源的开发利用

该课题以海水中的重要化合物氯化钠为研究对象，研究涉及氯碱工业、纯碱工业以及从海水中提取镁、溴、碘等工艺流程技术。对于本课程的教学，教师应立足于高中学段学生的学情特点，开展更加具研究性的、以实践为主导的、基于设计的项目学习模式。这样能够使学生在现有能力的基础上通过参与项目学习，对所学的知识体系有更加系统的了解，同时在研究过程中与化学工作者深入交流，了解作为一名化学工作者应当如何更好地解决化学问题，从而为学生后续设计化学工业流程图打下基础。

学生通过自学氯碱工业的过程可以很容易地明白化学原理，但是对于整个工业流程以及设计思路并不清晰。为了帮助学生解决“思路”问题，教师带领学生前往天津大沽化工厂进行实地调研，通过学生实地参观结合工程师答疑解惑的方式完成了项目学习，同时还自行绘制了工业流程图。

学生在学习报告中写道：“只有亲身实践才能够知道，氯碱工业竟然联合着火力发电、海水的淡化与浓缩、粗盐提纯、海水提溴、海水提镁、盐酸的制备等众多的产业。”学生在参与项目学习的过程中，提升了对本章所学知识和方法综合应用的能力，并且学会利用新信息分析问题，解决问题的素养能够得以提升，同时通过工程师的讲解，使“物尽其用”思想深入人心。

课堂上教师给予学生化工设计师的任务情境，让学生依据“物尽其用”的设计理念，结合制碱法的原理设计出工业流程图。我们的学生生活在天津，在课堂上以天津的历史背景和地理位置作为依托，可以更加有效地激发学生的探索欲。基于真实问题能够激发学生学习兴趣，相关情境与学科本体知识深度融合，而学生的设计思路也为教师日后的教学给予一定的启发。

经过课上各组的交流，最终学生们通过综合分析对自己小组的设计方案进行再优化，然后教师与学生共同前往天津永利碱厂与工程师进行调研学习。最终在工程师的指点下，学生优化了自己设计的纯碱工业流程图。

以水资源课例为主题的教学中，选择项目学习模式开展，能够极大地激发学生学习的主动性，每位学生都能够在做中学，在参与项目学习的过程中，体验问题解决的过程，获得问题解决的经验，最终形成有理有据的项目学习结论。

具有一定能力素养的挑战性“项目学习”，重在考查学生对本章所学知识和方法综合应用的能力，培养学生利用新信息分析问题、解决问题的素养。“项目学习”既可以作为复习课，又可以用于新课，还可以作为素养导向的习题课。在教学中具体如何定位取决于教师已有的实践基础，教师可以依据项目教学设计的关键点和水平开展教学工作，对于不同能力水平的学生应设定不同水平的目标。该课例为实现初高中化学高效衔接及探索课内外打通、跨越时间与空间的教学模式提供了范例。但是这两个课例中项目成果的形式相对单一，而且学生成果的广度延伸做得也不够好。所以，教师在开展项目教学时可根据学生的特点以及能力水平，指导学生选取合适的方式进行项目成果的展示以及内容的再开发。

天津市南开中学

创设生活问题情境　培育化学学科素养

文 / 柴本倩

精彩片段

在讲述内容看似枯燥无味的复习课——“有关化学方程式和溶液的综合计算”时，以趣味实验——曼妥斯糖与可乐接触后瞬间“井喷”的现象引入新课，利用语言上的“变魔术”来吸引学生注意。“我给大家变个魔术。这是可乐，我将要往可乐里加一些神秘糖果。”教师边说边准备操作，“现在是见证奇迹的时刻，让我们倒计时‘5、4、3、2、1’”。教师将糖果迅速加入可乐，震撼的“井喷”实验让学生当时好似喝了一瓶可乐一样，兴奋起来。

教师安排学生分组实验，带着新的实验目的体验“魔术”，即探究变化前后物质的总质量是否改变。实验探究后学生得出结论——物质的总质量减少。教师引导学生运用已有的知识分析原因，结论：无论是物理变化，还是化学变化，变化前后各物质的总质量是守恒的。进而切入主题，因为本节综合计算的重难点是利用守恒思想，计算所得溶液的质量方法是加入的物质总质量减去产生的气体、沉淀的质量。

复习课结尾，首尾呼应，作为对全班同学的奖励，教师简单介绍“魔术”，并告诉学生“在食用类似曼妥思糖表面的食品和药品时，最好要与碳酸型饮料间隔较长时间，避免因二氧化碳短时间大量释放带来的胃部不适”，以示生活离不开化学，以化学知识对生活的作用激发学生学习化学的热情。

背景简析

学生在学习了九年级《化学》上、下册后进行总复习，其中计算部分的重难点就是“有关化学方程式和溶液的综合计算”，它综合考查了学生多方面的化学基础知识、基本技能和综合运用能力。基于核心素养考查的中考试卷，最后一道大题一般是这种综合计算。学生通过探究实验体会到了守恒思想，运用这种思想在轻松快乐中进入了综合计算的学习，攻坚克难。同时探究实验展现生活中处处有化学，这种润物细无声似的教学，激起学生学习的兴趣。

主题论点

以培育素养为本的教学要求倡导真实问题情境的创设，开展以化学实验为主的多种探究活动，重视教学内容的结构化设计，激发学生学习化学的兴趣，促进学生学习方式的转变，培养他们的创新精神和实践能力。“化学有用，学有用的化学”绝不是一句标语式的口号。若干年后，大多数学生可能不会成为化学界的专家，可能也不会记得所学的“条条框框”，但是能让我们教育者倍感欣慰的是他们能将化学素养运用于工作和生活，爱生活、爱家人、爱我们生存的美丽地球。

深度反思

化学生活化问题情境，就是指基于学生已有知识和生活经验，关注社会、生活中的各种科学现象，利用各种资源提出问题，引导学生通过探究、合作等方式理解化学知识，提高科学素养，应用化学知识分析解决实际问题的教学情境。建构主义学习理论强调：学生的学习活动必须与问题相结合，以探索问题来引导和维持学生的兴趣和动机，让学生带着问题去思考、带着问题去探究，使学生拥有学习的主动权。以下重点讲述中学化学教学中利用实验探究创设生活化问题情境，促进化学学科核心素养发展的策略。

（一）联系生活实际发展：化学学科核心素养之科学精神和社会责任

观摩初中化学拓展课“环境工程实验课程——污水处理”，学生真实地观看模拟污水处理装置处理污水的过程。教师引导学生对现有环境中水质的情况进行分析，结合自编教材，指导学生动手实验，配制改善污水水质所需的药液。另外一些先进实验仪器的使用常态化，让学生有一种走进大学实验室的感觉。相信这节课过后，学生爱水、节水、护水的意识会融入他们的生活，一生都难以忘记。当今社会化学的进步极大地丰富了我们的物质生活，提高了我们的生活水平，改善我们的生存环境。但在有些方面，如矿物燃料的燃烧对环境的影响等问题也亟待解决，我们追求的是更加绿色、环保、健康的化学。相信我们的学生在未来的道路上，会使用化学更好地服务人类。

（二）从生活经验引入新课发展：化学学科核心素养之宏观辨识与微观探析

在家庭生活中，快递送到家的生鲜食品包装箱内放有大块干冰。家里的老人不懂科学，想把干冰放入冰箱，险些出现意外。笔者身为化学教师，讲解科学知识后，家里几岁孩子都在说“做个实验吧”。这种化学实验探究的思想融入骨子里去的事实，就是潜移默化的影响所起的作用。所以发展学生化学学科核心素养，改变学生的学习方式，首先教师要转变自己的教学观念。教师要做化学研究的有心人，只有这样才能引领学生主动学习，主动研究，主动感悟化学之美，体会化学之用。讲解新课“二氧化碳和一氧化碳”时，教师引入时播放的录像，就是用这块干冰做实验录制下来的。

录像中教师首先观察干冰的外观，进而将一块干冰放在冷水中，冷水立即像沸腾了一样，气泡翻腾，给人以视觉的冲击；教师将另一小块干冰放在内部有约三分之一水的矿泉水瓶子里，拧紧瓶盖，远远观察，固态二氧化碳——干冰中二氧化碳分子间间隔非常小，吸热后成为二氧化碳气体，分子间间隔变大，所以矿泉水瓶子越来越鼓，直至一声巨响，瓶子“爆炸”，给人以听觉上的冲击。

同时，教师提醒学生实验的进行都是经过提出问题，猜想与假设，按规定计划、预计效果，验证设计方案的安全性与合理性，然后进行实验等一系列科学探究的过程的，切不可盲目进行化学实验。这样的实时录像，给人以视听觉的震撼，以此作为课堂教学的引入，学生观看录像时，能够激起学习并研究化学的兴趣。也让学生深刻体会到生活中处处有化学，处处用化学，科学研究、家庭小实验可以在生活中遍地开花。

（三）从生活中的物质引入科学探究实验发展：化学学科核心素养之证据推理与模型认知

在学习二氧化碳的化学性质时，教师以碳酸类饮料引入二氧化碳和水反应的实验探究环节。首先在无色透明碳酸类饮料中加入紫色石蕊试液，观察溶液颜色是否改变。再利用矿泉水瓶收集一瓶二氧化碳并向其中倒入一定量的水，迅速盖紧瓶盖，振荡，制作“碳酸水”，塑料瓶变瘪后，取出看似没有任何改变的“水”倒于试管中，滴加紫色石蕊试液，紫色石蕊试液变红，教师质疑启思：是什么物质使紫色石蕊试液变红？引导学生深入思考，大胆质疑提出猜想，并设计了四组利用紫色石蕊干燥小花进行的对比实验，根据实验事实进行推理论证，最终得出结论是：二氧化碳和水反应生成的碳酸使紫色石蕊变红。教师有意地对科学探究八要素加以引导，成功地创设问题情景，引起学生有效的认知冲突，让学生对要学习的内容产生兴趣，由情入境，情境交融，学习欲望达到旺盛状态，主动地提出疑问，进而想解决问题，主动参与到学习中来，收到事半功倍的效果。

（四）在生活中进行家庭小实验发展：化学学科核心素养之科学探究与创新意识

学生在进行实验设计时，首先是通过观察模仿，移植现有的实验方案，然后再通过独立思考、联想迁移、刻苦探索，逐渐在实验设计中体现自己的个性，提升创造性。如学生自制的简易灭火器装置，用家庭中容易找到的粗口饮料瓶子和棒棒冰的空塑料管作为反应装置，用超市里可以买到的小苏打（碳酸氢钠）和白醋作为反应试剂，收到了非常好的实验效果。当然家庭小实验必须建立在科学探究的正确方法之上的。家庭小实验成功的背后可能是多次失败的经历，学生只有感受到心理的挫折、惊喜与顿悟，才能从中获得质疑、反思与多向思维的创新品质。

润物细无声教师引领创设生活化问题情境，使得学生课上课下积极探究，勤于发现化学，在生活中学习和理解化学，感受化学的作用，体验化学的魅力，进而发展核心素养，培养科学精神。

南开大学附属中学

以兴趣为径　探究生命教育的教学策略

文/何　岚

精彩片段

在讲解“细胞”这一节内容时，教师利用课件呈现多组植物及动物的3D结构模型图，适时加入生命教育，引导学生体会动植物与人一样，都拥有细胞结构，都是值得被珍视的生命。

生物课外活动中，我组织了一次制作孢子画的活动。学生培育真菌，再利用真菌孢子作画，体验培育一个生命的完整历程，感受生命的珍贵。在整个培育的过程中，学生切身体会到了生命的存在感，从内心深处产生对生命的敬畏之情。

种子植物通过光合作用结出香甜诱人的果实，以此来吸引其他动物采食。动物吃掉果实，或扔掉种子，或将种子吃掉，种子随粪便排出动物体外后，动物的粪便又成了种子天然的“肥料”。而被扔掉的种子也不会被浪费，只要条件适宜，就可以扎根土壤，生根发芽，再进行新一次的生命循环。植物为了传播种子繁衍后代可谓“费尽心思”，这要经历很久的进化才能将这些行为镌刻在它们的遗传物质里。

基因编辑在理论上可以为人类后代选择优秀基因，但优秀的人才不代表完美。比如霍金和梵高的父母，如果在他们胚胎时发现了霍金的肌肉萎缩症、梵高的严重精神病，就放弃了他们的生命，或者进行了基因编辑，那我们就看不到梵高优秀的画作，霍金的物理学理论也无法问世，这难道不是人类社会的损失吗？

背景简析

初中阶段的学生正处于思维发展的关键时期，自我意识刚开始觉醒，身心发展还处于萌芽状态，有关正确的生命观念还缺乏有效指导。有些学生存在叛逆心理，有时不理解父母、教师的立场，习惯站在自己的角度看问题。此外，有些学生还存在漠视生命的问题，因此虚度光阴，浪费青春。重视生命教育，引导学生深入体会生命的价值与真谛，帮助学生培养尊重生命、热爱生命、保护生命的生物学科思维，进而树立正确的生命观是十分重要的。

主题论点

生命教育既是各学科教育的前提与基础，同时也是学科核心素养的最高要求。正因如此，生命教育应以人的生命本质为首要教育目标，符合以人为本的要求。开展生命教育，不仅要让青少年理解生命的珍贵，更要引导学生深刻体会生命的意义，去积极创造属于自己的生命价值。生命教育不仅要教育学生尊重自己的生命，更要教会学生尊重他人乃至其他物种的生命，要让学生们明白：不同形式的生命也可以和谐地共处于同一片蓝天下。

深度反思

（一）课堂教学中生命教育的现状分析

为了了解学生对生命观念相关知识的掌握情况，本研究对本校八年级一、二、三班的学生进行了问卷调查。本次共发放问卷120 份，回收115份。有效问卷113份，回收率为96%，有效率为98%。调查结果显示，现阶段的初中生物教学更多地关注基础知识的教学，忽略了普通教学中对生命教育的渗透。此外，有些学生还存在漠视生命，浪费青春等问题。为遏制这一现象的蔓延，培养学生积极的生活态度，生命教育就显得尤为重要。

（一）兴趣引领探究生命教育的策略

1.巧妙利用多媒体技术。生物课堂中，传统的板书式教学模式学生已经习以为常，无法调动起学生学习的积极性，因此教师可以将多媒体教育技术应用于生命教育，这样一些晦涩难懂的概念便能简洁直观地呈现出来。如在讲解“细胞”这一节内容时，教师可以在多媒体课件中呈现多组人、植物以及动物的3D结构模型图片，同时搜集相关教学视频，适时加入生命教育的内容，引导学生认识到动植物与人一样都拥有细胞结构，都是值得被珍视的生命。巧妙利用多媒体技术，在传统教学内容中渗透生命教育，可起到事半功倍的效果。

2.充分利用实验教学与实践活动。再完备的知识结构如果没有经过实践的验证，都很难牢固地保留在学生的认知结构中。与其他学科相比，初中生物有一个非常明显的特征，即在教学过程中实验教学部分占据重要地位。实验教学与实践活动的有效利用，可以使课堂教学趣味性更强，更好地渗透生命教育。

在生物课外活动中，我为学生们组织了一次色彩缤纷的制作孢子画的活动。孢子是真菌的生殖细胞，孢子画就是利用菌褶上散落下来的孢子组成的孢子印，再用画笔加以点缀。学生先亲自培育真菌，再利用真菌的孢子作画，体验培育一个生命的完整历程，感受生命的珍贵。在整个培育的过程中学生切身体会到了生命的存在感，从内心深处产生对生命的敬畏之情。采取形式多样的实验教学，组织各种课外实践活动，主要目的是培育学生的同理心，在实践中根植敬畏生命的观念，教会学生正确对待生命的存在与价值。

（二）兴趣引领探究生命教育教学实例

在学习“人类的起源和发展”时，教师可以从人类的诞生着手，从受精卵的形成到胚胎发育完成，要经历38周到40周左右的漫长时间。母体在为胎儿提供各种营养物质的同时，还要承受着胎儿挤压母体其他脏器的痛苦，分娩时母体还要经历剧痛等。通过视频或动态图片演示从胚胎到胎儿各阶段的成长变化，能够让学生深刻体会母亲孕育的艰辛，进而理解生命的珍贵。

在讲授“种子植物”时，教师可以将种子植物传播种子的艰辛历程声情并茂地讲述给学生。这样生动且普遍的生命实例教育，可以帮助学生加深对不同形式生命的理解，培养学生爱护自然环境，理解人与自然环境和谐相处的生命观念。

在讲解“细胞核”相关知识时，为了加深学生对遗传物质的理解，同时加强生命教育的渗透，教师可适当扩充一些课外知识，如基因编辑婴儿的相关新闻报道等，让学生理解：尽管基因编辑在理论上可以为人类后代选择优秀基因，让他们拥有更加美丽的外表，更加强壮的身体，更加聪明的头脑，但优秀的人才不代表完美。通过以上知识的介绍，学生能够初步了解：生命的本身就是一场惊喜与冒险，也许未知的生命形态才会给人类社会带来更多的价值，这正是生命最有魅力且不允许人类干涉的地方。此时渗透生命教育，给学生的震撼更大，效果更明显。

当今社会对人才的要求越来越高，在初中生物课堂中普及生命教育是提高青少年综合素质的重要途径，也是培养德智体美劳全面发展的人才的必然要求。教师应将生命教育探究贯穿于初中生物教学，打造生物兴趣课堂，培育学生的生物学科核心素养。

天津市第四十三中学

情境教学助力学生兴趣探究

文 / 王　娇

精彩片段

师：电影《我和我的家乡》可以说是一部良心佳作，其以北京、贵州阿福村、千岛湖望溪村、毛乌素沙地、东北茴香村五个地区为背景，讲述了五个平凡的人对自己家乡的情怀。说到这里，老师想问大家，电影中的这些家乡是谁居住的地方？

生：人类。

师：没错，无论乡村还是城市，我们把这些人们的居住地统称为聚落。今天老师就想带着大家以电影中的五个家乡为线索来探究关于“人类的居住地——聚落”的秘密。

活动一：“家乡”特征大比拼。将学生分为“张北京们”和“范老师们”两个战队，两组队员的家乡分别为北京和千岛湖望溪村。两组同学根据资料并结合课件表格总结自己的“家乡”的特征，最后完成对家乡的介绍。学生拿到电影剧照后既新奇又充满热情，尝试以自己的新身份介绍家乡。

活动二：谁是合格的“村长”。设定情境：四组同学分别为四个村的村民，本村将要搬迁，可供选择的新址为电影中位于贵州、浙江、陕北、东北的四个村子。各组同学结合材料讨论并选出本村村民最期望的搬迁新址，村民代表将结合教材为大家阐述本村选址的理由。每一个学生都在以新的身份积极讨论每个新址的优缺点，课堂氛围轻松活跃，毫无压抑沉闷之感。

背景简析

以上教学案例来源于笔者在讲授地理七年级上册第四章第三节“人类的聚居地——聚落”一节时的真实课堂片段。新时代背景下的课堂教学要求给学生创造更多发展与表达的机会，提倡教学的民主性，以推动多角度思维的交流与碰撞。本节课知识结构与生活联系密切，因此在教学过程中教师可以加强引导，创设贴近生活的真实情境，让学生在情境中自主探究，将课堂主体地位还给学生，让课堂更精彩。

主题论点

情境教学从广义上来讲是一种教学模式，强调在教学过程中创设一个典型的并具有现实意义的情境，学生在对该情境探究的过程中实现对情境所涉及知识的把握。情境教学中所设定的情境应能够激起学习者的热情，有助于学习者更好地融入学习环境，从而实现对学习内容更全面、更深刻的感知和把握。

深度反思

地理是一门与生活紧密联系的学科。在初中地理教学中，学生接触到的千奇百怪的地理现象、丰富多彩的地理场景均来自我们熟悉的生活，并最终服务于生活。学生地理学习的过程应该是充满趣味性并能够带给学生愉悦的情感体验的。因此，笔者认为，在初中地理教学中可以结合教学内容，有针对性、有侧重地创设不同的教学情境，深入挖掘教材所蕴含的地理韵味，提升地理课堂魅力，引导学生主动探寻地理问题的答案，提升其学习地理的兴趣。

（一）创设贴近生活的问题情境——引入学习内容

问题情境非常适用于课堂导入部分，创设合理有效的问题情境、引导学生开启学习之旅能够有效唤醒学生学习的积极性，变“要我学”为“我要学”，这直接影响着接下来整节课的课堂效果。问题情境的创设要充分考虑到学生的可接受性，尽量挖掘学生实际生活中的元素。这样既拉近了知识与他们的距离，又使其更容易联系自己的生活经验理解情境，可以避免在创设课堂情境时出现空有形式而浪费正常教学时间的情况出现。

如教师在讲“人类的聚居地——聚落”时，可以充分挖掘热门电影《我和我的家乡》中可利用的问题情境素材，将电影情节转换为教学情境。这样，既能够增加课堂的趣味性，提升学生自主探究的热情，同时电影弘扬的正能量主题也在课堂上以潜移默化的形式增强了对学生的思政教育，使整堂课气氛轻松活跃又不缺正向引导。在课堂设计中，教师以电影剧情为大的背景创设主线情境，同时在大背景下结合电影剧情设置五个小的问题情境，引入每一个子教学目标，通过小问题情境激发学生的探究热情。如活动“谁是合格的‘村长’”问题情境对应的是“环境对聚落选址的影响”子目标；各组学生通过探究哪个村子是最心仪的搬迁新址，进一步理解环境对聚落选址的影响。如此创设导入情境，利用现实生活的场景更能激起学生探究的欲望，同时又让他们了解地理知识对生活的重要意义，从而提高学习地理的兴趣。

（二）创设丰富有趣的活动情境——体验学习内容

心理学研究表明：学生心理的发生、发展离不开活动过程，通过活动学生才能逐渐形成对知识的理解。因此，地理课堂情境的创设离不开丰富有趣的活动情境。初中地理课程内容丰富，活动情境的创设形式丰富多样，可以是角色扮演、课堂小实验等，教师可以根据教学内容灵活地选择情境呈现形式，引导学生深入体验学习内容。

如教师在讲“农业”时，涉及我国种植业南北方的差异与各分区典型农作物的相关知识，教师创设情境，把学生分成几组，设定每组学生共同拥有一个农场，教师给定各农场要种植的几种农作物，再由各农场的拥有者根据自己农作物的生长习性做出决策，决定把自己的农场建在我国的哪个区域，最后由教师给出哪组同学的农场会获得丰收的结论。这样的活动情境既让学生通过探究体会到了自然因素对种植业的影响，同时也加深了学生对南北方不同种植业类型及特征的印象，又使课堂教学充满趣味性，使学生能更积极地探索学习内容。

（三）创设优美清新的语言情境——感知学习内容

地理学独特的学科特点是既富有严密的科学逻辑，又不失浓郁的人文韵味。因此地理课堂应该能充分展示地理学科的韵味，为学生勾勒出一幅鲜活的地理画卷，让其能够沉浸其中，体味地理的独特魅力。创设艺术的语言情境对于地理课韵味的挖掘有着不可忽视的作用。地理教学内容的范围小至我们生活中的常见现象，大至高山河流、宇宙空间……而中学阶段教师很少有机会能带学生走出课堂去体验这些地理环境，更多要靠教师用丰富形象的教学语言和教学工具去帮助学生在头脑中建构这样的形象，以带动他们学习的热情，增强教学效果。

在我国悠久的历史文化长河中，古诗词为其写下了璀璨的一章。中国的文人墨客喜欢将自己的情怀寄托于大自然丰富的景象之中，而地理教师恰巧可以挖掘这些古诗词并将其作为教学素材，创设融合文学魅力的地理课堂情境。如教师在讲解“降水的变化与分布”时，课堂内容从降水的测量过渡到降水柱状图的绘制时，不妨引用南宋词人蒋捷《虞美人·听雨》中的诗词创设课堂过渡情境。学生读过词句后，感受着诗人在一生中听雨的不同心境，教师顺势引导学生思考：“一生的不同阶段听雨的心境是不同的，一年之中我们看到的降水量又是否相同呢?”进而引出下面的教学内容。这样的设计为地理的理性逻辑知识增加了一层感性的面纱，大大增强了课堂的美感，同时也让学生从多学科的角度理解地理知识，感知地理现象，品味地理之美。

（四）创设学以致用的检验情境——升华学习内容

《义务教育地理课程标准（2011年版）》提出：全面推进素质教育，学习对生活有用的地理，学习对终身发展有用的地理。这充分说明地理来源于生活，最终也将服务于生活。而在目前的教学中，学生往往把学习的目的归于通过学业水平考试，不明白学习地理的真正意义所在，更无从谈起在生活中运用学过的地理知识。因此，教师在布置作业的时候，可以侧重为学生布置与课程内容相关的活动作业，创设一些引导他们学以致用的检验情境，让学生体会到学习的真正价值所在，升华学习内容。

初中生处于生理和心理发育都不够成熟的阶段，学习过程中不免出现注意力不集中、缺少耐心等问题。因此在教学过程中，根据教学内容有针对性地设计丰富有趣的情境，引导学生多角度体验、自主探究新知，可以增强学生学习的兴趣，提高学习的热情和效率。

天津市南开区科技实验中学

巧用思维导图　提升读写素养

文/李　青

精彩片段

师：在预习课文时，同学们跟我交流了一个有趣的问题，课上我们一起来探讨一下。文中“我”对“阿长”的称呼是有变化的，大家发现这个小细节了吗？

（学生马上翻看课文）

生：（争先恐后）发现了！

师：同学们观察得真仔细！那么谁来告诉大家，都有哪些称呼呢？

生1：我的保姆、长妈妈、阿长。

（板书：我的保姆、长妈妈、阿长）

师：很好！在儿时“我”对她的情感是怎样的？

生2：那时“我”对阿长的情感是“实在不大佩服她”“讨厌”。

（板书：讨厌，教师提问：为什么讨厌）

生3：书中写她喜欢切切察察，爱搬弄是非，睡相也不好，要讲许多的规矩。

师：这是一个怎样的阿长呢？

生4：我觉得她没有文化。

生5：我觉得她粗俗，是个地道的农村妇女。

师：面对这样一个粗俗、没文化的阿长，“我”实在不大佩服她。但是“我”的情感一直是这样吗？有没有发生改变？请大家探讨。

生6：“我”对她的情感发生了变化，在听阿长讲长毛的故事之后，“我”对阿长有了“敬意”。

生7：当阿长给我买来了《山海经》，“我”对阿长也产生了“新的敬意”。

（板书：敬意、新的敬意）

师：这两处产生敬意的原因各是什么呢？所表达的敬意一样吗？请大家带着思考，根据“我”对阿长的情感变化及原因，小组讨论后画出思维导图。

背景简析

《阿长与〈山海经〉》是部编版语文七年级下册的一篇课文。此文记述了鲁迅儿时与阿长相处的情景，表达了对这位劳动妇女的真诚的惦念以及对自己年幼无知的时光的深切怀念，鲁迅对阿长充满了尊敬和感激。全文内容较长，情节也比较多，学生深入了解人物性格的前提是理清情节。在课堂教学中，通过提示学生主人公的情感变化，引导学生画出思维导图，让学生根据自己的阅读和理解分析情感产生的原因以及人物的个性，由此理解作者选择这些典型情节进行写作的目的，增强学生自主探究的意识和能力。

主题论点

教师在《阿长与〈山海经〉》的授课中，运用了思维导图的方法。“思维的发展与提升”是语文学科素养的重要内容之一。阅读和写作是思维提升的有效手段，也是人类精神不断进步的必由之路。阅读给人智慧，写作给人创造力。思维导图可以把复杂的文本或者思绪，利用色彩简洁直观地将关键性的文字、图像呈现出来，它体现出思维过程中的关系和层次性，可以将大脑思维过程结构化、系统化、形象化、可视化，让读写的过程更深刻、更有序、更富有创造力。

深度反思

思维导图的类型很多，从结构上看大体可以分为线性结构图、放射性结构图和平面结构图三类。在教学中，思维导图可以给我们如下帮助：

（一）思维导图的结构形式能引导思路，帮助我们抓住重点

“阅读和写作”向“读写素养”的转变，是近年来语文学科素养的重大发展。这意味着“读”和“写”不再是一种学科技能，而变成了一种与现实社会密切相关的社会化能力。读写素养的提高有助于学生应对生活中更加复杂、综合性更强的挑战，这是一种综合素质的体现。而这种素质的取得，有赖于大脑清晰的思维能力。在实际教学中，我们经常能发现：一位有十几年汉语运用经验、六七年基础汉语学习经历的初中生，却无法有条理地、完整地叙述一件事情的经过，重要的节点被忽略，发展的顺序被颠倒，许多情节无法一一记清等情况常常发生。这种思维能力的缺失，同样也给学生的生活造成困扰，比如做事情丢三落四、没有条理等，这往往会让学生产生挫败感。我们可以用思维导图的形式帮助学生理清思路，克服无序思维，使阅读事半功倍。

如《孤独之旅》共有3500余字，较长的篇幅给学生阅读带来了困难，教师可以在课前让学生边预习边完成思维导图，借此梳理文章主要情节。首先，教师引导学生列出事件的起点——“家道中落，被迫失学”，再要求学生按照小说情节的开端、发展、高潮、结局这一顺序，采用边读边勾画叙事内容的方法，补充关键的情节。可能开始时学生勾画的内容会远远超出导图的范围，我们可以把这些内容用笔整理在纸上，再顺着导图的轨迹快速重读一遍文章，筛选出不重要的情节进行删减，将相近的情节进行整合，整理出小说的情节顺序。同样的锻炼方法可以用在课内小说、记叙类文章的阅读中，也可以扩展到整本书的阅读中，文本内容可以由短到长，情节可以由简单到丰富。这一方法可以使阅读过程循序渐进，阅读能力不断提高。

（二）思维导图的层次结构促进语文学习的深入思考

部编版语文教材经过科学的设计编写，有丰富的内涵。初中生由于年龄阅历的局限，无法品味鉴赏很多深层次的人文情怀和美学意味。思维导图的层次引导，可以使学生思考更进一步，从而使学习的知识得到升华。

以下是教授《阿长与〈山海经〉》一课时思维导图的另一种运用方式：

关于阿长的事件及详略安排→阿长的人物形象→作者塑造阿长形象的目的。围绕“阿长”的主题，进行思维的发散，每一个箭头的延续都是学生思考深化的象征，由表及里，由浅入深。箭头延续得越长、越多，证明学生的思考越充分，思维导

图就是如此达到辅助思维发展与提升的目的的。

（三）思维导图的发散结构激发学生的想象力和创造潜能

所谓发散思维，即“从一个基点出发，多方位、多层面展开思维”，发散思维是思维导图的重要训练目的之一。放射性思维导图的绘制，使人跟随导图的发散而进行发散式的思考，产生更多的想法。

学生写作常常出现的问题有两种：一种是无话可写，一种是想写的内容很多，但是写出来没有逻辑性，没有主次重点，对人物形象的表达也没有统一概念。思维导图提问式的推导，正是把问题列出后一条一条解决，在不断提问与解决问题的过程中，学生的回答角度越来越多。思路在拓宽，思考在深入，就能组织起一篇文章的“骨架”，再调动平时积累的写作技巧，一篇较为完整的文章就能完成了。当然，文章想要更加优秀，还要在语言上精雕细琢，这样写出来的文章才是“有血有肉”的文章。如八年级上册口语交际“讲述”中的实践环节，要求学生讲一讲“我喜欢的一位老师”，学生可以用思维导图提问引导，构成完整思路。

（三）思维导图有助于教师深度挖掘教材内容

部编版教材由教育部聘请专家编写，历时四年完成，经过十四轮评审，全国一百位特级教师提意见，又经修改和试教后才最终定版。教材的编写立意很高，体现社会主义核心价值观和立德树人观念。对于这样一部教材，作为基层教师，在理解把握教材的过程中，一定要进行深度解析，深入挖掘内容，才能达到“使价值观成为语文血肉”的目的，才能将中华传统文化和革命传统融入课程，体现主流价值观。

在这一深度研究学习新教材的过程中，整体性、系统性、条理性、发散性显得尤为重要。整体性和系统性帮助我们认识整体教材的框架结构和编写体系特点；条理性帮助我们梳理分析教材，细化阶段目标，展现教学梯度；发散性使教学形式趋于变化，提高学生学习语文的兴趣。思维导图正是因为包含以上几个特点，所以是我们研习新教材的好帮手。

如在研习《木兰诗》时，从体裁上教师要帮助学生了解乐府民歌的特点，进而认识到中华文化的博大精深。从故事题材方面要了解故事的情节、主题等，使学生认识以花木兰为代表的中国古代人民智慧勇敢等特征。顺着这些重点，我们可以把体裁、题材、风格、叙事、情节和人物形象等以思维导图的形式呈现，力求使学生有完整成熟的知识积累。

给学生一滴水，教师要有长流水。随着教材的变化，教师备课的内容也要与时俱进。以《木兰诗》为起点，对南北朝民歌的知识拓展、教法探索，要有思考，有深度；对人物形象、作品主题探究要更加富有创造性，更加尊重学生的见解。思维导图使研究的思路清晰可操作，这样，丰富的知识性、人文性和积极的价值观在课上才能有机渗透，润物无声。

掌握一种科学方法，就像在学习路上有了明灯和路标。思维导图就是这样一种科学方法，它引领教师和学生在广阔的空间里构建自己的知识系统，让我们的读写水平更有序、更有效地提高，让语文学习充满更多的新奇和变幻。

天津市第六十三中学

授之以鱼，不如授之以渔

文 / 齐晓琳

精彩片段

师：老师给每个小组准备了一个装有绿色菠菜汁的小烧杯和一条小鱼，请同学们用桌上的滴管吸取菠菜汁，然后将滴管垂直对准小鱼的口，当小鱼张口时，迅速地滴一滴。请大家注意观察，菠菜汁从小鱼的口流入，从哪里流出呢？

（学生动手实验，观察现象）

师：成功的小组，能否告诉大家菠菜汁是由小鱼的哪个部位流出的？

生1：鳃盖后缘。

师：水的这一进一出有什么意义呢？

生2：呼吸。

师：小鱼的呼吸器官是什么呢？

生3：鳃。

师：接下来我们一起来了解鳃在结构上有哪些适应水中气体交换的特点。（播放鱼鳃结构的视频）

师：鳃的主要部分是鳃丝，它主要呈现为什么颜色？有什么特点？

生4：鳃丝多且细密，为鲜红色，应该是密布毛细血管。

师：能否尝试用鳃丝的特点解释鱼离不开水的原因？（学生纷纷表现出为难不

解的神情）

师：请大家拿出每组桌上的毛笔。大家有没有发现，毛笔的笔毛就像是鳃丝，又细又密，我们把它放入装有清水的小烧杯中，然后再把毛笔从水中拿出来，请注意观察，两种环境下毛笔的笔毛呈现出了怎样的状态？从中你发现了什么？

（各组进行实验）

生5：当毛笔浸入水中时，笔毛散开，就像鱼的鳃丝，增大了与水中氧气的接触面积，利于气体交换；而当毛笔离开水在空气中时，笔毛会合拢，减小了与空气中氧气的接触面积，不利于气体交换。因此鱼儿离不开水！（全班掌声鼓励）

背景简析

“鱼”是人教版生物八年级上册第一章第四节的内容，学生是在无脊椎动物的基础上进行学习的，“鱼”作为脊椎动物的第一节，具有引领作用。考虑到学生对鱼较熟悉且鱼的实物容易获得，因此，教师在教学中采用了任务驱动和实验探究的方法，引导学生有目的地观察，指导学生通过主动探究、合作交流，确立鱼的特征与水中生活相适应的观点。有效地利用课堂时间，使学生多感官地参与课堂活动，从多个角度识鱼、读鱼、解鱼，从而形成良性的师生、生生互动氛围，切实提升学生的生物学科核心素养。

主题论点

古希腊学者普罗塔戈说：“头脑不是一个被填满的容器，而是一束需要点燃的火把。”“鱼”这一课中教学活动的设计充分贯彻了“以教师为主导，以学生为主体”的原则，以学法为中心，让学生从传统机械式的“学答”向“学问”转变，从“学会”向“会学”转变，让学生成为学习上真正的主人。学生通过自己探索、自己总结得出的结论远比教师直接给出的结论要印象深刻，而教师则以引导者、欣赏者的角色，以微笑的面容、鼓励的眼神、充满艺术性的语言，拉近师生的距离，为学生营造轻松的学习氛围，激发学生的求知欲和学习兴趣。

深度反思

（一）创设有价值的教学情境，激发学生学习兴趣

教学情境的创设其目的是要解决形象思维与抽象思维、感性认识与理性认识的关系。陶行知先生曾比喻“接知如接枝”，因此教师在创设教学情境时应力求将学生已有的知识经验作为枝加以充分挖掘利用，调动学生学习的主动性和积极性，启发学生思维，营造良好的课堂氛围，提高师生互动的效率。将鲜活的小鱼带进课堂，利用毛笔模拟鱼鳃鳃丝的特征，在丰富了课堂资源的同时，增加了学生的直观感受，激发了学习兴趣。亲自动手的分组实验、形象生动的模拟实验，充分调动了学生的积极性，极大地激发了学生的各种潜能。学生通过动手、动脑、合作交流，不断提高生物学科的核心素养，理解鱼的形态结构特点，并认同这些特点是与水中生活相适应的这一观点。

（二）驾驭语言艺术，启迪学生智慧

苏联教育家苏霍姆林斯基说过：“教师的语言修养，极大程度上决定了学生在课堂上脑力劳动的效率。”教师在课堂中的提问应是在备课时经过精心设计的，巧妙合理的问题能够激活学生的思维，过渡语恰到好处的使用能够让知识起承转合、融会贯通。通过一个又一个关于鱼呼吸方式、呼吸器官、呼吸特征的探究问题，教师不断追问，环环相扣，学生跟随着教师流畅自然、激情饱满的语言使注意力高度集中，将抽象的内容形象化，深奥的知识浅显化，在较短的时间内突破了教学难点，提高了课堂的时效性。多媒体资源和实验材料的巧妙融合，仿佛为学生开启了一扇窗，让学生的思维自由翱翔。合作探究使学生通过互助合作、集思广益，主动去探索、发现、思考、解决问题，全面提升学生的各方面能力。

（三）树立学生主体地位，加强师生、生生交流合作

学生是教学过程中学习活动的主体，教师则是这一活动过程的组织者、指导者。因此要充分发挥学生在学习中的主观能动性，首先要确立学生主体地位，尽可能地使学生通过自己的实践活动来获得知识，得到发展。作为辅导者，教师要自觉地退居次要位置，放手让学生去做，允许他们犯错和质疑，对他们可能产生的一些标新立异的想法更加宽容。当这些情况出现时，教师不应急于否定、解释或者给出

标准答案，而是应先等待、倾听，多考量一下学生给出不同见解背后的缘由。当学生解决鱼的鳃丝多而密与气体交换相关时，进行模拟实验过程中教师没有过多地干预学生，只是给予学生一定的观察提示，帮助学生加深实验的印象，学生在遇到困难时会主动地向教师请教，从而提高师生互动的效率。在总结阶段教师让学生谈谈自己的发现，用学生语言揭示鱼适于水中呼吸的身体结构特点，从而更加强了生生之间的交流合作。一堂课中每一处精心设计都旨在凸显学生的主体地位，培养学生的探究品质。学生会做的教师不插手，教师只需做到“该出手时才出手”。

（四）多感官参与课堂，提升实验教学

实验作为初中生物教学的主要内容和重要方法，对学生掌握理论知识和科学研究方法以及培养创新精神都具有重要作用。将多感官教学的策略和实验教学有机地结合在一起，学生通过自主操作，亲身经历科学实验的探究过程，观察、设计、试验、整理实验结果、思考总结，这一系列活动过程不仅可以提高学生的创新实践能力，同时还能培养学生与他人合作的意识、实事求是的科学态度以及严谨理性的思维习惯。学生用眼睛去观察鱼，亲自动手去操作，小组内部的交流讨论，充分调动了学生的感官，注重知识体系的建立过程。可见，在课堂教学中，教师综合运用视觉艺术、运动艺术、听觉艺术等多感官教学策略，不仅可以提高学生对生物课堂的兴趣，促使学生主动参与课堂活动，同时也可以加深学生对课堂内容的深刻记忆，照顾不同层次学生对知识的理解情况，提升学生的学业成绩。

初中生物教学工作任重道远，每一课的教学设计、每一个教学活动的开展、每一个难点的突破，都需要做到处处用心。实践过程中形成的教学模式要充分体现师生共建特点，依托学生课程学习和成长案例，结合生活实际，贴近情感，使学生成为参与主体。教师需要结合学生的学情以及课程标准，转变教学理念，尊重学生独立的人格，树立学生课堂的主体地位，创设有价值的教学情境，为学生营造一个自主、开放的课堂环境，加强师生之间的有效互动，从而全面推动学生生物学科核心素养的养成，使学生成为终身学习者。

天津师范大学附属实验中学

提高学生主动参与度 师生共建课堂更精彩

文/曹 毅

精彩片段

在谈及《青年杂志》这本刊物的时候，教师给学生出示刊物的封面图并设置疑问，引发学生的兴趣并产生思考：

师：刊物封面的法文是什么意思？人物又是谁？

生：法文不太了解，但是刊物是《青年杂志》，所以法文应该和刊物的名称以及内容有关。

师：非常好。杂志封面上的法文，意思就是"青年"，而封面上的人物是富兰克林，他是18世纪法国一场思想解放运动"启蒙运动"的代表人物。而这场运动的一些思想内涵就是新文化运动的主题。

教师首先激发学生探求法文含义的欲望，提升课堂参与度；同时这个问题可以和西方的启蒙运动相结合，让学生有一个横向对比的思考，向学生拓展启蒙运动的一些思想，讲解这些思想和新文化运动之间的关联，让学生能够归纳出新文化运动的主题是民主与科学。之后开始和学生探究《新青年》名称的由来以及受众群体为什么定为青年。

师：这本杂志为什么定名为《青年杂志》？

生：杂志或者刊物大部分的受众群体应该是具备一定学识的知识分子，而接受教育的青年群体正符合这个要求，以青年命名，能够让他们产生归属感和共鸣。

师： 没错，那么为什么这本杂志的受众群体要定为青年人呢？大家可以讨论一下。（学生讨论）

生： 因为青年思想比较活跃和先进，并且未过多受到旧思想的腐蚀。我们也是青年，我们的思想都相对能够与时代发展同步。

学生们很容易联系自身，想到青年有一定的知识储备，易于接受新思想和新内容，没有被过多的封建思想禁锢，因此受众群体定义为青年一辈。用这样几个问题增强学生与本课的共情，可以加强他们主动参与课堂的意识。

背景简析

本课出自部编版八年级上册“新文化运动”，授课对象是初中学段八年级学生，他们思想较为活跃，历史知识储备和理解能力与七年级学生相比有了明显的提升，但是理性思维还没有上升到一定的高度。学习兴趣的激发与培养仍然是课堂教学的突破口。因此，在教学中教师要注重情景的创设，提出问题要由浅入深，循序渐进，充分运用对比、讨论等多种方法来调动学生的积极性，运用好启发式教学方法。以新文化运动为讲课主题，能够带领学生们回首这场一百多年前的思想运动，让他们在感受历史的同时明白自身肩负着振兴中国的使命，立志成为有理想、有目标、有担当的有为青年和新时代中国特色社会主义事业的合格接班人。

主题论点

选取这个教学片段是因为具有一定的横向串联性和共情性。新文化运动是中国的一场思想解放运动，其代表人物大都具有留学经验，他们将西方的一些先进思想带到中国大地，希望能够洗刷中国人头脑中的旧意识和落后思想。在这里我串联了一部分西方启蒙运动的知识，让同学们有一个参考，以丰富他们的时空观念和历史理解。另外，抛出“为什么这本杂志的受众群体要定为青年人”这个问题，是因为八年级的学生本身就是青年群体的一部分，他们可以联系实际，想到自己思想和意识的先进性，由此更能激发学生的思考活跃性和课堂的参与意识。

深度反思

首先，选择新文化运动这一课来进行讲解，是因为新文化运动举起了民主和科学的大旗，宣传了马克思主义，为拯救中国、改造社会找到了思想武器，这场运动的意义是重大的。更重要的是，新文化运动唤醒了当时的中国青年，让他们有了奋进的目标和动力，有了自己渴望实现的梦想。“实现中华民族的伟大复兴，是中华民族近代以来最伟大的梦想。”实现这个中国梦，青年一代也将起到至关重要的作用——青年兴则国家兴，青年强则国家强。

其次，层层设问、师生互动、情境创设等方法在课堂的运用，基本达到了预期的效果。第一，在知识获取方面，学生们了解了新文化运动发生的社会背景，明确了变革群众思想的重要性，对运动的主要任务、内容有了一定的认知，对运动带来的影响能够从两个角度来论述，学生们的唯物史观得以培养。同时，学生能将新文化运动与之后的五四运动相结合，知道两次运动内在的联系。第二，通过讲述本课，将学生与当时的青年一代联系起来，让学生学会从当时的角度去看待问题，能够培养学生们的历史核心素养之“时空观念”。另外，通过有效设置问题，学生们积极发言，课堂气氛活跃，大家能够认真阅读材料、分析材料、引用材料，在教师引导下，学生们对史料的辨识理解能力得以提升，从而能够弄懂材料所蕴含的含义，得出正确的结论，加深了对新文化运动的印象。

客观来看这个实践案例，首先，在进行课前设计的时候，笔者观察到本课的内容较为枯燥，书上文字内容较多，大多数学生对里面的人物和事件是陌生的，因此在设计过程中穿插了一些图片和视频，给学生们创设真实的场景，同时为几名同学编排了一出小短剧，课上进行表演，让学生们置身于当时东西方文化的辩论台上来理解白话文与文言文之争的史实，在课堂上学生们的反应也很好，拉近了学生们与历史的距离。另外，我在课堂上给同学们展示了一些材料，并设置了问题，来培养学生们“论从史出”的能力。恰好本节课的主角也是青年一代，能够让学生们产生共鸣，从而达到预期的教学目标。

认真反思此案例，笔者也发现了需要调整改进的不足之处：第一，本课内容较多，虽重难点突出明确，但是为达到面面俱到，时间分配上略显不足，导致讲课速度过快，某些重要内容没能引领学生进行更严谨、更细致的分析；第二，因教学设计未采用小组模式，使得课堂整体活动显得不够充分，学习氛围不够热烈，学生思想交流、碰撞不够；第三，在问题的设置上还是流于表面，不够深入，因此在设置课上问题的时候有必要深入挖掘，重视培养学生的理性思维能力；第四，教学创意略有欠缺，比如完全按照教材的顺序推进，没有对课本内容进行高效整合，没有做到资源最优配置。

我们常说："教学有法，教无定法。"课堂教学也是"遗憾的艺术"，只有不断发现问题，解决问题，才能更好地提升教学能力与水平，才能"点亮"课堂，让每一名学生在思想和知识方面都能真正受益。

天津市南开翔宇学校

让每一株幼苗都能在兴趣的浇灌下生根发芽

文/杨羽茜

精彩片段

师: 我们来学习英语中的方位介词“on, in, under, behind, between, next to, on the left/right”的使用。

生: 这些词语都是什么意思呢?

师: 看到同学们的求知欲很强,老师非常高兴!现在,请同学们抬头观看教师制作的多媒体课件。同学们可以从课件中看到六张小图片,每张图片内都有一只可爱的小猫和一个盒子,哪位同学能够尝试描述小猫所在的位置呢?

生: 小猫在六张图片中所处位置各不相同,按照图片顺序,小猫分别位于盒子的上部、下部、内部、附近、后部和左侧。

师: 哇!同学们的观察力太棒了!现在哪位同学能够尝试用英语来描述小猫的位置呢?

生: (举手回答问题)我想尝试用英语描述六张图片中小猫的方位。按顺序观察,小猫在盒子上方,应用on来表示;小猫在盒子下方,应用under来表示;小猫在盒子内部,应用in来表示;小猫在盒子旁,应用next to表示;小猫在盒子后部,应用behind来表示;而小猫位于盒子左侧,则应用on the left of来表示。

师: 这位同学总结得非常全面,现在我们已经清楚了这几个方位介词所代表的含义,那么问题又来了,哪位同学能够描述自己在班级中所处的位置呢?

生:(思考中,举手)我想要尝试一下。

师:太棒了,大家掌声鼓励!

背景简析

上述片段出自外研社七年级上册英语教材中Module Three Unit Two: The library is on the left of the playground中有关方位介词的讲解。目前,由于受到应试教育的影响,教师更加侧重于对学生考核内容的练习,缺乏对学生口语的锻炼以及创新思维的培养,再加上多数教师在课堂上只一味强调知识的输出,未重视对学生学习兴趣的培养,这导致学生无法及时吸收教师在课上所传授的知识,长此以往,便会失去学习兴趣,甚至会产生厌学心理。

主题论点

在新课改的形式下,初中英语教师在教学中应积极创造轻松的教学环境,结合情景教学,采用多种方式调动学生们的学习兴趣,建立良好的师生关系,从而充分调动学生的学习积极性。在课堂教学中,若仅依靠做大量习题来提高成绩,学生们很快便会失去学习兴趣。因此,作为一名优秀的英语教师,应让学生作为课堂的小主人,课上通过多样化活动充分调动学生们的学习兴趣,让学生们能够主动动口表达,动脑思考。

深度反思

著名教育家陶行知先生曾说过:“学高为师,德高为范。”教师作为太阳下最光辉的职业,首要的便是把教书育人作为终身事业,抓好教学工作是极其重要的,当然在教学过程中,教师也应掌握一定的教学方法,提升学生的学习兴趣,从而更好地学习。因此笔者将结合自己的教学实践,探讨如何有效提高学生的英语学习兴趣这一问题。

(一)针对课堂内容有效提问,让学生成为课堂的主人

教师在课堂提问时,应具备一定的针对性,有效提问,尽量不提问与课堂教学

无关的内容，防止学生们注意力分散，失去良好的教学效果。另外，提问的问题也应根据学生的实际认知能力进行选择，从而激发学生的学习兴趣。

孔子曰："不愤不启，不悱不发。"教师在教学过程中应注意避免过分引导，如在英语课堂上讲解一般过去时的语法要点时，教师在课堂导入环节提问学生："What did you do last Saturday?" 此时，教师应给学生们一定的时间思考问题，不能急切提供答案，代替学生作答。因为此时学生们还在思考问题，若教师急于提供过多引导性线索，便会打断学生的思路，使学生处于被动接受知识的状态，达不到思考学习的效果，慢慢地便会失去英语学习兴趣。

（二）鼓励学生，给予每位学生"花开"的机会

教师在课上提问学生的机会应是均等的，如在平时上课时，班级总有同样的几位学生主动举手回答问题，此时教师不应一直请多次举手的学生作答，而应将目光投向班级中那些性格较内向，不敢主动回答问题的学生，给予每位学生平等的机会回答问题，因为那些性格内向、怯懦的学生往往更需要教师加倍的爱与关注。记得有一次在授课过程中，我提问到一名性格较内向的小女孩，她站起来怯生生地回答："老师，我不会做。"这时我回复道："请尝试一下，即使出现错误，也是一次很好的锻炼自己的机会，要学会勇敢自信，如果还未尝试就轻言放弃，那岂不是太可惜了吗？教师相信你是最棒的！"如此激励小女孩后，她渐渐地敢于表达自己的观点，也提升了自信心，在小女孩作答完毕后，我又再次鼓励了她的勇敢，并向全班学生强调："不论是在今后的学习中，还是在人生的漫长旅程中，我们都要学会自信，勇敢向前。"

作为一名合格的教师，我们绝不应该放弃任何一位学生。我始终坚信在教师的爱与帮助下，那些对学习英语并不感兴趣甚至胆怯的学生能够重新燃起学习热情，逐渐培养起自己的学习兴趣。在我看来，教师若能够做到给予每位学生平等的学习机会，这些小花们终究会盛开。

（三）掌握学习方法，分散复习，轻松快乐地学习

众所周知，学生不喜欢学习英语是因为缺乏学习兴趣，但透过现象看问题本质时，我认为最重要的一点是学生们在学习中并未掌握正确的学习方法，从而出现学习困难的情况，久而久之便失去了学习兴趣。因此，我在教学过程中会相应地传授

给学生们有效的学习方法，使学生们能够感受到学习英语的快乐，从而调动学习英语的兴趣。

如在教学中，我会让学生们分散复习。对于英语这门学科，若本模块中出现的单词过多，我会建议学生分几天来完成学习任务，以100个单词为例，我不会立刻要求学生把100个单词在一晚上的时间内全部记住，我认为这样的学习效果是极其不佳的，遗忘的速度也是非常迅速的。这时，我会建议学生每天记忆20个英语单词并默写出来，这样五天就可以完成全部的默写内容，掌握有效的学习方法，便会起到事半功倍的效果。学生在记忆英语单词时不应死记硬背，而应掌握相应的学习方法，如制作小卡片、看图猜词等，这样也能够增添学习趣味性。只有掌握有效的学习方法，才能更好地调动学生的英语学习兴趣，让他们在轻松愉快的氛围下更好地学习。

（四）愉快教学，真正做到“我要学”而非“要我学”

心理学研究表明：人在轻松愉快的情绪下思维较活跃，感知较敏锐，记忆较牢固，想象也较丰富。作为一名教师，就应利用“愉快教学”这一特点，充分挖掘教材本身所蕴含的愉快因素，把快乐引进课堂，使学生产生兴趣，最大限度地调动学生的学习积极性，激发求知欲，从而提高学习效果。要达到这一目标，就需要培养学生的学习兴趣，因此在教学时，教师就要考虑到怎样使学生获得快乐的情绪体验，真正做到“我要学”而非“要我学”。要使学生热爱英语学习，首先要使所学内容能够吸引他们的目光，使他们感兴趣。因此在课堂上也可采取一些有趣的方式开展课程，如做英语小游戏就是一个练习词汇、操练句型的好方式，或利用制作卡片来猜英语单词的方式，或通过播放英语短动画，或让学生自己来为动画人物配音等，方式种类繁多，不胜枚举，这些都可以提高学生们的学习兴趣，因此教师在平时授课过程中应注意培养学生的学习兴趣，这是让学生喜欢上学习的关键。

兴趣是引导学生自主学习的关键，因此初中英语教师应当积极调动学生们的学习兴趣，创设轻松愉快的教学环境，不断调整自己的教学方法，正确指导学生，做到心中有爱，献身教育，寓教于春风细雨，滋润幼苗成长为国家栋梁。

天津市翔宇国际学校

边说边演——教室里的小剧场

文/谢 颖

精彩片段

角色扮演,定格提问。

Teacher: Look! A giant is coming!(教师请一位学生穿上充气服扮演巨人,忽然跳出)Oh, my god! Are you scared?

Ss: Yes!

Teacher: OK. Let's play a game. 1、2、3, freeze. OK?

Ss: OK!

Teacher: Mr. Giant, can you walk?

扮演巨人的学生开始表演,其他同学扮演格列佛。

Teacher: Three、two、one, freeze(定格)! Don't move. Let me see.

学生们纷纷露出或惊恐、或好奇的表情,做出了各种各样的定格动作。此时,教师不急于进行下一个环节,而是给学生定格的"静默时间",请学生在沉默的定格状态,静心体会格列佛初遇巨人时的内心情感。接着,教师挑选一位表情较为夸张的学生,到前方与巨人配合,定格成一张"剧照"。

Teacher: Do you have questions for Gulliver?(请其他学生向格列佛自由发问)

S1: Are you scared?

Gulliver: Yes.

S2: How are you?

Gulliver: Not very well.

S3: Do you want to run away?

Gulliver: Yes.

S4: Can you make friends with the giant?

Gulliver: Maybe.

Teacher: Maybe. You're scared, but still want to make friends with giant. You're so brave. Big hands for him.

学生唯有代入角色，细心体察格列佛此时此刻的内心情感，方能问出有质量的问题。

师生体察情感，变换语气。

Teacher: All right. So when you see the giants, you are very scared.(问巨人)You're giant. Are you scared?

Giant: Of course not.

Teacher: Why?

Giant: Because I'm big and strong. And you're small and thin.

Teacher: Oh, you're so proud.(问全体学生)Who can be the giant like him? Come here to be the giant(一名学生带上巨人头饰)Are you scared?

S1: No.

Teacher: Why?

S1: I'm very strong.You're very small.(学生边说边演)

Teacher: Very good.Is he a good actor?

Ss: Yes.

Teacher: Big hands for him.Who can try again?

学生体验到了格利佛内心的恐惧(scared)。接着，教师向巨人提问：Are you scared? 巨人并不害怕，回答道：No. Because I'm big and strong . And you're small and thin. 学生通过变换不同的语气，从中体验巨人的内心，并得出结论：巨人并不害怕，而是十分凶狠和骄傲。之后学生观看视频，推测后文。

Teacher：Boys and girls. Gulliver is short and small.The giants are so big.When they're meeting together，what will happen?

格列佛和巨人有着不同的外貌和心理特点。当双方相遇后，会发生什么样的故事呢？教师播放剧本视频，当巨人要将格列佛赶走时，格列佛说道：No，no！视频到此暂停，教师提问：What will Gulliver say? 请学生揣摩格列佛现在的内心想法，并推测他可能会说什么。

学生思考后，继续观看视频结尾，发现格列佛说道：You are not like me. I'm not like you. But I can help you.学生齐读本段，意识到“尺有所短，寸有所长”，应当包容彼此的不同，互相帮助。

背景简析

此片段出自马千千教师的“格列佛游记”一课，该课选自小学英语教材《精通英语》五年级上册第二单元的Fun Facts，教师基于英语戏剧教学的教学理念，创造性地将该语篇进行了改编与拓展，不仅深入挖掘了英文原著中格列佛游记的其他国家，更引入题材类似的中国古典名著《镜花缘》，融合经典桥段，形成了一整套便于学生体验、表演的戏剧剧本。本课中，他们将跟随格列佛，来到一个新的国度——大人国。在游历的过程中，他们将全面复习描述人物外貌的词汇、句型，达到综合运用语言的目的。本课面向四年级学生，他们已经具备了一定的观察能力和想象力，但对于文本角色内心情感的把握能力比较薄弱，需要教师引导学生通过阅读、朗读、表演等方式，进一步体验语言背后的深意。

主题论点

新课程改革注重学生核心素养的养成，注重学生持续学习力和创造力养成的过程，让学生有创新能力和实践能力。新课改主张学习者在适当的语境中接触、体验和理解真实语言，并在此基础上学习和运用语言，鼓励学生在教师的指导下，通过体验、实践参与探索和合作等方式，发现语言规律，逐步掌握语言知识和技能，不断调整情感态度，形成有效的学习策略，发展自主学习的能力。小学英语戏剧教学则是让学生形成积极主动的学习态度。作为一种情感丰沛、注重体验的教学方法，边说边演的方式应运而生。它所蕴含的灵感、诗意、火花，充满了艺术的气息，能够为英语教育带来更多感性与美好。

深度反思

从刚才的片段中我们可以看到：在第一次请学生扮演格列佛时，教师运用了定格表演的形式，孩子们纷纷露出或惊恐、或好奇的表情，做出了各种各样的定格动作。一开始，许多学生做出了相似的动作，此时，教师引导学生变化不同的表情和动作，通过与别人不同的动作表情来表现人物的内心。在定格的过程中，学生静心体会格列佛初遇巨人时的内心情感，并据此提出了许多深刻的问题，如 Do you like the giant? How are you? 这样的学习是一个依赖于体验、层层深入现实的连续的动态过程。边说边演的过程中学生有所体验，这份体验浓缩了对人生的体验。

还是在这短短的小片段里，当双方相遇后发生了什么样的故事呢？教师播放视频，当巨人要将格列佛赶走时，格列佛说道："No, no!" 视频到此暂停，教师提问："What will Gulliver say?" 请学生揣摩格列佛现在的内心想法，并推测他可能会说什么。学生思考后，继续观看视频结尾，发现格列佛说道："You are not like me. I'm not like you. But I can help you."学生齐读本段，意识到"尺有所短，寸有所长"，应当包容彼此的不同，互相帮助。

在边说边演的过程中，学生们已经感受到了戏剧教学所彰显的魅力，它突出了三个特点：情境性、对话性和体验性。教师通过差异表演、定格表演、创新表演等方式，引导学生思考不同角色的语气、动作特点，体验人物内心的情感变化，提升思维品质。

传统课堂教学往往是去情境的教学，而在这节课中，学生有了一个幻想中的舞台，借助一些简易的服装、道具，仿佛已经置身于故事中，与格列佛一同周游岛国，这就是我们语言教学不可或缺的情境。如果说传统课堂是传话型的课堂，那么这节课完全是一节对话型的课堂。我们欣赏在课堂上巨人们与格列佛之间的对话，学生们问出了这样的问题："Are you scared? Do you want to run away?" 这就体现了他们对文本的深刻理解。唯有对剧情、对巨人的品性有深刻的了解，学生才能问出这样精彩的句子,这也一定是传话型课堂所无法生成的精彩瞬间,只有对话型的课堂才能带给我们这样的惊喜。

在进行英语戏剧教学研究的实践中,对学生来说,从传统的英语课堂学习模式到戏剧英语课堂学习模式,装扮(plays)、游戏(games)、模拟(mimic)等戏剧技巧被运用到教学之中,实现了课堂主体的变化。情境创设、戏剧情节的感染力,激发学生主动学习文本的热情,使得学生真正成为课堂的主体。

边说边演,让每一位学生参与体验。在边说边演的过程中给了每个学生深度参与课堂的机会,也十分注重每个学生个体的参与程度。如此看来,在课堂上的学习和最终表演的呈现可以提升学生的成就感。

边说边演,让学生学会管理自我情绪。表演需要一定的情绪表现力。参与表演的学生首先能够认知和控制自己的情绪,同时还要理解什么原因导致了情绪的发生。通过对文本发展的理解,学生在表演过程中感受角色的情绪并深刻了解自我情绪,从而学会管理情绪。

边说边演能提升学生自信心。边说边演是让学生用声音和肢体语言来表现自己。大胆夸张的语气,动作和表情的展现都需要勇气,因此在练习过程中提升了学生的自信心。

边演边说能提升学生的同理心。表演提供了一种安全有益的方式,让学生得以参与别人的故事,透过别人的眼睛看世界。也就是俗话所说的"设身处地"、站在他人立场看待事物的能力。

边说边演提高学生的英语综合能力。表演是一门涵盖文学、音乐、美术、宣传、交际、公关等的综合艺术。学生们在合作展现对话的过程中,听说和阅读能力必然得到提升,为之后的英文写作积累了素材,提升了英语综合能力。

边说边演的情境帮助学生真实还原了现实生活。教师将带领学生一起去寻找故事结局的可能性,去探索解决问题的可能性。每一个情景中都需要学生动脑筋、想办法,并在戏剧中表现它。学生们在戏剧中不断地磨合、表演、尝试,当他们真正面对生活的时候,才能够游刃有余。

其次,对于教师来说,从传统的英语课堂教授模式到戏剧英语课堂教授模式,在实践中真正实现了课堂主体的变化,使得学生真正成为课堂的主体,教师只是课堂教学的引领者。教师在课堂上更需精准把控教学目标、重难点以及对学生在排演中及时纠错,辅导及提升学生的英语学科素养。

《义务教育英语课程标准》中给我们提出了培养学生综合语言运用能力的目标。英语课程提倡采用既强调语言学习过程又强调学习成效的语言教学途径和方法,尽可能多地为学生创造在真实语境中运用学习语言的机会。尤其当今的教育理念注意提升学生的核心素养,教师利用教室中的小剧场搭建舞台,用边说边演的方式,让学习在实践中达成学习目标,关键就在于让学生全员参与,从感受中领略知识的意蕴,从相互交流中发现可能性、创造新意义,从而提升学生的综合素养。

天津市南开区教师发展中心

运用情境教学　构建心育活力课堂

文／王　静

精彩片段

在“丰富多样的情绪”主题活动中，我设计了主题活动“情绪晴雨表”，指导学生编排情绪心理短剧《琳琳怎么了》。

短剧内容：一早起来，琳琳发现自己的右脸上又长出了一颗青春痘，数了数，这已经是第五颗了。本来很干净、很漂亮的脸蛋上突然间多出了这么几个讨厌的东西，琳琳心里真是烦透了。琳琳穿着昨天新买的鞋，刚一迈进教室，几个闺蜜就围了上来，七嘴八舌地夸赞好看，琳琳真是控制不住地高兴。英语课上，李老师公布了前两天的单元测试成绩，琳琳的成绩实在不太理想。李老师课下语重心长地找琳琳谈了心，希望她集中精力认真学习，还说有时间到家进行家访。这下，琳琳可紧张了，心里像揣了只小兔子，七上八下的。放学时，天公不作美，顷刻间下起了大雨，琳琳一路小跑奔回了家，看着自己那满是泥水的小白鞋，眼泪与雨水分也分不清地流淌下来。

活动中通过短剧表演，引导学生讨论分析：琳琳这一天经历了哪几种情绪？这些情绪产生的原因是什么呢？她究竟怎么了？教师通过学生的讨论引导学生回顾自己近期一周的情绪是否也和琳琳一样，指导学生用天气符号标出每一天或每一天中不同时段的情绪表情，并认真分析引发这种情绪的原因，制作《情绪晴雨表》。

学生通过这种自身创作、表演的短剧更深刻地感受到人的情绪就如同天气变化一般，会呈现出不同的面貌，有时愤怒暴躁如同刮台风，有时快乐兴奋如艳阳高照，有时伤心难受如阴雨绵绵，从而使学生能正确认识情绪，并能调节自己的情绪。

背景简析

由于儿童年龄特点以及情绪发展具有不稳定性、易变性和情境性，学生往往不能及时调控自己的情绪。尤其经历过新冠肺炎疫情后，外部环境的变化让学生难以应对处理时，学生就会产生相应的情绪反应，出现一些过激行为。因此，在课堂上利用情境教学能有效引导学生正确认识情绪、体验和表达情绪，合理宣泄不良情绪，保持积极良好的情绪状态。如何在心理辅导过程中创设合理教学情境，让学生在真切而熟悉的情境中去体察、分析、反思，进而产生深刻而丰富的情感体验是本文讨论的重点。

主题论点

教学情境合理创设有利于营造良好的学习环境，引发学生求知欲望和浓厚的学习兴趣，达成认知、情感、意志和行为目标，使学生在情境中得到真切体验和感悟，促使行为发生改变。情境创设要贴近学生生活实际，源于日常活动，教师可充分利用短剧模拟、现代媒体技术等，打造心理健康活力课堂。

深度反思

心理学家勒温指出人的行为是个体和环境相互作用的结果。华东师范大学杜殿坤教授认为："情境带有教育者有意识地为儿童及心理全面发展创设一种最佳场合的意思。"教学情境创设可以贯穿于活动全过程。

（一）情境创设贴近学生生活实际，引发真实体验

陶行知先生"生活即教育"的观点，主张把教育和学习的内容扩大到整个社会和大自然中去。生活化的教学是让学生的生活走进校园，走进课堂，创设与学生的生活紧密联系的教学情境，课堂更具吸引力，不仅使学生产生浓厚的学习兴趣，还能使学生轻松愉悦地投入到学习活动中。

1.画面再现，情境创设凸显儿童兴趣。在课堂教学中，教师结合教学内容融入生活中呈现的画面进行情境创设，可以让学生产生亲切的感觉，引导学生兴致盎然地投入课堂学习中。如小学心理活动课“丰富多样的情绪”授课中，在热身导入环节中，教师设计了利用学生生活中的表情照片来初步认识情绪的教学情境，使学生初步感知人的行为和情绪有关。利用画面再现进行情境创设源于学生的实际生活，学生所产生的心理体验与感悟则是生动、深刻与真实的。

2.故事讲述，情境创设引发学生感悟。课堂教学中，利用故事讲述进行情境创设符合小学生心理年龄特征。教师以一些引人入胜的故事情节为线索，这些故事学生大都耳熟能详，可以使学生投身于宽松的心理环境中，在这种环境中，学生感觉学习压力较小，可以更加积极、有效地融入课堂学习中，学习效率更高。如心理活动课“我的情绪我做主”授课中，教师设计了范进中举、诸葛亮三气周瑜两个历史故事情境，引发学生进行思考。学生对两个主人公的情绪表现及出现的后果进行剖析、讨论、思考，加深学生对不同情绪的领悟并了解积极情绪和消极情绪对身心带来的影响。创设故事情境贴近学生的实际生活，既符合小学生喜欢听故事、想象力丰富的特点，又能把由故事情境引发的感悟与体验运用到学习中来，心理辅导水到渠成。

（二）情境创设源于学生日常活动，促进多元互动

心理辅导课经常选取学生的日常活动内容，如游戏活动、情境短剧等，这样会使学生产生浓厚的参与兴趣和置身其中的感觉，从而产生深刻的学习体验。活动情境创设合理，学生会在与同学合作中获得技能，并体验同伴相处、互动以及合作带来的快乐。

1.游戏参与，情境创设培养合作意识。现代教育家斯宾塞说：“教育要使人愉快，要让一切的教育带有乐趣。”游戏活动是课堂教学中学生喜闻乐见的活动形式，根据小学生好奇心强的特点，为体现“课堂教学要为学生创设轻松愉快的学习氛围”的新课程理念，教师可以创设一些融知识、趣味、思想于一体，寓教于乐的小游戏，让学生在轻松、愉悦的氛围中参与到学习活动中。

如小学心理活动课“丰富多样的情绪”授课中，在体验活动环节中，教师设计了“情绪翻翻乐”游戏活动。活动中，教师准备“情绪卡片”，写上关于情绪表达的

场景词语，学生根据卡片上的词语，不能用言语表达，只能用表情、动作等进行模拟表演，其他同学通过他们的模拟表演来猜测要表达的是什么情绪。这样的活动创设，使同学们认识了不同情绪，也体验到了各种情绪的外在表现。通过创设游戏活动情境，能使学生在轻松、愉悦的氛围中了解情绪的外部表现，并能做到正确表达情绪。

2.短剧模拟，情境创设产生价值感悟。心理辅导课中常把学生在学习、生活中出现的快乐、烦恼、困惑以及自身情绪变化等，以角色扮演、情景模拟等方式在课堂上再现，来表现和解决心理问题。展现的内容紧扣心理辅导课的主题，选取贴近学生生活或发生在学生身边的小事，因此深受学生喜爱。课堂中利用心理短剧展示的情景创设方式，可以使学生通过创作、表演与观看，更深层次地体会短剧所要表达的心理问题，引导学生进行分析、探讨，使学生充分感悟并轻松找到解决心理困惑的方法和策略，促使每一位学生清晰认知、改变行为、升华情感。

（三）情境创设利用现代媒体技术，丰富心灵视野

随着多媒体技术不断引入教育教学中，利用媒体技术创设情境，充分调动了学生学习的兴趣，使学生在学习过程中真正成了学习的主体。尤其受新冠肺炎疫情影响，线上学习成为学生学习的重要途径。因此，教师在授课中通过网络获取的一些优质教育教学资源，如微课、有教育意义的影视作品片段、短视频、教学课件等，对教学质量的提升有很好的推动作用。

1.微课片段，创设情境，点燃思维火花。微课片段形象、直观、生动，借助现代信息技术，满足学生个性化学习需要，在激发学习兴趣的同时，又能灵活高效地传授心理健康知识，引发情感体验，点燃学生思维火花。如在小学心理活动课“我的情绪我做主”课外延伸活动中，教师在课上播放了微课资源《让心情变个脸》，微课中小明换以积极的心态应对三种情况，分别获得了不同的经历。微课情境的创设，让学生形象地感知了不良情绪和良好情绪对身心健康产生的影响，引导学生要主动适应，正确表达自己的情绪。创设微课情境进行心理辅导，师生针对同一个主题，亲身体验、充分讨论，真正发挥了学生的主体作用。续写故事的环节设计，激活学生思维火花，使学生的心理体验更加深入。

2.影视赏析，创设情境，升华情感体验。教师在教学过程中引入影视作品来创

设情境，作品中的人物形象、性格、情绪情感以及故事情节，直观、生动、有趣地呈现在学生面前，让学生充分体验模拟剧中情境的全过程，拥有真实而又深刻的体验，受到积极、正面教育的作用。

如在小学心理活动课“丰富多样的情绪”主题活动中，教师剪辑了影视作品《情绪特工队》故事片段，合成短片后让学生进行赏析。教师引导学生理解短片所传递的各种不同情绪产生的原因、过程和结果，品味短片呈现的情绪意境。通过赏析学生更加形象地感知了人的情绪是复杂多样的，人不可能永远生活在好心情之中，生活中会有挫折、有烦恼，关键如何去面对，我们要及时调节出现的负面情绪，保持积极的情绪。

创设影视赏析情境教学，针对性强，既能够吸引学生，增强学生内心体验，又能够完成教学任务，让学生身临其境地体验到影视作品传递的真实感受。

课堂上创设恰当的情境进行教学，需要教师课前充分了解学生，充分预设情境可能引发的学生反应，激发学生体验，促进学生思考，拓展课堂教育环境，达成教学目标，努力打造心理健康活力课堂。

天津市南开区教师发展中心

巧借思维导图　助力英语教学

文 / 薛若媛

精彩片段

星期一的早晨，每周例行的班会课就这样开始了……

“今天我们的主题是聊一聊你英语学习中的思考与困惑。”我一说完，同学们便七嘴八舌地讨论起来。

率真的小昊首先发言：“老师，您说这随着年级的升高，单词越来越多也就罢了，怎么还越来越难背啊？我这一天天的头都大了可还是记不住，怎么办啊？”他的发言引起了一部分同学的共鸣，大家纷纷点头，眼神都跟着亮了起来，像是听到有人说出了自己的心里话，再往下就是等着自己想要的答案了。

还没等我开口，心直口快的娜娜紧接着说道：“老师，我觉得单词还好，大不了多花一些时间去背，但是课文越来越长，这可太难了，每次我都要花很长时间才能背下来。老师您有什么好办法吗？”

这一次，得到的回应更多了，教室里顿时热闹起来。我深深地觉得这次班会开得太及时了，平时忙于“传道授业”的我是时候帮同学们解解惑了。

我对同学们说：“大家别急，今天就让老师用思维导图这个工具来解开你们的困惑。思维导图（Mind Map）又称脑图、心智地图等，是表达发散性思维的有效工具，它简单却又很有效，是一种实用型的思维工具。那我们该如何让它服务于我们的英语学习呢？大家听我慢慢说。”

背景简析

上面这个精彩故事来自我的教学日常，学生们升入小学高年级后确实遇到了英语单词越来越多、课文越来越长、综合知识越来越不好掌握的情况，于是他们就有了思考，也有了困惑。这时候如果不能引导学生正确地去应对，很有可能会让有的学生从此掉队。所以我适时地将思维导图这个工具介绍给大家，也会在自己的课堂中利用这个工具将知识更加直观、有梯度地呈现出来，并在这个过程中呈现新知与旧知的内在联系，方便学生的记忆与建构。

主题论点

教师备课时应用思维导图可以更好地抓住教学重点，梳理教学思路，提高备课效率，从而让知识呈现得更清晰。思维导图以创造性作业的形式出现，充分体现培养学生自主探究能力的宗旨，帮助学生形成良好的英语学习习惯。

深度反思

思维导图可以实现知识可视化，主要借助于图文结合方式，利用丰富多变的色彩和图画，与人脑思维方式具有较大的相似性，便于记忆。在实际应用期间，思维导图能够有效联系图案、关键词以及色彩等元素，使人类的左右脑可以相互协作，全面发挥出思维的价值，在较大程度上发挥出大脑的创造性思维和能力。

（一）思维导图在备课环节的应用

教师备课时应用思维导图可以更好地抓住教学重点，梳理教学思路，提高备课效率。如在备精通小学英语五年级下册第三单元 We should obey the rules. Lesson 13 语篇教学时，我摒弃了传统的依照教材短文先后顺序将生词及功能句抄写到教案中，讲课时再按照教案内容讲的方式，而是通过思维导图设计教案，梳理出以 Gao Wei 为中心的短文内容梗概，学生根据提示就可以复述课文内容，相当于为学生学习新知提供了支架，合理降低了学习难度，提高了教学效率。课堂上，通过这种思维导图的模式把重点内容清晰地展现出来，不仅可以让教师心里清楚文章脉络，还可以让学生更快地抓住学习的重难点，一举两得。

（二）思维导图在上课环节的应用

1.思维导图在词汇教学中的应用。在词汇教学的新授环节，传统课堂中词汇教学往往是与教学内容紧密相连的，教学的顺序就是词汇在教材中出现的顺序，单词与单词之间往往都是孤立的、没有内在联系的。而思维导图教学模式下的词汇教学就不一样了，教师在教学过程中引导学生找出关键词并作为思维导图的中心词，然后学生根据这个关键词来将剩下的单词进行分类和整理，并将它们补充到思维导图中去形成完整的词汇学习提纲。在分类过程中，学生实际上就进行了一次对单词的认识和记忆，在头脑里形成了一张有内在联系的词汇网络，根据Lockheart和Craik在1972年提出的记忆的加工层次理论，记忆加工层次越深，保存的时间也就越长。

在词汇教学的复习环节，思维导图的应用会变得更加有意义。学生在复习过程中可以利用思维导图设计出最符合自己认知和记忆规律的词汇表，从整体上把握已学词汇的同时也体现出各个词汇之间的内在联系，从而实现对词汇更加深入的理解和更长时间的记忆。

2.思维导图在阅读教学中的应用。将思维导图应用到阅读教学中是一种教学思路，是一个学习者利用自身理解重构信息的认知过程，教师在进行阅读教学的过程中，抓住统领全文的关键字，再将文本根据内容的不同分成几个条目进行阅读教学，并最终将文本转换成为一张清晰直观的思维导图。如精通小学英语五年级上册第一单元的Fun Facts是一篇关于新西兰的短文，文章虽然不长但信息量较大，不进行知识的进一步加工与整理，想要一下子记住所有内容是有难度的。于是，我选择利用思维导图的方式来帮助学生梳理知识点，总结文章梗概。通过这张清晰明确的思维导图，学生能够迅速感知文章的主体结构和大致内容。思维导图具有很强的分类归纳功能，学生跟教师一起绘制思维导图的过程就是对文本的学习过程，这样的方法可以帮助学生从整体上把握学习内容。

除此之外，思维导图还可以帮助学生更好地完成考试当中的阅读理解题目。将思维导图应用到阅读解题的过程中，学生在做题之前需要画思维导图，这个过程需要反复研读文章，避免在粗读文章、未理解内容的前提下就急于做题导致错误。

同时在绘制思维导图的过程中，学生也在文本提供的情境当中进行深一步思考，思维导图能够帮助学生理清思路，自由表达，发挥想象，使学生成为主动建构意义的个体，充分体现了以学生为中心的建构主义思想。

3.思维导图在写作教学中的应用。思维导图可以为学生写作做好铺垫和准备。如在精通小学英语五年级上册期末英语写作复习时，我给出主题“介绍自己”，在简单提示下，学生来规划自己文章的思维导图，学生喜欢且非常愿意用这种具体的绘图方式来表达自己对话题的设计和理解，不同语言水平的学生所呈现的思维导图是有区别的。学生在自己设计的思维导图的引领下，明确了自己的文章结构和层次，下笔写文章时自然就会有章可循、有话可说。

（三）思维导图在课后作业环节的应用

思维导图可以成为机械性作业的有效补充，它以创造性作业的形式出现，充分体现培养学生自主探究能力的宗旨，帮助学生形成良好的英语学习习惯。如复习类的作业，学生可以采取圆圈图、树结构图、括号图等多种形式来进行归类导图的创作，寻找知识之间的共同点，找到记忆它们的窍门，不断丰富自己的知识积累。

思维导图作为一种英语学习的思维工具，在小学英语教学中发挥着不可或缺的作用，它将抽象和繁琐的知识变得具体化、图片化，让识记变得更加有趣和容易，让理解变得更具体，巧借思维导图可以大大助力英语教学工作的开展。

天津市南开区科技实验小学

幽默艺术　寓教于乐

文 / 周　沫

精彩片段

某天的一节六年级英语课上，学生们刚刚学习完时间的表达，但是因为是下午上课，再加上学习内容比较枯燥，有些学生已经昏昏欲睡了。这时我想起曾经看过的一则英语笑话，便对学生说："现在我们已经学完了时间的表达，我来检验一下大家掌握的程度。有这样一个情境：一个外国人在英国的一个火车站问一个英国人火车几点进站、几点开，那个英国人回答：from tu、tu…"我故意说得像个结巴。

这时，学生们立刻来了精神，笑着说："老师，那个英国人是结巴吗？"我看到课堂又恢复了往日的活泼气氛，高兴地接着说："那个外国人听不懂，又去问另一个英国人，这位英国人又回答了同样的话，可他仍然听不懂。"

"他真不幸，遇到的都是结巴。"一个学生的话引起了哄堂大笑。

我略带神秘地说道："那些英国人还真不是结巴，你们想想看，这到底是个怎样的回答，不然这个外国人真的会错过火车哟。"

这时学生们马上"正经"了起来，有自己冥思苦想的，也有相互讨论的。

最后果然有不少同学想出了答案：from two to two to two two（也就是"从两点差两分到两点过两分"）。通过这样的学习，学生既能在幽默中记住 two 与 to 这组同音异义词，又能发散思维，调动起活跃的课堂气氛。

背景简析

英语单词中有许多同音异义词，学生们不容易分辨。但是把这些词放在句子里，再利用特定的情境来分析这些词的词意，能收到良好的效果。通过打造情境能提高学习的实用性，而幽默的情境教学也能将看似困难的语句，通过积极思考一一化解，从而使课堂保持轻松愉快，学生们自然能感觉到听课是一种享受。在习得语言的过程中形成了一种愉快、自然、流畅的气氛，能够让学生们在学中乐、乐中学。

主题论点

著名教育家斯维特洛夫指出："教育家最主要的助手是幽默。"英语学习对于小学生来说是一件枯燥乏味的事情，一个个英文单词看似一串串奇怪的符号，学生们难以分辨和记忆。想要突破这些障碍，一定需要教师运用某种方法或技巧吸引学生们的注意力，提高学习兴趣，而这种技巧的选择可以凭借幽默艺术来完成。良好的教学幽默艺术具有快速弥漫性和情绪感染性，能有效地活跃课堂气氛，把课堂教学做得有声有色。

深度反思

教学是一门综合艺术，是教师遵循教学规律、创造性地应用各种教学方法和教学手段完成教学任务、展现教师个人教学风采、教学个性的活动。小学英语教学以任务型教学为主，引导学生自主学习，教师在课堂上运用幽默艺术，妙语解颐，能使学生们学习兴趣倍增，渲染生动活泼的课堂氛围，从而提高教学效率。因此，作为一名小学英语教师，拥有幽默的教学方法，并在英语课堂教学中适时、适当地加以运用，能使枯燥的教学内容变得轻松快乐，充满趣味性、生动性，降低教学难度，提高课堂教学效益，加强师生感情，激发学生的英语学习兴趣，达到良好的教学效果，让学生真正体会到英语语言文化的魅力。幽默教学有着特殊的功效，它把课堂变成学生学习英语的一片乐土，使课堂气氛幽默诙谐，能让学生真正体会到学习英语的乐趣，变"要我学"为"我要学"，学生学得轻松愉快，所学内容印象深刻，教育教学更富成效。可见，幽默是一种行之有效、不可缺少的教育手段。

（一）课堂兴奋剂——活跃课堂气氛

小学英语课程标准的理念提出创造条件，让学生能够探究他们感兴趣的问题并自主解决问题。所以教学语言的艺术魅力显得尤为重要，幽默教学因其特殊功效而倍受学生欢迎。幽默可以调节课堂气氛、激发学习兴趣，可以释疑解惑和解嘲，提高教学质量。有一次，在一堂二年级的英语课上，我正在讲有关天气的单词，在讲到rainy（下雨的）这个单词时，突然听到了某位学生肚子咕噜咕噜的声音，原来这是上午的最后一节课，孩子的肚子已经开始“抗议”了。由于声音很大，引起了全班的注意，孩子们都在捂着嘴偷笑。这时我对全班说：“谢谢这位同学帮我配音，我正想要问问大家下雨天会听到什么呢。”全班同学笑着说：“雷声！”“那么听到雷声意味着会遇到什么天气呢？”我接着问道。“Rainy！”全体同学异口同声地回答。接下来的单词学习，我就顺势让学生们通过模仿不同天气能听到的声音来学习并记忆单词。大家都兴致勃勃，两人一组进行学习，一个模拟声音一个描述单词，同学们在无形中体验了不同的学习技巧，轻松学习。

（二）课堂润滑剂——师生互动的桥梁

幽默在协调师生关系方面发挥着独特的作用，绝大多数的学生喜欢幽默的教师，幽默的教师让学生感到和蔼可亲。幽默能拉近师生间距离，加深师生间感情，幽默可以成为一架沟通的桥梁，把教师和学生的心联系在一起，跨越师生心理的障碍，促进现代师生关系和谐融洽地发展，这对充分体现课堂价值、顺利完成教学有着积极的意义。苏霍姆林斯基认为：“如果教师缺乏幽默感，就会筑起一道师生互不理解的高墙，教师不理解儿童，儿童不理解教师。”在一节六年级英语课上，一位学生把新学的单词Germany读成了“折磨你”，引起全班哄堂大笑，面对这位害羞的学生，我走过去抚摸着他的头说：“你很有创意，用这种方式让大家在笑声中记住了这个单词。”后面的新授单词过程中，学生也有意识地用这种谐音的方式记住单词。这样用幽默的方式，既让学生意识到了自己的错误，又让他知道教师在想方设法地保护他的自尊心，避免尴尬，学生今后就会更加信任教师，这个“小插曲”也活跃了课堂气氛。

（三）课堂调和剂——委婉的批评艺术

汤玛斯·卡来尔说：“真正的幽默是从内心涌出，从头脑涌出。它不是轻视，它的精义是爱。”这句话清楚地表明幽默的形成主要在于教师对学生的爱，而不在教师的理智。有这种才能的教师，总能在诙谐的谈吐和机智的微笑中透露出一种关怀、理解和信任的真挚情感，也总能给学生一种学习的信心和智慧的力量。幽默能委婉地表达善意的责备，改善师生之间的关系，让违纪的学生心悦诚服，彰显批评的艺术。某次当我在课上正在讲现在进行时的时候，学生Peter却在下面画画，我就用正在学习的知识对大家说：“Peter is drawing a picture for us.”而当他把那张画扔掉时，我又接着说：“Now the picture is missing. What a pity！”这样既能在幽默的批评中让学生们体会到进行时态的含义，又能让那个学生集中精神听课。

幽默总是在毫无思想准备的情况下飘然而至，幽默的谈吐在具有抓住契机的能力、反应迅速的基础上产生。在日常教学中，教师需要善于把握机会，适时适地“幽”它一“默”，在学生们毫无心理准备的时候，恰到好处地抖出“包袱”，使课堂教学出现一个个高潮，起到优化教学幽默艺术的效果。当然，幽默也是一把“双刃剑”，如果不能成为有效教学的帮手，提高教学效果的手段，很有可能就会变成“要贫斗嘴”的替身，或者成为“油腔滑调”的代名词。为了避免教师在课堂上像相声、小品演员一样“为了幽默而幽默”，或是毫无顾忌、漫无目的地乱说一气、渲染搞笑色彩，教师需要注意所使用的幽默素材，把握好分寸，掌握好原则，幽默才能使我们的英语课发出夺目的光彩。幽默教学固然重要，但教师必须掌握幽默的度，把握幽默的点，既让学生快乐学习，又能起到承上启下的重要作用。

虽说幽默并不能包办一切，它只是调节课堂气氛和缓和学生心理的一个辅助手段，但从某种意义上讲，若从教者能让幽默成为教学中的兴奋剂、润滑剂、调和剂，那么就能让更多的学生成为“乐知者”。英语教师要做教学的有心人，收集幽默材料，从幽默中汲取养分，善于巧妙地运用幽默，用幽默阐释语言和文化，寓教于乐，使教与学成为乐事，让英语教学活起来，让我们的英语课堂充满幽默的魅力，让学生学并快乐着。

天津市南开区水上小学

音乐课堂中的教与学

文 / 宋亚梅

精彩片段

“嗡嗡嗡，飞吧小蜜蜂……”画面上出现了几只拟人化的小蜜蜂，它们跳着、舞着，在花间采蜜。德国儿童歌曲《小蜜蜂》欢快的节奏，简单而又符合儿童特点的歌词配着美妙生动的画面，很快激发起学生们学唱的兴趣。仅仅播放了两遍，有的同学已经能够随着播放的歌曲哼唱了。

随后，我演奏了一遍歌曲，学生们静静地聆听着、欣赏着。“这是几拍子的歌曲？”我突然发问。“二拍子。”学生们干脆利落地回答。“这首二拍子的歌曲情绪是怎样的？”“欢快的！活泼的！”学生们已经能够表达自己的体验了。

“除了能用二拍子欢快活泼的情绪演唱外，还能用怎样的情绪表现歌曲？”

问题提出后，我引导大家分成小组讨论、探究。学生们提出：“还可以用三拍子优美抒情的情绪表现歌曲。”“那好，我们试试看。”学生们随着音乐唱着、体会着。曲罢，一个同学立即站起来说：“这样表现不好，不太适合这首歌曲。”

听到这里，我心中暗喜，进一步引导学生进行探究。学生们各抒己见，意见很不统一，有的说：“三拍子缓慢抒情，歌唱小蜜蜂的可爱比较合适。”有的不同意，说：“不行！小蜜蜂来回奔忙，很勤劳，很繁忙，是很欢快的形象，改成三拍子就不像小蜜蜂了！太慢了，懒洋洋的。”

"哈哈哈……"教室里漾起一片欢乐的笑声。

背景简析

这是二年级的一节音乐课，学生们愉快地学习着歌曲《小蜜蜂》。这首二拍子的歌曲欢快活泼、充满童趣，孩子们非常喜欢。二年级学生活泼好动，富于想象，对各种事物充满好奇。根据学生们这一特点，教师在教学中用富有感情的语调向学生描绘歌曲中的情境，充分调动他们的学习兴趣，引导他们进入情境之中，展开想象的翅膀。整节课将这两个环节作为切入点来引导学生进行学习探究，讨论哪种节拍更适合本课的歌曲。学生改编歌词，并选择恰当的节拍和曲调演唱。

主题论点

我们的每一节课，不仅要引导学生学习新的知识，更重要的是在充分调动学生兴趣的基础上，引导学生学会学习的方法，终生学习，运用新学的知识去思考、探究、创新，使每个儿童都愿意让音乐伴随自己的一生。教师通过对这首歌曲的改词换拍，鼓励学生积极参与探究与创造，带着兴趣探究学习，把开发学生的形象思维能力和创造性思维能力作为重点，以学生生活为基础，在实践中培养学生学习音乐的兴趣、方法和创造能力。

深度反思

音乐的全部过程都充满着创造性，原作者的产品是他的创造，表演的过程融入主观创造，赏析的过程也是在进行着想象性的创造。所有的参与者都在音乐中编织着自己对世界的认识。我们教一首歌的过程，浸透着教师的主观创造，而学生学一首歌也必然产生自己对这首歌内容、表现的再认识、创造。他们演唱、欣赏的同时也把自己的思维、情感、认识的主观创造表现出来了。所以，我们应当积极地运用基础性音乐教育，在课堂中有意识地运用音乐手段开发小学生创造的潜能，促进小学生创造能力的发展。

在本节课中，同学们学习的积极性被充分调动起来，大家兴致盎然。经过探究，大家一致认为：二拍子和三拍子表现的形象是不一样的，《小蜜蜂》这首歌选择二拍子更为合适。我对大家分析问题的能力大加赞赏，并指出内容决定表现形式这一规律。

学生们的探究兴趣被点燃了，我点击屏幕，画面又出现了小蚂蚁、老黄牛、啄木鸟等不同的形象。“大自然中有千千万万种动物，除了小蜜蜂，还有哪些爱劳动的小动物呢？你们能不能把其他爱劳动的小动物演唱出来呢？”

我进一步激发他们的创新意识，锻炼他们的创新能力，培养他们的探究精神。学生们探究的热情高涨起来。“啄木鸟，笃笃笃，它是一个好医生，专为树木除害虫。”“老黄牛，哞哞哞，为了多收好粮食，每日不停真辛劳。”“小蚂蚁，吱吱吱，搬运更多好粮食，不顾严寒和酷暑。”……

编写歌词不是目的，而是引导学生根据不同的内容选择不同的节拍、不同的曲调演唱。在演唱之前，我让学生讨论探究：“你写的歌词适合用哪种节拍演唱？谁能用自己编的曲子唱出自己写的歌词？”

大家兴致勃勃地讨论着、试唱着，教室里气氛热烈。我宣布：“创编演唱会开始！”学生们踊跃登台献艺：演唱老黄牛的同学根据内容，用三拍子优美抒情的情绪演唱，唱得很有感情；演唱啄木鸟的同学运用两拍子的节奏，唱得欢快生动；演唱小蚂蚁的同学，有用三拍子的，有用两拍子的，根据所写内容，有的抒情、有的欢快，大家演唱出小蚂蚁的辛勤。这节课在《小蜜蜂》演唱声中结束了。我真觉得大家个个都是歌唱家、作曲家。

本课活动从小蜜蜂形象的塑造发散出去，充分调动学生创造的积极性，大家运用已经掌握的音乐语言去创作出更加丰富多彩的艺术形象，通过各小组的讨论创编，大家用自己平时观察到的动物动作、形体语汇表现得很充分。有的组标新立异，把原曲改成三拍子，用舒展优美的情绪把内容表现得更富形体化。我对学生们大胆创新的精神给予了积极的肯定。学生们初步学习创作，坚定了自信，萌发了创新意识。在此基础上，我进一步激发他们的创新意识，锻炼他们的创造能力，引导他们为歌曲创编新歌词，来表现其他小动物爱劳动的好品质。学生们大胆尝试，大胆创新，尽管创作还很稚嫩，抑或南腔北调，但这毕竟是他们全新的创作。在自己写歌词、自己演唱的过程中，他们体会到了创作的乐趣，展示了自己创作的欲望和才能，从而树立了创新的信心，提高了创造能力。这个意义其实并不在于音乐本身，而在于对学生的创新意识和实践能力的培养。

音乐是创造性非常强的艺术形式之一。音乐艺术的这一特质，使音乐教育在发展学生创造力方面表现了极大的优势，这无疑为学生发散性思维和创新能力培养提供了良好的心理基础。在音乐教育中实现创新思维能力的培养，还需要注重对音乐实践能力的培养。音乐是应用性很强的学科，将课堂中学生所学的知识应用于实践中，不仅会巩固课堂所学的知识，还会进一步激发学生的学习热情。音乐教师在教学中，应经常引导学生根据图片即兴创编动作，创编节奏，根据歌曲内容和情绪进行歌词、节拍变换等练习，不用固定的答案去束缚学生的思想，而是让学生在音乐中充分想象，即使学生的一些创编结果大胆新奇，也不否定，因为孩子们最宝贵的就是创造力和想象力，一首乐曲一个答案，一种理解，那将是一件非常可怕的事情。离开想象的翅膀，孩子们无法在音乐的殿堂中飞翔，没有了创造力的音乐将不是真正的音乐，在音乐教学中教师应注意保护和发展学生的独创性和奇特的想象。

我们的音乐课，无论是学唱一首歌曲还是欣赏一首乐曲，在激发学生想象和创造性思维上都会产生积极的影响。教师有意识、有准备地在教学过程中去设置和引导、引领和探究，只有这样，我们的课堂才会更加精彩！

天津市南开区西营门外小学

集中识字和随文识字的教学策略

文/高 妍

精彩片段

师：读完以后就坐好吧！妈妈睡了。妈妈哄我午睡的时候，自己先睡着了，睡得好熟，好香。（教师点击并圈出“哄”）这个字谁来拼读？

预设：某一学生读。

师：你把后鼻音读得真准确！大家一起读。你有什么好办法记住它呢？

预设：“加一加”的方法。

师：“加一加”是识字的好方法！妈妈是怎样“哄”你睡觉的？

预设：妈妈给我讲故事哄我睡觉。

（教师评价：你真个幸福的孩子！……）

师：妈妈哄我午睡的时候自己先睡着了，（点击并圈出“先”）这个字读什么？（指读）真准确！大家跟他一起读。它的反义词是什么呢？

预设：后。

师：用反义词也是识记生字的好方法。

师：那么妈妈在哄我午睡的时候，为什么自己先睡着了？

预设：妈妈太累了。

师：是呀！那请你读一读这一段。

（某一学生读）

师：妈妈太累了，请你轻轻地读第一自然段，不要吵醒妈妈。

（某一学生读）

师：你感受到了妈妈的辛劳，请坐。

师：睡梦中的妈妈是什么样子的呢？我请三个同学分别读第二、三、四自然段，其他同学边听边想：睡梦中妈妈是什么样子？

（学生读课文）

师：你们读得真流利！

师：睡梦中的妈妈是什么样子？谁来说说？预设：美丽、温柔、很累。

师：睡梦中的妈妈真美丽，谁来美美地读一读？（某一学生读）

师：你读出了妈妈的美丽！

师：（点击并圈出"梦"）这个字谁来拼读？（某一学生读）

师：这个读音你有什么要提示大家的吗？

预设：后鼻音。

师：谁还能读准后鼻音？（指读两个）大家一起读。这个字你怎么记住它呢？

预设：加一加。

师：好办法！（点击最初字形）老师这里还有一个更有趣的办法来记住这个字！你们看，它是什么字？（学生读——）

师：你从哪儿看出来的？（指学生说）你的想象真丰富！你看，右边是一张床，左边一个人。你们看这个人睁大了眼睛，他正在回味昨晚做的梦呢！

师：睡梦中的妈妈真美丽，明亮的眼睛闭上了。（点击"闭"）这个字谁来读？真准确。谁来组个词？这个字也非常有意思！左右两扇门，门栓在中央，垂直固定住，门就打不开……（放大闭）

师：明亮的眼睛闭上了，紧紧地闭着。（点击"紧"）这个字谁来当小教师给大家领读？（领读，跟读——）

师：你们的前鼻音读得可真标准！

师：弯弯的眉毛也在睡觉，睡在妈妈红润的脸上。（点击"润"）这个字谁来拼读？（跟读）润是什么意思？你看他的偏旁。润表示有水分。妈妈有一张红润的脸。

背景简析

该教学片段出自二年级语文课“妈妈睡了”，这节课的重点是识字教学，以《世上只有妈妈好》这首儿歌为课堂导入，让学生联想自己妈妈的样子并且做课堂交流。我借用人教数字平台动画让学生走进文本，整体感知课文内容，然后让学生用多种方式朗读课文，读准字音，读通句子，初步感知课文。在学生初读课文之后我利用数字平台放大会认字部分，集中呈现出会认字，让学生认读。

在课堂上我重点运用随文识字的教学方法指导学生识字。“妈妈睡了”这堂课中，我重点采用随文识字的方法指导学生认字。集中识字的意义在于检验学生在预习课文的时候字音是否能读准。在读准字音的基础上，将会认字放到课文中，看学生是否可以做到流利朗读课文。随后师生走进文本，随文识字。随文识字将会认字放在特定的语境，让学生在读准字音的基础上结合字源识字、加一加、组词法等识字方法进一步理解生字的意思。最后我将生字放在课文中，让学生朗读课文，学生的课堂反馈很不错。

深度反思

识字是阅读和写作的基础，是第一学段的教学重点，也是贯穿整个义务教育阶段的重要教学内容。目前，识字教学主要采取集中识字与随文识字形式，也有集中识字与随文识字相结合的识字教学的尝试。我们在教学时应采取怎样的教学策略呢？

（一）集中识字教学策略

1.创设识字情境，引起学生主动识字的愿望。小学第一学段，识字目标是培养学生“喜欢学习汉字，有主动识字写字的愿望”。因此，教师要营造出学生喜爱的识字情境，引起学生主动识字的愿望。营造识字情境方法多种多样，有环境创设、游戏竞赛、动作体验、图像观察等方法。如“动物王国开大会”一课，教师可以用多媒体课件，创设参观动物园的情境，提供自主学习平台，放手让学生看标牌当导游，向学习同伴简要介绍一种自己喜爱的小动物，最主要的是学会动物的名字。学生会兴致勃勃地主动学习动物名称中的汉字，再通过教师点拨，发现很多动物的名称的汉字带有反犬旁，从而感悟汉字的规律，体会汉字构字的妙趣，增强识字的愿望。

2.依据汉字特点，激起自觉识字的兴趣。随着学生年龄的增长，识字量的增加，识字课堂更加侧重识字方法的引导。遵循汉字本身的构字规律，感知汉字的特点尤为重要，这样才能把强烈的识字愿望逐渐转化成浓厚的自觉识字的兴趣。培养识字兴趣，具体说来要了解汉字的造字理据，即象形、会意、指事、形声等造字方法。

3.调动多种感官，让学生体会学习汉字的乐趣。如“凉”“湿”等字，教师可以引导学生用手的触觉来达成对汉字字义的理解。“山”“川”等字，学生可以用眼睛仔细观察，从视觉方面发现象形的特点。教师要调动学生的触觉、视觉、嗅觉和听觉等多种感官，让学生体会学习汉字的乐趣，养成自主识字的好习惯，获得基本的识字技能，创新识字方法和形成识字能力，为每一位学生的终身发展奠定基础。

（二）随文识字的教学策略

随文识字也称分散识字，一般是指在教师的引导下，学生积极主动地参与到文本的语言环境中识字。随文识字是从文入手的，将语句纳入一段文字中去理解，再进行由语句到特定的词，由词到生字的学习。

1.读文本时，以句子带生词，以词认识生字。在文本的语言环境中，学生会主动识字，通过反复阅读，不知不觉地已经认清了生字的字形；利用语感，自觉读准字音，初步感悟字义。因此，随文识字的课堂上教师的示范读和学生的自由读和有感情读、小组读等朗读形式必不可少。

2.学段落时，抓关键词语感悟内容，以内容引导掌握生字。文本的重点段落，要精选精练。在段落中，引导学生找到关键性的语句，联系上下文，依据写作背景，结合自己的体会，深入感悟句子的含义。在此基础上，抓住最能表达意思的词，体会词的含义与特点，进而掌握其中的生字，做到音形义整体识记。这样字不离词、词不离句、句不离文，识字与体会文本紧密结合，互相促进，识字水到渠成，效果显著。

3.巩固总结时，最好让学生自己做反馈。检验在随文识字的过程中学生是否紧跟课堂教学，是否落实知识点。

（三）集中识字和随文识字相结合的教学

依据教学内容、学生已有经验和教材特点可以在识字过程中集中识字和随文识字相结合，这样可以加深学生对于生字的理解和记忆。这种教学方法在小学低段识字教学的过程中可以起到事半功倍的效果。

在识字课堂上少不了写字环节，在“妈妈睡了”这一课最后，我设计了规范书写汉字环节，借用人教数字平台的笔顺动画，让学生跟着动画书空，然后通过自己的观察说出写好汉字要注意哪些细节。何颖教师评课的时候指出我在指导书写的时候出现一个很严重的问题：在二年级指导书写的时候不应该刻意去强调哪一笔压线笔。在一年级学生刚拿笔写字的时候，我可以拿横中线和竖中线作为参考标准，但是上二年级后就要慢慢放下这根“写字拐杖”，让学生仔细观察汉字自身的结构和笔画之间的关系，明确写好一个字要注意左右的宽窄问题或是笔画之间的长短问题，这样学生脱离了田字格也能写好汉字。

识字写字是小学语文低段的教学重点，巧妙的教学设计会帮助学生在课堂上快速、高效地完成识字的学习任务。在磨课的过程中，我自己对识字写字的课堂教学也有了新的认识和理解。教师科学运用识字教学策略，学生形成自主识字能力，会为学生的终身学习和发展打好基础。

天津市南开区汾水道小学

用熟悉事物的陌生点激发学生的学习兴趣

文 / 高文景

精彩片段

师：同学们，我们今天要讲一件事物。它虽然远在天边，但是我们感觉它近在眼前，我们几乎每天都能见到它，但是我们似乎从来没有端详过它；我们的生活离不开它，但是我们似乎也没有认真考虑过为什么离不开它。大家知道我说的是什么吗？

生：是太阳！

师：对，就是窗外的那个大大的太阳！接下来我要问问大家了，我们都能够看到太阳，但是大家知道太阳距离我们有多远吗？透过窗户看，太阳似乎还没有大家踢的足球大，大家知道太阳的实际大小吗？太阳每天都在发光发热，那么太阳表面温度有多高呢？如果没有了太阳，我们的地球会变成什么样呢？

（让学生们自由发挥，回答上述问题）

师：下面就让今天要学习的课文《太阳》来解答老师刚刚提出的问题吧。

（随后进入课文内容的讲授环节）

师：同学们，学习了这篇课文，大家是不是已经有了对太阳更深的了解呢？这篇课文的作者将有关太阳的各种知识非常直观地讲给我们听。那么我们需要想一想，我们在日常生活中，是不是也会碰到需要把自己熟悉的事物介绍给别人的情况呢？比如我们想把爸爸买的新玩具介绍给自己的小伙伴，再比如我们想把自己非常喜欢的小动物的可爱之处告诉别人，让别人也喜欢上它。但是，我们应该怎么介绍才能讲解得更清晰、更有趣呢？

背景简析

《太阳》是统编版小学语文五年级上册第五单元的第一篇课文。以上课例为该课文的课堂教学实录。该单元的两篇课文和两篇习作例文均为说明文，同时习作内容也是介绍一种事物。说明性课文对于五年级的学生而言并不陌生，他们之前已经学习过如《蝙蝠和雷达》等说明文。但是学生之前并未涉及对各种说明方法的学习。因此，《太阳》的教学重点不是让学生了解太阳，而是让学生掌握说明文的写作方法，让他们能够用合适的说明方法将某种事物讲解清楚。

主题论点

兴趣是提高一个人学习效率的重要因素。当某个人对某件事物表现出明显的积极情绪时，会主动对相关信息进行搜集和学习，如一名篮球迷可能对美国职业篮球联赛球队、球员、赛制等信息如数家珍，一名京剧爱好者可能把许多剧目的唱词背得滚瓜烂熟等。激发一个人的兴趣，对于我们小学语文教学具有重要的作用。我们以课文《太阳》为例，探讨如何挖掘身边“熟悉”事物的“陌生”之处，有效激发学生对于语文学习的兴趣。

“熟悉”与“陌生”并存，是激发学生学习兴趣的重要方法。在日常教学中，首先我们可以借助学生“熟悉”的某样事物，或构建某种“熟悉”的情境，来引发学生的兴趣。然后通过挖掘“熟悉”事物的“陌生”之处，激发学生的好奇心。当“熟悉”与“陌生”并存的时候，学生的学习兴趣就会被唤起，这时教师只需要合理地引导，就可以让学生们主动进行学习。

深度反思

根据心理学的“简单重复效应”（“曝光效应”），人们往往对自己熟悉的事物有所偏好，具体表现为人们可能习惯去自己熟悉的商店购买东西，更容易被不断重复的广告影响等。与此同时，人们还对陌生事物保持好奇心，尤其对于小学生来说，其身心都处于不断发展的阶段，好奇心促进了他们对个人认知的正常发展，保证了他们的知识增加。

小学生在学习过程中存在着一种矛盾：一方面学生对于自己熟悉的事物存在更多的偏好；另一方面学生有着探究未知事物的内在动力。在此背景下，挖掘“熟悉”事物的“陌生”之处，符合学生的内在心理需求，有利于激发他们的学习兴趣。

以《太阳》这篇课文为例，事实上我们拥有多种方法激发学生对于这篇课文的兴趣。太阳是学生们每天都能看到的事物，但是它遥远的距离又让大家对它充满了疑惑，可以说，太阳就是一件“熟悉”与“陌生”并存的事物。而且关于太阳的民间传说有很多，课文开头就引用了后羿射日这一民间传说，除此之外像我国的夸父逐日、希腊神话中的伊卡洛斯等，都和太阳有关。可以说，将学生们的注意力从吵吵闹闹的课间玩耍中吸引到《太阳》这篇课文里，是非常容易的。

但是我们必须注意，我们学习《太阳》一文是为了教授学生们关于说明的方法，而不是科普关于太阳的知识。所以，太阳多大、多远、多热，都是为我们讲授作比较、列数字、举例子等说明方法进行铺垫，包括开头后羿射日的故事也是关于写作谋篇布局的一个范例。所以我们在讲授课文时，应当及时地将我们的教学角度转到说明方法、说明文写作等本课的重点知识点上。

幸运的是，我们可以非常轻松地构建一个学生们熟悉的场景——向其他人介绍自己熟悉或喜爱的事物，但囿于自身知识水平，如何更清晰、更生动地向别人介绍，即说明方法，就是学生们的“陌生”之处了。

本课例中对课文《太阳》的教学，有效融合了“熟悉”与“陌生”。从课程的导入到本课重难点的介绍，都采用了借助“熟悉”的事物（每天透过窗外就能见到的太阳）、构建“熟悉”的情境（我们想要将某件自己熟悉的事物介绍给别人），与“陌生”之处（太阳多远、多大、多热、有什么用，我们不知道如何向别人介绍自己的东西）并存的方式，来激发学生的学习兴趣。

值得一提的是，案例中的教学没有让学生们的兴趣点停留在“太阳”这一事物上，而是在基本的课文讲授完毕后，通过构建一个新的“熟悉”情境，挖掘新情境中的“陌生”之处，成功地将学生的兴趣从某一事物延续到如何介绍某一事物，不仅仅让学生们的学习兴趣得以保持，而且成功地将课堂重点转移到了语文专业知识上。

本课例的授课流程具有始终吸引学生注意力、保持学生学习兴趣的能力，而且该流程做到了突出教学重点，避免了授课内容偏离教材主旨的问题。这一授课流程是非常优秀的，而这种优秀源自通过有效融合“熟悉”与“陌生”来满足授课对象的心理需求。

由于学生们已经学习过说明文，对于《太阳》这篇课文，已经具备梳理课文、理解课文的能力，因此在课堂上我们可以采取鼓励学生独立自主提取文章信息，总结说明方法等方式。发挥学生的自主性，鼓励学生自主学习固然有诸多优势，但是在实际教学中，我们常常受限于教学任务的压力、教材的知识体系等多种原因，在我们传统的课堂设置中，学生的独立自主性没有充分发挥出来。在未来的教学中，建议广大教师尝试如何在有限的时间内组织好学生在课堂上进行自主学习。

另外，本单元除了关于说明方法的教学外，明确提出了将让学生“搜集资料”作为教学目标之一。本课例中，在引导学生的兴趣点从太阳自身转移到说明方法上时，将学生的“陌生”点放在了如何介绍上。这主要是考虑到学生刚刚接触对说明方法的学习，因此没有开展关于资料搜集整理的训练。事实上，如果学生整体接受能力良好，可以在此阶段构建这样一个场景：学生要介绍的不是单纯的“熟悉”的事物，而是如同太阳一样的我们自己感觉非常熟悉，但事实上却充满了陌生细节的事物。比照太阳，我们最容易想到的莫过于月亮，但是除此之外，我们可挖掘的“熟悉”事物的“陌生”之处是数不胜数的。如铅笔为什么能够写字？小狗是什么时候开始被人类当作宠物饲养的？书桌上的台灯为什么会亮？早上刚刚喝的一杯豆浆是如何酿制的？这些事物是学生们每天都要接触、再熟悉不过的事物，但是上述问题他们却未必能够解答。为此，教师可以鼓励学生通过查阅书籍、借用移动互联网搜索引擎进行搜索等多种方式进行资料的搜集和整理。由于这项工作对于小学生而言工作量较大，因此可以作为一项课后作业进行布置。

课程的改进是永无止境的，学情的不断变化，对我们教师的授课也不断提出新的要求。我们应当立足当下、结合学情，改善我们的授课方式，努力做到精益求精，不断提升学生培养的效果。

天津市南开区阳光小学

第四章 精引资源——让课堂更延展

在教学过程中，教师不仅要紧扣教材文本，更要捕捉生活素材，巧用多方资源，积极开发并合理利用校内外各种课程资源，组织多样、生动的教学活动，促进学生在教师指导下主动、富有个性地学习。

教师在史料教学中存在的问题与对策

以信息化教学方式提升语文教学效率

多元化教学资源在历史课堂中的妙用

STEAM 思想让课堂延伸

初中数学作业的别样风景

案例教学在“旅游资源的类型”中的应用

研学课程资源的开发

从课堂微课中窥见世界

借助英语微课资源　培养学生文化意识

整合课程资源　拓展课堂内涵

多角度思考　引导学生理解数学

走进经典　滋润心灵

整合绘本资源　让数学课堂生动有趣

教师在史料教学中存在的问题与对策

文/张 明

精彩片段

教师在讲授《中外历史纲要(上)》中的第十九课“辛亥革命”时，采用史料教学的方式，并且注重史料类型的多元，帮助学生理解本课重点之一——资产阶级民主革命兴起的背景。史料中材料一为历史漫画，材料二为表格，材料三、四为文字资料，四则材料典型并且多元，使得史料分析过程兼顾趣味性与科学性。这三种不同类型的史料反映了辛亥革命爆发的复杂背景，漫画、表格、文字史料之间彼此配合，相得益彰，适用于基础不同的各类学生，充分发挥了不同类型史料的优点。

背景简析

教师将史料作为一种教学资源，引入历史教学课堂，学生在教师的引导下，通过探究史料，理解历史知识，掌握一定的历史研究方法，并在对史料的分析归纳过程中发展历史思维能力，培养正确历史观。然而，引用史料存在一些问题。例如教师拘泥于传统史学观念，史料类别单一，仅使用传统的文字资料，可是，孤证不立，所以，应该使用多元的史料。同时，也有史料角度单一的问题，仅在正、反两面，在政治、经济、文化、社会等角度中择其一而引用，这样得出的史论一定是片面的。

心理学家认为，外界刺激越多样，大脑皮层就越兴奋。为了保证学生的学习兴趣，应引用不同来源、载体以及角度的史料，然后，根据史料各自特点置于不同的环节，如照片、漫画和影视资料容易引起学生兴趣，可置于导入部分，讨论环节则多使用文字史料。

主题论点

史料实证是高中历史学科核心素养之一，通过阅读相关学术著作和调研文章，结合笔者自身教学情况可知，当前史料教学的现状是喜忧参半。一方面历史教师重视史料教学，利用史料锻炼学生的历史理解与分析能力，培养历史学科核心素养；另一方面教师在史料教学中依然存在诸多问题，如课堂教学模式僵化、史学资料储备少、史料运用不规范等。针对上述问题，笔者从三个方面探索解决问题的方法：完善课堂设计、注重日常积累、规范运用史料。

深度反思

（一）主要问题

1.课堂教学模式僵化。为了适应新课改的要求，教师发掘新的素材，大量整合与补充新的史料，却忽视了教材中有针对性的史料，这容易导致思维过度发散而忽视了教学重点，甚至使用所谓“颠覆性”的史料以引起学生注意和兴趣，却忽视了史料来源的可信度，不利于正确历史观的培养。同时，大量使用多媒体展示图片、视频，没有发挥传统文字史料的作用，不利于对学生文字阅读与抽象思考能力的培养。

以教师为主导、以学生为主体符合新课改要求与青少年心理发展阶段，但是仍然有许多教师没有摆脱传统教学模式以教师为主体的影响。教师误以为传统的讲述法只是填鸭式、灌输式的照本宣科，忽视了讲述法的引导与启发作用，导致学生进行史料研读时，只能“听从”教师单一的“权威”解读，失去了历史学习的主动性与积极性，史料教学也失去了思辨与研究的过程意义。

2.史学资料储备少。有的教师史学阅读缺乏，只会从教学参考书中寻找史料，甚至直接复制别人课件中的史料，这种“拿来主义”使得教师失去了思辨能力，进而无法启发学生。据2017年华东师范大学历史文化学院的一次调查显示，对“你会利用课余时间有意识地主动收集、整理史料，建立自己的史料资源库吗?”这一问题的回答，只有22.22%的教师表示经常会做，高达66.67%的教师偶尔为之，甚至有几位教师从未有过此类行为。储备不足自然会影响课堂教学，课堂犹无源之水，无本之木。

3. 史料运用不规范。这主要表现为史料过多与史料单一。在非重难点环节上，引用史料过多，大量无效的史料使得教学主题偏离，如讲授“资本主义政治制度在欧洲大陆的扩展”一课时，过多介绍法国走向共和的曲折过程，偏离了法国共和制度的内容重点，大量史料虽然使得教学过程有可靠的史料支撑，但是与课堂有限的45分钟是冲突的，增加了学生的学习负担。有的教师拘泥于传统史学观念，史料类别单一；有的教师使用的史料角度单一，这样得出的史论一定是片面的。

不加鉴别。“真实的历史是历史学家永恒的追求，因为离开了真实，史学就没有任何价值，就不称为科学。”虽然现在网络方便了资讯的获得，但是网络上提供的史料良莠不齐，多没有明确的出处，有的甚至是随意添改以博人关注。有的教师为了方便，不加鉴别，会直接使用此类“便捷”的“网络史料”，这种史料反而成为探索真相的绊脚石，从而给学生错误的引导。除真伪之外，有的教师选取史料时候，也容易忽视中学生的心理阶段与能力水平，引用晦涩难懂或者大段的史料，并且没有做好注释，严重降低了学习效率，或者引用过于通俗的历史故事，有趣易懂但是没有思辨性。

史论分离。“论从史出，史由证来”是历史学的基本原则，史料分析是从客观中来再到客观中去。但是，根据调查，“75%的教师在选择史料时首先要考虑的是史料能够充分论证教科书上的某个结论”。这样，教师常常过度编辑史料，断章取义，使得史论过于主观，史料教学的活力消失了，反而成为应试教育的一种变形。

（二）探讨对策

1. 完善课堂设计，明确教学目标。历史知识的传授彰显教育的作用和功能，但这不是最终目的。史料教学目标不仅仅是单纯知识点的传授，也不仅仅是实证方法的传授，更不是追求热闹的气氛，而是对学生历史思维、探究能力与正确价值观的培养。根据高中生心理特征与历史学科特点，学生对知识的掌握要经历三个阶段，一是保留感知、领会、记忆信息；二是在相似环境中模仿性运用知识；三是在新环境中独立运用知识。教师在给出史料时，要符合上述三个阶段，导入时多使用篇幅小并能引起兴趣的资料，在重难点环节时，引用较大篇幅并具有思辨性的史料，在知识回顾阶段，甚至可以不使用史料。

2. 注重日常积累，保持阅读量。古今史籍浩如烟海，不能尽览，这就要求教师在阅读时掌握一些方法。何成刚教师将阅读分为核心阅读、群文阅读、比较阅读三类。“核心阅读，就是阅读中文核心期刊上的史学文章以及专业经典的史学著作。群文阅读即围绕某一问题，广泛搜集相关的文献资料，并从中提炼出核心史料、核心方法、核心观点等。比较阅读，就是针对相同问题，阅读不同思路、方法的著作文章，从中有所分辨、有所收获。”讲究方法的阅读，可以提高教师的阅读的效率。

增强史料储备与检索的能力。此能力培养需要持之以恒，在量的基础上注意精选储备适合中学教学的史料，并按照时间、专题等进行分类，这样便于日常调取使用。当然，无论如何我们不可能阅尽史书，现在如《二十四史》《资治通鉴》之类的史料都实现了电子化，方便了师生检索，同时文献、档案类网络资源也非常丰富，如中国历史文献数据库、抗日战争与近代中日关系文献数据平台、中国第一历史档案馆网等，可以提供便捷又可靠的史料，教师应掌握此类技能，以方便史料教学。

3.规范运用史料，利用课本中的史料。“教材不是供传授的经典，不是供掌握的目的，不是供记忆的知识仓库，而是供教学使用的材料。”进行史料教学时，教师有时故意避开课本史料，以显示此教学环节拓宽视野的作用，这种做法有些本末倒置，因为课本中史料是按照教学大纲和课程标准编写的，是经过多方长期论证的结果，与教学目标紧密结合，具有非常高的价值。教师在补充史料时，也要先将课本中的史料研究透彻，以此为基础，有针对性地补充史料，才能既发散思维，又不偏离教学目标。

采用适量且多元的史料。史料教学不同于历史研究，它具有特定的教学目标，同时学生处在容量有限的课堂中，所以适量的史料有助于保证学生提取信息的效率，适合有限的课堂容量。“一则史料长度在70 ~ 200字是最适宜的，低于50字或高于250字对于培养学生的创新都是不利的。”同时，教师要避免因为字数限制而故意“断章取义”，导致史论分离。史料二至三则为一组，一组即一个探究主题，每节课以两组史料为重点探究内容，这样，可以保证学习形式的多样与探究的深度。

认真鉴别史料。教师在采用史料时，一定要从来源、内容多角度鉴定其是否可信，文章、著作要有准确的作者和出版机构，在信史的基础上，再注意其是否贴合学情，不可以晦涩难懂，不可以偏离教学目标，采用相适合的史料以适应不同主题或不同年级，在帮助学生攻克重点、难点的同时，锻炼学生能力，发散学生思维。

虽然史料教学看起来仅是课堂教学的一个环节，但是其自身已是一个较为复杂的体系，具有多个环节，所以历史教师应不断反思，发现其中问题，在实践中从态度、认识、技术等方面不断去调整，完善史料教学各个环节。我们应明白，史料教学不只关系到核心素养的培养，更关系到中国史学未来的发展。

天津市南开中学

以信息化教学方式提升语文教学效率

文/兰 羽

精彩片段

师：同学们，上节课我们学习了《孙权劝学》，这篇文言文以对话为主，人物的语言简洁而传神，极富表现力。我们要想精准全面地把握人物形象的一大秘诀就是走进人物、体会人物、成为人物。今天我们利用网络连麦的方式来进行一场朗诵大比拼，选出几位参赛选手分别扮演不同的角色，其他同学都是评委，大家在评论区点评参赛选手的表现，评选出今日小影帝、影后。

生1：老师，我扮演“孙权”。

生2：老师，我扮演“鲁肃”。

生3：老师，我扮演“吕蒙”。

……

生1：卿今当涂掌事，不可不学！……孤岂欲卿治经为博士邪？但当涉猎，见往事耳。卿言多务，孰若孤？孤常读书，自以为大有所益。

生2：卿今者才略，非复吴下阿蒙。

生3：士别三日，即更刮目相待，大兄何见事之晚乎！

师：请评委席的评委们在评论区进行点评，并选取你心目中的最佳演员！

评委1：我选“孙权”，因为他的语气比较坚定有力，符合孙权的身份。

评委2: 我也选“孙权”,他的语气威严中也有亲切的感觉,循循善诱。

评委3: 我觉得“吕蒙”语调太平了,没有展现出吕蒙的豪爽性格和自豪之情。

师: 评委3点评非常到位,那你能否尝试一下读出吕蒙的自豪之情?

评委3: 可以!士别三日,即更刮目相待,大兄何见事之晚乎!

同学们热烈讨论……

背景简析

以上教学片段是利用直播软件进行教学的师生互动片段。在特殊时期,常规面授教学难以实现,居家学习不同于在校学习,学习环境发生了改变,这一变化对学习的自主性提出了更高的要求,而七年级学生学习自主性还不够高,因此教师需要利用信息技术激发学生兴趣,更加高效地让学生接受知识,实现师生教与学的传递,搭建互动平台,使学生足不出户也可以汲取知识养分。

主题论点

《国家基础教育课程改革纲要(试行)》中提出:要大力推进信息技术在教学过程中的普遍应用,充分发挥信息技术的优势,为学生的学习和发展提供丰富多彩的教育环境和有力的学习工具。在教学中,教师可以有效利用信息化教学提升语文教学效率。如通过视频、音频资源,激发学生兴趣,创建阅读情境;利用直播软件辅助教学,实现多种形式的师生互动;利用微课串联知识点,助力文言文品读和古诗词鉴赏。

深度反思

(一)利用视频、音频资源,激发学生兴趣,创建阅读情境

科学研究表明,人类的直观感觉与记忆印象中,图像往往比文字更能留下深刻的印象,相较于文字的记忆,人类更善于图像的记忆。此外,根据初中生心理发展特点,初中生处于感性经验不足的阶段,应采用直观教学方法为初中生提供感性材料。因此,利用观看视频这一直观教学方式更有利于激发学生的学习兴趣,调动学生的学习积极性,集中注意力。如在学习人物传记类文章时,教师可以为学生播放

相关人物纪录片，纪录片兼具真实性与文学观赏性，通过详实的历史资料与艺术拍摄手法，使人物形象更加丰满立体，有利于学生更好地走近人物，激发学生阅读课文、了解人物的兴趣，深入到人物真实的内心世界。

在学习《邓稼先》时，我为学生播放了纪录片《两弹一星元勋：邓稼先》。在观看完纪录片后，每位同学都上交了观后感。从观后感的质量来看，学生对于人物精神的感受较深，在之后学习课文时，学习热情更加高涨，学生参与度提高，回答问题的角度也较新颖，能从多方面感知人物形象。

再如讲《说和做——记闻一多先生言行片段》时，我为学生们播放了《建国大业》中闻一多先生被杀害前的最后一次演讲“正义是杀不完的”片段，闻一多先生慷慨激昂的演讲表现出对反动派的愤怒与蔑视，充分表达出先生大义凛然、爱憎分明的爱国主义感情。由于视频本身的感染力，使感情表达更强烈、更震撼人心，很多学生看完以后都表示感动到流泪。这对于学生了解当时社会背景，体会人物精神有较好的辅助作用。

在新课标的指引下，语文教师在传授学科知识的同时，也要引导学生去欣赏美，感受赏析语言带来的审美愉悦，关注文本中流淌的情感。语文教学的课程目标是“在发展语言能力的同时，发展思维能力，激发想象力和创造潜能”。音乐是一种可以表达人们的思想感情与社会现实生活的艺术形式，因此音频材料的合理运用对于学生激发想象力、体会作者思想感情尤为重要。

结合课文举例，在学习《黄河颂》时，我为学生们播放了《保卫黄河》，乐曲的宏伟规模表现出中华儿女保卫祖国的英雄气概，在乐曲声中，学生的朗读更加有气势，能用心地体会诗歌主旨。

在学习《紫藤萝瀑布》时，为了让学生体会到散文的语言美，我播放了一段轻缓柔和的钢琴曲，让学生闭上眼睛想象自己面前是盛开的紫藤萝瀑布。学生由于缺少实际体验，难以感知文本中描绘的意境，新课程的情境教学主张创设情境，引起学生的情感体验，产生与课文相通的情感共鸣，从而拉近与作者的距离。

（二）利用直播软件辅助教学，实现多种形式的师生互动

教学效果很大程度上取决于学生的参与情况，也就是师生的课堂互动。学生是学习的主体。语文课程必须根据学生身心发展和语文学习的特点，关注个体差

异和不同的学习需求，积极倡导自主、合作、探究的学习方式。因此，教师要加强学生在课堂中的参与意识，使学生成为课堂的主人。如直播软件中的连麦功能可以提升学生朗读的兴趣和回答问题的积极性，聊天区功能可以实现即问即答，学生可以随时向教师提出问题，教师可以在现场直播中给出答案，这种交互式的实时学习课程和师生互动形式，尽可能地还原了真实的课堂，互动效果会更好，学生参与度更高。答题器功能能够激发学生答题兴趣，连对五题以上的同学，名字前方就会有相应的标识，连对十题就会显示“超神”“MVP”等。利用好这些功能可以极大地提升学生的学习兴趣，保证课堂教学质量，促进学生共同进步。

（三）利用微课串联知识点，助力文言文品读和古诗词鉴赏

微课的特点是教学时间短、教学内容少、主题突出、内容具体，教师可以利用微课短小精悍的特点，把教学过程中的重难点、背景、主旨等内容制作成一段精彩的微课，让学生用最少的时间、通过最直观的例子来理解课文中的问题。如我在教学《陋室铭》《爱莲说》时，以这两篇文言文共同的写作手法“托物言志”为切入点，制作了一堂微课，内容包括“托物言志”的含义、特点，几首典型的托物言志诗歌以及这一手法在《陋室铭》《爱莲说》两篇文言文中的体现。学生通过观看微课，能较快地理解托物言志这一手法和两篇课文的主旨，通过微课最后的连线练习题，使同学们对托物言志这一手法掌握得更加透彻。

古诗词是我国传统文化的瑰宝，蕴含着国人几千年对美的感悟，包含着最浓厚的意境与意蕴。想让学生更好地体会诗词之美，单靠课堂讲解是不够的，真正读懂一首古诗词要走近作者的生平以及写作背景，利用微课生动有趣的特点，教师可以向学生展示作者及背景。如在讲解《登幽州台歌》时，我制作了一堂微课，展示了陈子昂政治抱负不能实现，屡受打击、心情苦闷的故事。通过简短的微课，学生能更好地了解作者的写作背景，阅读诗歌更加有代入感，从而产生共情心理，也就能更深地读懂诗歌。

教师应紧跟时代步伐，不断加强信息技术的学习，利用现代化手段促进本学科的教学。只有这样才能开拓学生眼界，培养创新精神，丰富本学科教学内容，不断落实语文学科素养的基础性与发展性，面向现代化，面向未来。

天津市四十三中学

多元化教学资源在历史课堂中的妙用

文/裴 玉

精彩片段

大屏幕展示与司法有关的两个案例。

案例一：电影《十二怒汉》。在一个闷热而暴雨将至的午后，法院正在审判一起谋杀案，一个贫民窟长大的男孩被指控谋杀父亲，旁观者和凶器均已呈堂。12名陪审员在密闭的房间里投票决定男孩是否有罪，结果出乎意料，11票有罪，1票无罪。按照法律程序，陪审团必须意见一致，其结果才能被法庭采纳。经过激烈的争论和对三个关键性证据的不断推测，最终陪审团达成一致：无罪。

案例二：辛普森涉嫌杀妻案。1995年，美国发生了一起震惊全国的黑人橄榄球明星辛普森涉嫌杀妻案。当时，警方有许多证据可以证明辛普森是杀人凶手，但是警方在办案和起诉过程中出现了重大失误，导致一些有力证据丧失可信度或可信度下降。最终，经过一场世纪审判，辛普森被判无罪。

问题一：你认为陪审团制度有何利弊？

生1： 陪审团的作用是减少失误，保证司法公正，有存在的合理性。

生2： 陪审员来自不同的年龄和职业，个人修养、价值观、判断力等各不相同，甚至可能存在偏见、情绪等因素，从而影响判决结果。从这个角度看，陪审团制度存在一定的弊端。

问题二：你如何看待辛普森案的判决结果？

生3：判决的依据是证据，证据不足，不能定罪，这是司法公正的体现。

生4：如果过分强调形式化的司法程序，会不会反而使真凶逍遥法外呢？

师：有这种可能，但如果不强调司法程序的公正，又会出现什么后果呢？

生5：那证据的可信度也会下降，最终判决结果的公正性难以保证，法律的权威也会受到损害。

师：对，只有程序公正，才能最大限度地保证结果公正。这就是近代西方法律制度的两项重要原则——程序公正和无罪推定。请同学们进一步思考：近代西方法律制度为何具有上述特征？结合教材的前两个框题，我们来总结一下影响因素有哪些。

背景简析

上述教学片段出自新版历史教材选择性必修一第三单元第八课“近代西方的法律与教化”，教学目标是理解近代西方法律制度的基本特征。对学生来说，司法原则和概念比较抽象，远远超出他们的生活经验。教材中的“历史纵横”和“学思之窗”仅简单提及陪审团和律师的作用以及无罪推定原则，没有鲜活生动的案例，学生难以真正理解。因此在教学实践中，教师引入了一个电影故事和一则司法案例，用出乎意料的判决结果，让学生去体会近代西方法律制度的特征。

主题论点

法律制度有着深刻的时代和阶级烙印。在古代，罗马人制定了内容详实、结构严密、体系完善的罗马法律，用来维护奴隶主贵族的利益，维系罗马帝国的统治秩序。到了近代，资产阶级以自由、平等思想作为反封建斗争的武器，在法律上更加强调保护公民的个人权利，适应了建立资产阶级民主政治的需要。

人类社会的一切文明成果在特定的历史时期都产生了积极的影响，同时又带有某种局限性。只有顺应时代发展的需要，不断地自我调整和完善，才能获得经久不息的生命力。因此，上述教学片段的主题论点即“用历史的眼光看发展，以发展的观点看历史”。

深度反思

新课程理念强调以学生发展为本，将学生培养成全面发展、适应未来社会的人。以此为指导，教师应重新思考和定位教学思想、教学方式、教学主体、教学评价等问题。近年来，高考越来越侧重于考查学生是否具备解读信息的能力、辨析史料的能力、是否拥有正确的历史观和人文情怀等。所以，学生在学习过程中必须有意识地去获取上述能力和素养，这与历史学科核心素养的培养目标是一致的。

当今时代，学生接触和获取信息的渠道非常多，网络上各种资源、素材、观点纷繁复杂，而大多数学生辨别真伪、判断是非的能力尚不足，很容易主观臆断，或是被舆论裹挟，陷入盲听盲从、人云亦云的状态。如此一来，学生很难形成正确的思维方式和价值观，这会对以后学习产生不利的影响。如何解决这一难题？笔者认为，首先，教师应对各种信息和资源予以关注，然后去伪存真、去粗取精，将筛选后的资源和课堂教学有机结合起来，在教学设计和实践过程中，对学生进行合理引导，突出课堂的学科思想和育人价值。

2018年下半年，由教育部主导的高中历史新教材的编写工作基本完成，各省市一线教学点开始了新教材的试教活动。当年11月，笔者接到试教任务，课题是选择性必修一第三单元第八课“近代西方的法律与教化”。课程标准对本课的要求是：了解近代西方法律制度的渊源和基本特征，知道宗教伦理在西方社会发展进程中的作用。

通过分析教材和学情，笔者确定了本课的教学预期，即希望学生在理解和掌握知识的基础上，进一步认识到：法律制度有着深刻的时代和阶级烙印，近代西方法律制度是随着资产阶级民主政治的发展而不断完善的；承担教化职能的基督教顺应时代发展的要求，在不同历史时期发挥着不同的作用。法律与教化作为社会治理的重要工具，历经社会变迁而经久不衰，归根结底在于两者不断地进行自我调整和完善，适应了不断发展变化的客观现实的需求。

基于此，笔者将“用历史的眼光看发展，以发展的观点看历史”确定为本课的主题。围绕该主题，巧用多元化的教学资源，通过知识梳理、问题探究、归纳总结等方式，帮助学生以科学的态度和方法获取知识，树立正确的历史观、价值观，从多元化的角度认识国家和社会的发展，拓宽国际视野，增长历史智慧。

“近代西方法律制度的基本特征”是第二目，教材给出了三个要点，没有相关例证。学案上提供了一些参考资料，如《美利坚合众国宪法》《拿破仑法典》的部分节选内容，要求学生用以往所学知识对教材观点进行论证。教材的“历史纵横”“学思之窗”等栏目介绍了陪审团制度和无罪推定原则，教师补充资料，以电影《十二怒汉》和1995年美国辛普森涉嫌杀妻案两个案例，分别加以解读。以上述资料为依据，学生在思考、论证的过程中，不仅能加深对这一问题的理解，还将进一步发现近代西方法律制度的局限性。

通过上述活动，学生逐渐学会史论结合、客观全面地看待历史问题。任何事物都是在特定的历史条件下产生的，其特征和发展轨迹不可避免地带有时代的烙印，人类社会的一切文明成果，在特定的历史时期都产生了积极的影响，同时又带有某种局限性，只有“用历史的眼光看发展”，才能得出科学的认识。另一方面，任何事物也都处在不断的发展变化之中，只有顺应时代发展的需要，不断地自我调整和完善，才能获得经久不息的生命力，这就是“以发展的观点看历史”。

为满足不同层次学生的需要，教师针对该部分知识设计了“基础篇”和“提高篇”两项作业：“基础篇”是观看电影《十二怒汉》，说明陪审团制度的作用；“提高篇”是结合西方法律制度的发展演变，理解无罪推定原则的内涵和意义，撰写历史小论文。大多数学生的“基础篇”作业完成得非常好，通过探究式学习，对近代西方法律制度的特点有了更清晰的认识。部分学生出色地完成了“提高篇”作业，通过进一步的研究性学习，对历史有了更多的获得感。

从整体上看，本节课围绕教学主题，恰当引用多元化的教学资源，在历史和现实之间搭建了一座桥梁，较好地发挥了历史课程的育人功能。学生的视野变得开阔，思维得到启迪，认识进一步深化，历史和人文素养得以提升。新形势下，只有顺应新课程理念，革新教育思想和方法，才能真正落实立德树人的根本任务，使教育教学不断地迈上新台阶。

天津市天津中学

STEAM 思想让课堂延伸

文 / 乔　敬

精彩片段

以高中化学必修二第四章第一节“海水提溴”为例。

阅读教材资料卡片——海水提溴，将文字用流程图表示。

思考与交流：如何将海水中的溴离子转变成溴单质？（$Br^- \rightarrow Br_2$需要加入氧化剂。）

设计一个实验方案模拟这一生产过程。（氯水加入到溴化钠溶液中，溶液由无色变为黄色，再向反应后溶液中加入CCl_4，震荡后分层，下层为橙红色。）

写出相关的化学方程式。（$2NaBr+Cl_2=Br_2+2NaCl$；$Br_2+SO_2+2H_2O=2HBr+H_2SO_4$；$2HBr+Cl_2=2HCl+Br_2$。）

深度思考1：直接在海水中通入氯气可以吗？（注意书中表述的细节。海水先“酸化”浓缩后，再通入氯气。）

为何要酸化？（$Cl_2+H_2O=HCl+HClO$；$Cl_2+2OH^-=Cl^-+ClO^-+H_2O$；酸介中$Cl_2$能表现氧化性，并且海水的PH约为8。）

深度思考2：为何两次制出Br_2？第一次起什么作用？（富集浓缩，便于提取。）

深度思考3：上述方法有哪些弊端？能否用其他办法提取溴？其中哪些可以借鉴，哪些可以改进？（借鉴：先富集再制取；酸化再浓缩；改进：改变吸收剂、复原剂，这样更环保。）

活动实践：验证新吸收剂、复原剂的效果。（将溴水加入到纯碱溶液中，观察现象；取适量反应后溶液加入CCl_4，观察。）

实验成果交流：介绍引入，拓展新知，展示从海水中提取溴的工艺流程。

（旧知导入新知—发现问题—质疑—分析思考—逻辑演绎—提出新构想—理论论证—实验证明—改进完善—分享交流。）

背景简析

实现中华民族的伟大复兴，就要提升民族创新精神，就要改革和发展教育。STEAM教育（集科学、技术、工程、艺术、数学的多学科融合的综合教育）的本质是整合和制作，主旨是培养21世纪人才所需的4C核心能力，它的成熟性和可操作性恰好是我们新高考课程改革所能借鉴的。化学是一门实验科学，具有改变世界的能力，这与STEAM教育所提倡的综合性、实证性、技术操作性、设计创新性、体验性、趣味性非常契合。

主题论点

在课程设计中有意识渗透STEAM理念，有助于培养学生的逻辑思维能力，和解决实际问题的能力，打造学生的终身学习能力；实践探究式的教学方法，有助于鼓励学生动手实践，对感兴趣的课题开展研究，培养学科兴趣；多元化的评价，有助于学生发现自己、了解自己，有意识地综合培养高层次能力。STEAM教育理念对教师的知识储备、综合能力和硬件设施、资源配备都有很高的要求，需要教师不断提高科学素养、增强实践能力；在课程设计上要科学规范，讲求合理，避免流于形式、华而不实。STEAM思想的课程设计更多地延伸到课外，需要大力发展多渠道、多方面的社会资源。教师应借鉴STEAM教育对科技能力培养的先进理，发展具有人文关怀、人文情怀的中国学生核心素养，探索“吸收兼用”，不断完善的课程设计。

深度反思

本设计是基于STEAM教育思想下的创新课程，意在对传统课程进行重新整合规划、创新设计和实施摸索，借鉴STEAM教育理念，发展具有人文情怀、突出核心素养的新高考改革下的新课程。“海水资源的开发利用”一节信息量大，涉及生产生活，以此为例很适合探索创新融合之路，摸索设计与项目式课程相匹配的多种教学模式，通过STEAM理念突出综合性、实践性、深度思考性、创新性，让STEAM成熟经验助力新课程设计。

设计优点：一是以探究为目的，以实验为手段；设计的环节突出STEAM的4C核心能力的培养：批判性思维与解决问题能力、创造创新能力、沟通交流能力、合作协作能力。二是充分利用实验的探索和验证两大主要作用设计环节，完善知识体系，充实认识世界的方法，深化理解和应用。三是设计环节的过程合理、水到渠成，不牵强，问题引入以启发思考、自主学习为导向，层层提问，深入思考。

设计延伸：一是以资料分享、感受交流为模式设计项目：海水中有哪些资源；海水中的各元素含量与陆地中含量比较；海水中某些常见元素的提取；海水和陆地比较；海水淡化的常见方法。二是以设计规划、创新制作为模式设计项目：蒸馏法制淡水。三是以探究实验、核心能力为模式设计项目：海水提溴、海水提镁、海水提钾。四是以实践活动、合作交流、过程评价为模式设计项目：海带提碘、粗盐提纯。五是以艺术表现为主题设计项目：写一篇介绍大海的文案（可从多角度描写叙述）；绘制“海水提镁”的工业厂房布局图。

天津市第二十五中学

初中数学作业的别样风景

文/肖　依

精彩片段

师： 同学们，今天我们学习了统计调查。统计调查的目的是什么？

生： 统计调查得到的数据可以帮助人们了解周围世界的现状和变化规律，从而为人们制定决策提供依据。

师： 统计调查的过程分为哪几步？

生： 统计调查的过程分为三步，分别是收集数据、整理数据、描述数据。

师： 我们今天的作业是请你自行设计调查问题，调查本年级同学的一些情况，比如身高、体重、喜欢看的节目等，并制作调查问卷，对本年级同学进行问卷调查，然后整理回收上来的数据，依据数据制作调查报告并得出结论。

背景简析

上述片段为我在讲解人教版数学七年级下册第十章第一节“统计调查”时留作业的片段。本节课与生活联系紧密，学生们非常感兴趣。兴趣是最好的老师，能激发学生的学习动力，富有具体情境的作业具有一定吸引力，能使学生充分发挥自己的能力去完成。教师要善于用所学的知识处理学生们看得见、摸得着、亲身经历的问题，把数学作业融入生活，降低抽象性，从而让学生更深刻地理解所学过的数学知识。

主题论点

数学作业是数学教学的重要一环，是学生把知识应用于实际的初步实践。想让学生对数学作业产生兴趣，激发学生到数学的迷宫里遨游，教师对数学作业的设计有着至关重要的作用。这要求教师打破单一、枯燥的题海型作业设计，设计一种知识与能力、理论与实践有机结合，学生乐意接受，又符合素质教育要求的作业。这种作业有利于中学素质教育的实施，符合核心素养的要求，有利于中学生个性的发展和全面素质的提高。

深度反思

我查阅了大量的书籍和文章，结合教学实践，得出优化数学作业设计应从以下几方面入手：

（一）题型开放，体现创新性

数学开放题是20世纪70年代才引起人们重视的一种新题型，它是相对于传统的封闭题而言的，其特征是题目的条件不完备，或者结论不唯一。开放题的本质是培养学生的创新意识和创造能力，核心是希望学生能灵活地应用数学思想和方法解决生活中所遇到的问题。因此，在进行开放型作业设计时，教师可以先尝试把课本上的一些封闭题改编为开放题。

一般情况下，我们可以根据构成数学问题的要素——条件、解题方法和结论，将数学开放题分成条件开放题、结论开放题和综合开放题。相应地，我们只要对这几个要素中的某一个或几个要素进行设置，就可以设计出丰富多样的开放题来。

作业设计1：直线a、b均与c相交，形成1、2……8共八个角，请填上你认为适当的一个条件：如果_____，那么a与b平行（见下图）。

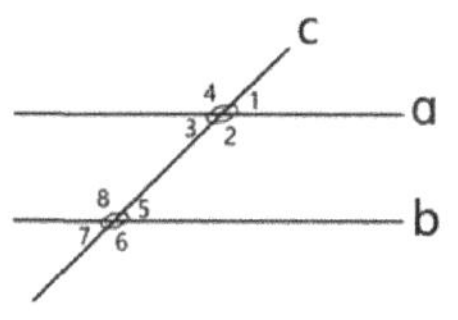

作业意图：这是一道条件开放的探索题，答案不唯一，一个题目中包含了两直线平行的三个条件，不知不觉中就能够让学生对这一章节的知识要点进行总结和复习，这比起让学生死记硬背证明两直线平行的三种方法更能调动学生学习的积极性。

（二）内容自主，突出探究性

爱因斯坦曾经说过："提出一个问题比解决一个问题更为重要。"这就要求教师切实转变自己的观念，在布置作业时，可以根据教学内容的特点和学生实际情况，放手让学生自己设计、编写习题，真正让作业成为学生发展的必需品。

初中生对新鲜的事物都很感兴趣，教师布置作业时要给学生留一点自己的天地，让学生主动去探索。自编作业题是学生在教师指导下自觉运用所学数学知识观察、分析进行自己动手编制，教师可以让学生根据学习内容，以课本或课外相关内容的例题为背景进行改创，编创出别具一格的作业。在作业编拟中，学生能更深刻地感受到自己是学习的主人，主动学习的意识得到激发和增强，巩固了所学的知识与方法，进而提高了教师的教学效率。

以下是一次编题集锦：

若 $|4x-1|=0$，求 x 值（教师给出题）。

下面是部分学生自编的作业题：

若 $\left|\frac{x+2}{3}-\frac{x-3}{4}-3\right|=0$，求 x 值。

若 $(4x-1)^2=0$，求 x 值。

若 $(4x-1)^2+|y+3|=0$，求 x、y 值。

若 $(4x-1)^2+|y+3|=0$，求 xy^2 值。

若 $(4x-1)^2+|y+3|=0$，求 $(x-y)$ 值。

作业意图：通过此类自编作业，学生对数学知识进行系统的整理和主动建构，把所学的知识迁移到实际生活中来。应用能力较差的学生可以设计简单的问题，应用能力较强的学生可以设计较为复杂的问题，学生根据自己的实际情况进行问题的设置和回答，让不同的学生得到不同发展，也能让教师注意到学生之间的差异性。

（三）融入生活，降低抽象性

学生对作业是否感兴趣，在很大程度上取决于作业形式和内容的趣味性和新鲜度，他们对形式单调、内容枯燥的作业感到乏味，而更喜欢贴近生活、形式新颖的作业。在初中数学作业的设计中，如果能够有效地将数学问题与一些新鲜事物或现实生活中的事物联系起来，必然会有效地激发学生的学习兴趣，鼓励学生在思考、探究中运用综合知识自主解决问题。

作业设计2：在学习完“三角函数的实际应用”这一课后，我给学生留的作业是“测量学校路灯高度和旗杆高度”，课下学生自己建立模型，并亲自实地测量数据，利用数据计算物体高度。这项作业学生们做得津津有味，有效地激发了学生的学习兴趣，鼓励学生在思考、探究中运用所学知识自主解决问题。

作业意图：这样一道来源于生活中的习题，一定能激起学生的共鸣，极大地调动学生做作业的热情，巩固所学的知识。

（四）形式多样，增强趣味性

传统的数学作业均为笔答型作业，单调的作业让学生感到枯燥乏味，降低了学生做作业的积极性，也不利于学生培养多方面的能力。因此，教师应在作业形式上注意变化，实现作业形式的多样化，让学生在做多种作业的过程中，体会到数学的趣味性，从而培养对数学作业的兴趣，进而培养学习数学的兴趣。下面优化设计两种非书面的作业形式——阅读型数学作业与演讲型数学作业。

1.阅读型数学作业的优化设计。许多学生没有阅读数学资料的习惯，误以为学习数学只要记住公式、定理，做做练习就行了。其实不然，在数学学习过程中，学会阅读资料不仅对学好数学知识有益，而且对学生将来获取知识、进一步学习也是非常重要的。

阅读型数学作业主要指看一些数学课外读物，如数学史、数学名著等。阅读数学课外读物，不仅能拓宽学生的知识视野，激发学生的学习兴趣，培养学生的自学能力及分析问题、解决问题的能力，还能使学生从阅读中感悟知识的奥秘。布置阅读作业可指导学生阅读指定资料，也可以引导学生上网查阅相关内容，以增加学生的学习渠道。

作业设计3：利用数学小故事做一份手抄报，可以是身边的数学小应用，可以是自己的数学小制作,也可以是数学家的故事。

作业意图:学生在完成作业过程中会主动收集生活中的数学小故事,学会观察现实世界中的数学应用,再用自己的语言展现出来,学生动手能力得到提高,这对于学生的长期发展有极大的帮助。

2.演讲型数学作业的优化设计。目前的作业很多都是纸笔作业,有的学生可能会“日久生厌”,教师在设计作业时可以设计另类作业,如口头作业。“说”是学生思维的一个整理和展现,学生在说的过程中不断组织自己的知识和语言,能够充分展现自己的思维过程。

作业设计4:学校为了进一步加强学生的数学文化底蕴,现要每个班级举办一场关于数学专题的讲座,选定你为这次讲座的主讲人,请你设计你的主讲内容。

作业意图:本数学作业设计比较新颖,能引发学生的兴趣,学生能够积极主动查阅资料、收集信息、整理信息,完成作业内容,在完成过程中积极吸收数学知识,然后外放出来。在班会活动的时候,教师可以让学生举办这个专题讲座,既能增强学生的数学表达能力,也能让学生对数学文化有所了解。

随着数学教学改革的不断深化,提高教学效率已深入到课堂教学中的每一个环节。教师要根据教学内容和学生学习的实际情况,以学生发展为目的,设计内容丰富、形式多样、接近生活的数学作业,充分调动学生的积极性,让他们在完成数学作业的过程中享受到学习数学、运用数学的快乐,看见作业中别样的风景。

天津市南开区科技实验中学

案例教学在“旅游资源的类型”中的应用

文／谭 森

精彩片段

案例导入：播放小视频《鄂有30个好兄弟》。

师： 视频中这些旅游资源各有不同，有的以山为俊，有的以水为美，有的以其独特的建筑风格而闻名。如果把视频中出现的旅游资源分为两类，你将如何划分？划分的依据又是什么？（请学生自由发言）

生： 根据旅游资源构成景观的天然属性或非天然属性，可以将视频中出现的旅游资源划分为自然旅游资源、人文旅游资源两种类型。

师： 这其中武当山、漓江、神农架、松花江等16项自然赋予的、产生美感的自然环境或物象的组合就是自然旅游资源。自然旅游资源可以进一步划分为几类？（请学生自由发言）

生： 地文景观类、气象气候类、水域风光类、生物景观类、宇宙类。

师： 我将视频中的26处自然资源按要素分类，做了一个小样本数据统计，虽不十分全面，但在一定程度上能够说明问题。请大家观察统计图，说说占比最高的是哪类自然旅游资源？这说明了什么问题？（学生独立思考1分钟，小组讨论1分钟）

生： 在众多的自然旅游资源中，“地文景观类”占比最高。说明在构成自然旅游资源的要素中，地貌要素处于相对重要的位置。地文景观是自然旅游资源的核心，大多数自然风景区都离不开地文景观的构景作用。

师：中国人乐山好山，肃默、厚重的山岳文化承载着中国人壁立千仞，无欲则刚的精神追求和做人如山，沉稳、坚韧的文化信仰。

背景简析

人民日报新媒体《鄂有30个好兄弟》不仅记录了许多共同“抗疫”、守望相助的感人瞬间，也运用许多武汉和各地最具特色的自然景观、标志性建筑、方言、饮食习惯等文化符号诉说着“山川相望，心脉相连，待平安，共赏湖光山色”的愿景。我把图片制作成视频，并加入了山、水、建筑以及寄托着民族精神的相关解说词，触发学生产生共情的同时，有意引导学生认知这些各地最具特色的文化符号，它们正是我们本节课要研究的旅游资源。

主题论点

地理案例所描述的事件应是真实发生过或正在进行的地理事实，我们对其进行删减或补充必须具有客观性和科学性。教师要遵循教育心理学相关规律，以便学生以现有知识水平和能力水平能顺利进入情境。教师要充分调动学生的主体性，设置的问题紧紧围绕相应地理教育教学目标，合理严谨又不失多元，对思维方法有目的地进行引导的同时，又不限制学生的发散性思维；在帮助学生丰富地理知识、地理原理的同时，也把经典地理学思想应用到生命成长的过程中。

深度反思

近年来在新课程改革提倡的提高公民必备地理素养的实践中，使用地理案例开展教学活动已经成为地理学习的基本方式之一。在地理课程中开展案例教学，不仅有助于联系课堂知识与实际生活，增强学生的地理好奇心和学习兴趣，而且有助于学生了解科学研究的一般过程与方法，将学生的创新意识和地理科学素养培养落到实处。

地理案例教学法是通过在课堂上导入一个具体的地理教学情境，引导学生对此特殊情境进行观察、调查、分析、讨论、实践、思考和归纳的一种开放式教学方法。

教师通过把学生带入一个极具地理性质的教学情境，并以此为依托提出问题，引导学生研究问题，提炼方法，获得能力。

相对于无论从内容、结构还是设置目标上都相对简单、随意的一些旅游资源的举例说明，《鄂有30个好兄弟》改造成地理案例后更具有启发性和借鉴性。从抽象到具体，教师用问题引领学生从教科书走入现实生活，让学生在近似真实的情境中去独立分析、合作探究，做出相对合理的决策判断，进而构建分析问题的方法思路，提升解决问题的能力。

教师和学生都是地理探究活动的参与者，但教师只起主导作用，学生才是探究活动真正的主体。在本案例教学过程中，教师把更多的工作放到课前，依据课程标准中的内容要求制定相应的核心目标，筛选现实事例，参考学生现有知识经验水平加以整编，合理设计问题，使其既能引导学生自主学习，又能激起学生学习兴趣。在课上，教师是观察者、督导者、启发者，不在学生的分析过程中给予提示，阐述自己的观点，干扰学生自主学习的过程；也不放任学生自己去讨论而不及时给予思路与方法的引导。教师全程作为探究活动的督导者，促进学生发散思维，同时保持良好的课堂秩序；作为探究活动的启发者，教师对学生的探究结论不仅给予简单的对错的评价，也帮助结论有偏差的学生找到问题所在，引导学生主动接受丰富、有活力的知识。

探究过程尊重学生的独立思考，给予学生深入研究问题的机会，使其经历产生新的知识和能力诉求的过程，生成个性化学习体验，注重独立完成创造性学习的过程，而不是注重案例研究的表面形式。不能因注重探究过程中是否安排小组讨论的环节和遵循探究教学的一些模式设计课程，而忽视留给学生独立思考的空间和时间，使学生的独立思考分析被打断，只能被动地接受其他同学的探究结论，导致师生只是在形式上完成了一节符合新课程改革要求的课，但学生却没有经历真正的独立思考的学习过程。这是用所谓的探究模式、探究方法禁锢了学生的想象力和创造力。

地理情感是地理教育的重要组成部分，是维持地理思维活动、影响地理判断能力、支配地理活动的精神支柱，它表现在学习兴趣、文化情操、审美情趣等方面。学生的生活经验是情感建构的基础，带有情感的地理探究资料更能激起地理知识、地理原理与探究兴趣的共振和互动。教师在学习的过程中应激发出新课程改革所倡导的学生积极主动的学习态度。在这个探究活动中，教师应充分挖掘理性知识的感性面，促使地理知识被内化，引导学生未来的情感、意识与行为，促使学生“情”“理”协调全面发展。

一节案例教学课程，无论创设了怎样的情境，设计了多少问题，最后的目的还是学生能够掌握分析问题和解决问题的方法并且能够在现实中应用这些方法。每一个案例都是有局限性的，不能用来解决所有问题，所以教师主导的对案例知识、内涵、研究方法的内化过程极为重要，这是学生在课后进行持续学习的基础和动力。因此我设计了课后延展探究活动：天津是中国历史文化名城，是古代、近代和现代建筑并存的大城市，有很多以建筑为载体的人文旅游资源。在探究天津本地旅游资源的环节中我以解放桥、妈祖庙、海洋博物馆等不同时代、不同特点的人文旅游资源为例，引领学生总结天津发展的时空特点。天津城市的发展大多与海河有关，以海河为线索，我们可以发现海河不仅造就了沿岸的自然旅游资源，还烘托成就了一系列人文旅游资源。两类旅游资源相互交融，形成复合的旅游资源，共同见证着天津发展的历史。经过综合开发改造的海河已日益显现出作为经济带、文化带和景观带的强大服务功能，也形成了独特的水路风光游览线，向世界展示天津的独特魅力。我请学生选取自己心目中最能代表天津地域文化特点的自然与人文旅游资源各一项，绘制成明信片寄给各地的朋友。明信片记录着大家眼中的天津，承载着对家乡的认同与热爱，虽相隔千万里，也能让朋友们共赏如画的江山。

本课以身边的真实案例为背景，为学生推开自然之门，昭示人文精华。每一个旅游资源都是自然和人文的荟萃，是自然景致和社会现象的融合之作。壮观的自然奇景、纤毫毕现的旖旎风光、兴衰的村落城镇，让人流连忘返。精美的照片，奇妙的感受，恒久的记忆，让诗和远方随时空慢慢流淌。

天津大学附属中学

研学课程资源的开发

文 / 王真予

精彩片段

在新课程高考改革的过程中，学生提前面临针对高考专业选择对应的“学科六选三”的问题。在实际的教育教学过程中，很多学生在进行等级性考试选择学科时仍存在踌躇与迷茫的情况，这在一定程度上是因为没有找到适合其发展的教育。在一节关于热力环流的地理课中，笔者通过七里海湿地公园与周边地区的真实情景进行地理教学时，学生提到自己之前到过七里海湿地公园，湿地环境优美、空气清新，但是不理解为什么现在不再向游人开放了。基于此，笔者结合地理教学课程标准，开展了以七里海湿地保护为主题的研学旅行。科学旅行回来后，有的学生表示：“原来七里海湿地公园关闭时很疑惑，不理解为什么不再将这么美丽的公园向游人开放了，通过课程学习，我明白了这原来是对人民负责任、对环境负责任的表现。”

史宁中教授认为，未来环境的改变促使学习者必须接受智慧的教育，教育必须注重在实践的过程中传授智慧。学生智慧生成的关键是学生的认知经验、生活经验、文化背景经验等。研学旅行课程资源的开发多从学生生活实际出发，为其提供适合的教育，帮助其自主地发现问题、解决问题，进而促进行为的认知、智慧的生成。

背景简析

由于地区差异的存在，在落实国家课程标准的过程中，教师需要根据地区实际以及具体学情对国家课程进行校本化实施。在此背景下，教师需要结合课程标准积极开发课程资源，为每个学生提供“适合的教育”。其中，研学旅行课程强调学生能够在旅行中通过自选课题进行研究，以期达到丰富学识、增加社会公共道德体验等目的。研学旅行课程的开展有利于为学生发展提供“私人定制”，但这要建立在丰富的课程资源基础上。如何更好地开发与整合课程资源，成为亟待解决的问题。

主题论点

从课程和课程编制的角度分析课程资源的内涵可知，课程资源即课程设计、实施和评价等整个课程编制过程中可利用的一切人力、物力以及自然资源的总和。在此基础上关于课程资源内涵的探讨进一步细化和具体化，如提出课程资源不仅是教材，还包括各类教学设施和实践基地，包括社会资源和丰富的自然资源及信息化课程资源。研学旅行课程资源立足于真实情境，打破学校课程的封闭性，引入多种社会力量参与课程实践，综合应用多学科知识，帮助学生运用多项能力进行问题探究与解决。

深度反思

（一）研学旅行课程资源开发的案例分析

1.文字型课程资源展示课堂教学本质内容。七里海湿地公园研学旅行案例在实施前，笔者设计制作了校本课程“多彩天津”，撰写了每节课程的教学资源，同时发布到南开区云动课程资源平台上。笔者在课前将学生分为实验探究组、调查分析组和集思广益组，学生通过借助校本课程等资料确立研究课题，了解旅行目的地的基本信息，撰写研学旅行实施方案。在课堂上各组学生结合旅行收获，通过搜集到的资料，对研学旅行实施的方案进行评估与反思，关注引发思考的问题，挖掘方案设计的深度与难度，重点展示研学旅行前设计的方案、参观考察之后进行了哪些调整以及调整的原因和依据。通过运用及撰写文字型课程资源，不仅提升了学生整体设计规划能力，增强了合作意识，而且在此过程中展示出课堂教学的本质内容。

2.实物类课程资源辅助课堂教学的直观理解。在研学旅行过程中，通过天津市生态学会理事吕绍生教授的指导，学生近距离观察了七里海湿地公园中的动植物资源，从而亲身体会到其较高的环境价值。但由于近些年来不合理的人类活动，七里海湿地的生物多样性出现了明显减少的情况。基于此，学生研究开通了天津七里海湿地保护的微博，制作了宣传板。另外，他们还深入研究，设计制作模拟热力环流的实验装置，设计了净化七里海湿地的空气的实验，并录制成宣传视频，这些举措均起到了对珍贵湿地的保护作用。基于此，我们可以看出，实物类课程资源既可以是教师在课堂上使用的实物教具，也可以是学生通过研究实践制作完成的实物资源。实物类资源在呈现效果上，与其他资源相比，更具直观性。

3.活动式课程资源呈现课堂教学动态效果。在"基于研学旅行探究天津七里海湿地保护"的课程实施过程中，学生在教师指导下进行资料搜集，自主选择感兴趣的问题作为研究课题并分配建组，共同进行研学旅行方案的设计。在研学旅行中，学生依据方案，自主对课题进行深入研究。回来后结合旅行实际进行方案优化的同时，在课堂上，学生自发联系地理学科中"热力环流"原理，设计实验，对这片"京津肺叶"的净化功能进行探究。课后，学生还自发地组建起湿地保护宣传小组，将湿地公园关闭原因等研究成果发布到公众号上，为祖国的生态文明建设贡献自己的力量。在这个过程中，教师综合运用文字型、实物类课程资源实施课程活动，帮助学生利用活动式课程资源更好地进行课题研究，呈现出动态的课程学习过程。

4.信息化课程资源拓展课堂教学的时空区间。当今是信息化时代，学生对于网络资源的使用往往较文字型资源的使用频率更高。为此，学生除借助网络搜集信息进行课题研究外，笔者还设计制作了研学旅行网络课程资源，其中包括研学旅行的理论解读、策略研究以及评价检测等内容，并配有微课，发布到"南开区云动课程资源平台"上，不仅帮助教师在课堂上借助网络平台资源进行教学，而且满足学生利用课外时间对研学旅行课程进行深入学习，拓展课堂教学时空区间的需求。

（二）研学旅行课程资源的开发与实施建议

1.课程资源的内容应基于学生知识水平，贴近学生生活实际。泰勒原理清晰地论述了基于目标而设计课程的一般思路，这一基本思路同样可以指引课程资源开发利用过程的逻辑。课程资源的开发利用需要根据学生的兴趣，贴近学生的知识水平与实际生活，这应是课程资源开发利用的逻辑前提。学生是教育存在和发展的根本目标，课程资源的利用与开发要以学生为学习与发展的主体，并以有效激发学生的学习积极性和促进学生学习发展的有效性为起点和落脚点，满足学生的兴趣爱好和发展需求。

2.课程资源的形式注重多种方式并存，提倡科学整合运用。研学旅行课程将知识传授、能力培养、情感陶冶等与具体情境有机结合，使学科教学由课堂延伸到实际生活中。通过案例分析，我们不难看出，课程资源不仅内容是丰富多彩的，其呈现的形式也是多种多样的，既包括文字型与实物类，又包括线上与线下多种形式。同时，课程资源在整合过程中涉及多学科内容，因此我们提倡跨学科整合。如七里海湿地公园研学旅行课程在研究过程中就涉及综合实践课程、地理课程、生物课程等多学科知识，资源整合中也涉及以上学科内容。

3.课程资源的使用符合课堂教学目标，建议适时、适度、适量。课程资源开发利用应是在课程目标及课堂教学目标的统摄下，在课程实施过程中，课程资源的利用程度与使用量应与学生、教师、学科之间相协调。也就是说，课程资源不仅要符合课堂教学目标的要求，而且要针对学生、教师、学科乃至整个课程适时、适度、适量地使用。课程资源利用与开发的适宜度应从学生、教师、学科等因素协调统一的整体出发，进而实现课程实施过程的有效性，这是利用与开发各类丰富的课程资源意义的前提条件与综合表现。

为每名学生提供适合其发展的教育前提应是实现因材施教。早在新一轮基础教育课程改革时提出的课程资源有关的概念就是政策上提供的可选择性的一种。为此，教师应充分发挥主动性和创造性，以学生为本，关注学生差异，对教材资源进行灵活处理，对已有资源进行优化利用，自主开发利用身边新的资源。开发利用形式多样、选择性强的课程资源，这不仅是学生的需要，也是教师专业发展的需要。

天津市第九中学

从课堂微课中窥见世界

文/李 琳

精彩片段

师：同学们，你们觉得骆驼祥子的悲剧命运的成因是什么？

生：因为祥子堕落，他染上了很多不良的习惯，以至于最后没有能力再买一辆车了。

师：同学们的答案说明你们认真阅读了小说。下面老师为大家播放一段微课，请同学们一边看一边思考，祥子是如何一步步染上恶习的。

（教师播放一段微课，微课以《骆驼祥子》电影为素材，集中剪辑了骆驼祥子一生的主要经历和相关人物简介，用动态思维导图的方式分析了祥子悲剧命运的成因）

师：请同学们结合微课内容思考，祥子的悲剧人生是否能够被改变？

生：应该是可以的。

师：同学们，如果你是祥子，你如何避免自己的悲剧命运呢？同学们在确定自己的答案后进行组内交流，选取一个本小组最好的答案进行分享。

（学生思考讨论）

生1：如果我是祥子，我会在孙侦探骗钱的时候选择报警，或者在得知小福子的死讯后回到曹先生家，继续拉包月，重新攒钱买车。

师：这位同学的思路很有新意，大家觉得他的办法能不能保证祥子不再走向毁灭呢？

生2：我觉得报警求助警察这个选择不可行。如果是当今社会，警察肯定能帮助我们。但是当时祥子所处的是黑暗腐朽的社会，视频里面拉车的人衣衫褴褛，坐车的人衣着光鲜，视频里还有警察欺负人的画面，这说明当时社会是不公平的，那个时候的警察很多都是恶势力的爪牙，祥子报警之后可能反而还会被坑钱。

师：这位同学的见解非常深刻，还有哪位同学想要说一说呢？

生3：祥子之所以没有再次回到曹宅，是因为小福子之死使他的希望彻底破灭，他对未来再也没有了期待，所以选择了自我放纵。

师：同学们说得都非常深刻，现在看来，祥子的悲剧命运的成因是什么呢？

生：我觉得是当时黑暗腐朽的社会。

师：看来同学们都非常认真地学习了微课，看到了祥子悲剧的不可避免和当时社会的黑暗腐朽。大家对小说的理解非常深刻。老师为你们这群小思想家点赞。

背景简析

这段课堂实录出自七年级下学期的名著导读《骆驼祥子》一课，学生在课前已经读完了整本《骆驼祥子》，但对小说主题的理解较为浅显，停留在文本内容层面。对此，教师借助微课和三次提问，用更加直观浅显的方式引领学生对小说进行深入思考，挖掘文章主题，取得了较好的教学效果。

教师在课堂中设置内容恰当的微课，可充分利用课内外教学资源，扩大学生的学习视野；有效融合“五育”要素，调动学生多维视角；借助技术手段支持，紧密结合课堂与学生日常生活，从而使学生在课堂中借助微课窥见更加广阔多彩的世界。

主题论点

在“五育并举，全面发展素质教育”的大背景下，如何令课堂所呈现的教学内容更加具有时代特色，符合新时代学生的学习心理，是我们要思考的重要问题。教育是一种培养人的社会活动，学生的学习需为其终身发展服务，课堂的最终归宿也必须是现实社会。当今是一个科技发展日新月异，技术更新非常迅速的信息化的时代，互联网将人类社会变成地球村，科学技术引领人们窥见浩如烟海的知识世界。因此，课外教学资源可谓灿若繁星，每种资源都包含着丰富的五育元素。利用好这些学生身边的教育资源，可以极大地激发学生的学习积极性，充分发挥各类教育要素的重要作用，甚至教师还能在运用新技术、新方法的过程中用言传身教的方式引导学生将新技术用于学习研究，对学生做出正确引导。

微课可以按照授课需求将各类教学资源进行深入整合，一段短短五分钟的视频可以融合电影、图片、文字、社会评论、教师讲授等多项内容。微课的知识呈现方式更加直观流畅，更符合当代孩童的接受心理。其音画结合的呈现形式，便于美育、德育等教育要素的融入；长不过二十分钟、短则三五分钟的大小又能使其灵活地穿插在各类教学活动中，便于教师对课堂进行弹性把控。与传统教学相比，微课相对自由的观看方式、无限回放机制和趣味生动的讲解优势显著。若能将新的技术手段及时运用到常态教学之中，不仅能够增加课堂教学的趣味性，引导学生发现学习的乐趣，还能够扩大课堂教学的辐射范围，提高学生学习效率，加深学生的学习深度。

深度反思

鉴于微课的特点，将之引入课堂前需要搞清两个问题：一是教师讲解和微课应如何进行时间配比；二是教师的讲解应怎样和微课进行融合，从而获得最佳授课效果。

（一）有的放矢的呈现

常规课中的微课不宜满，所占时间以15 ~ 30分钟为宜。期间需要穿插教师的具体指导和学生的观后讨论。若要取得较好的授课效果，教师可采用阶段式提问法和以任务为导向的小组合作探究模式进行授课。教师可以利用微课引导学生思路，令微课充分服务于课堂所设置的相关问题。

在课堂片段中，教师采用阶段性提问法为学生设置了两个问题。

第一个问题：借助微课内容，追问学生“祥子的悲剧人生是否能够被改变”设置思考锚点，引发学生的感性思考，在这个阶段，学生所思所想大多出于感性。

第二个问题：“如果你是祥子，你如何避免自己的悲剧命运呢？”这一问题帮助学生进行第二阶段的探索性思考，将因果逻辑关系加入思考路径中，引导学生深入思考。这一阶段以合作探究的小组活动为主，学生可在思考的过程中充分讨论微课内容，从而自然而然地得出第三阶段问题的结论“祥子悲剧命运的成因”。

（二）“信马”不“由缰”的引导

微课中的各色信息会从不同层面引发学生关注，从而使其思维得到最大程度的发散。在这一过程中，教师为了引导学生逐步向教学目标靠拢，需要设置有效的问题，对学生的思维进行梳理。但提问要建立在最大程度地给予学生自由思考的前提下，给学生足够的思考空间，令他们在课堂的草原上信马飞奔，才能文思泉涌，使其思维能力得到充分的开发，教师进而借助巧妙的问题帮助学生发现他们以往没有关注到的问题或不太容易想明白的问题，从而取得信马不由缰、润物细无声的教学效果。

1.巧妙设疑，吸引学生关注。片段中学生的第一次回答是相对片面浅显的。在授课过程中，我们不必急于反驳学生或者打断其错误思路，反而需要顺着学生思路，引导其思维逐渐走向深化，因此，在课堂中连续学生思路，引导学生关注微课内容，是非常重要的，教师可引导学生在原有思路的基础上根据课堂所设置的“任务”开展学习活动，在思考过程中逐步靠近教学目标。

2.善于追问，筑牢学生思路。学生关于“改变命运的方法是否可行”的讨论中已经提及了“社会是黑暗腐朽的”教师在第三阶段重复追问“祥子的悲剧成因是什么”这一问题，就是为了帮助学生强化思维路径，筑牢思维结论。通过课上的反复引导和追问，可以帮助学生养成良好的思维习惯，从而获得独立思考能力。

3.设置趣味任务激发学生兴趣。课程最后根据学生所说的“如何改变悲剧命运”这一议题，教师布置了一项写作作业，鼓励学生选取自己感兴趣的情节进行再创作。学生将课堂上的讨论热情倾注在课后作业中，班内涌现了大量佳作，这其中的《骆驼祥子报警记》《栅栏外的月亮》令教师拍案叫绝。

微课就像是一扇窗，帮助学生在课堂中看到新的时代和新的世界。它在课堂中的使用可以是多样的，一节优秀的微课不仅能够阐明知识，还能够带给学生美的体验。在课堂中有效运用微课，能够增加课堂教学的多样性，丰富教学内容，扩大传统教学的包容性，最大程度地尊重学生的学习个性，激发学生的学习兴趣，使课堂中的每一个学生都能够深入学习过程,获得良好的学习体验。

在未来的教学实践中,我们还需继续探索在课堂中运用先进科技手段的具体途径和方法,在实践中积累经验,努力实现微课和课堂的深度融合。借助现代信息技术手段将课堂的影响力从课内辐射到课外,能够将学生的学习兴趣转化为学习动力。

天津市五十中学

借助英语微课资源　培养学生文化意识

文 / 王梦然

精彩片段

我们常常认为，只要学好听说读写，会背词语，会用语法，会读单词，学生就已经完全掌握了语言，可以进行交际。但是事实上，对于语言文化背景的忽视、对于中西方文化差异的不了解，很容易导致culture shock（文化冲击），从而直接导致在使用语言时出现失误。我和我的学生就曾经有过这样的对话：

生：老师，今天是12月25日，祝您圣诞节快乐！

师：谢谢！也祝你圣诞节快乐！既然提到了圣诞节，老师就要考考你了。

生：好啊，随便考！

师：圣诞节用英文怎么说啊？

生：这个简单，"Christmas"！我还会抢答，圣诞快乐是"Merry Christmas"！

师：不错！回答准确，发音标准。那圣诞节是怎么来的呢？

生：嗯——有圣诞老人，所以有的圣诞节。对吗？

师：哈哈，那圣诞节有什么习俗吗？

生：让妈妈给我买礼物算吗？

师：不全对。我们的教材中对圣诞节有过介绍，但是内容有限。这样吧，我们一起来看一段微课，一起来了解圣诞节的时间、圣诞老人的装束、圣诞树装饰、圣诞雪橇、平安夜大餐以及圣诞精神，了解圣诞节的文化要素，感悟文化内涵。好不好？

生：太好啦！我们之前在云动平台上就学习过微课。

师：没错。微课短小精悍，使我们对于文化的学习不受时间和空间的影响。同时，微课形象生动，交互性强，能够激发我们对文化学习的兴趣，由表及里，多视角呈现文化差异。我们可以通过对微课的自主学习，锻炼独立思考能力，辩证看待文化现象。

背景简析

近年来，在小学英语教学中，文化意识的培养被摆到了越来越重要的位置上。有关交际、语言和文化的关系也成为教学研究的一个热门课题。课程标准更是将了解文化作为教学目标，进一步明确了文化意识在英语教学中的地位和作用。我们现有的教材当中，有一定的介绍外国文化的内容，但往往由于篇幅的限制，无法提供更多的资源，很多时候教师只是蜻蜓点水地提及。而在日常教学中，教师不难发现，学生们对外国文化这一部分往往最感兴趣。如何解决这一问题，挖掘贴近学生、贴近生活、贴近时代的文化学习资源成了摆在教师面前的一个难题。

主题论点

在教学中，教师应根据学生的年龄特点和认知能力，逐步扩展文化知识的内容和范围。随着课程改革的不断深入，跨文化意识培养已经引起越来越多教师的重视。微课作为教育信息化新的教学资源形式，既可以作为正式学习的辅助教学资源，又可以作为非正式学习的自主学习资源，有着巨大的发展潜力和应用前景。由于语言环境及教学模式的影响，学生们平时了解西方文化的渠道很少，微课作为教材的补充资源，有助于构建多元目标英语课程，帮助学生打开视野的同时，还可以培养学生拥有由语言能力、文化意识、思维品质和学习能力四个方面组成的核心素养。

深度反思

（一）微课教育资源运用于培养文化意识的优势

微课作为新的教学资源形式，既可以作为正式学习的辅助教学资源，又可以作为非正式学习的自主学习资源，有着巨大的发展潜力和应用前景。将微课教育资源运用于培养文化意识主要有以下四点优势：

1.改变传统英语教学模式，使文化学习不受时间和空间的影响。短小精炼是微课教学的一个重要特点。较短的授课时间便于教师将教学研究成果以视频形式上传至网络，突破了传统课堂时间、地点的限制。它将学科知识碎片化，内容简短，结构完整，更适应移动学习和在线学习的需求。学生可通过手机、电脑、平板等自主安排学习。

教师可以结合翻转课堂模式，让学生在课前使用微课资源，自主地对文化知识进行学习。充分发挥预习自主性的同时，可以找出自己的困惑所在，使得课堂学习更有针对性。微课还可以适应西方文化涉及面广、内涵丰富、外延广阔的特点，学生不仅可以随时随地了解西方文化，在学习过程中还可以反复观看视频，直到真正完全理解教学内容。

2.微课形象生动，交互性强，能够激发学生对文化学习的兴趣。与传统纸质教材不同，微课在教学方式上更为灵活。教师可以充分利用多媒体技术形象性、交互性的特点，在教学内容上集文字、图像、声音等于一体，帮助学生更加形象、直观、生动地获得文化知识。同时，教师还可以充分利用微课灵活的教学优势，通过图表、数据、关键词等对中外文化进行对比讲解，较常规课堂更具有趣味性，能够激发学生的热情。

我们的教材中出现的一些文化知识本身很有趣，比如民族服饰、重大节庆、课余活动等，但往往由于篇幅和教材呈现方式的局限，教师在课堂上无法充分展开，只能做到浅尝辄止。以民族服饰话题为例，借助微课形象直观地呈现，教师可以从多个角度对这些民族特色服饰进行深入的介绍，如印度沙丽的尺寸、如何穿戴沙丽；穿苏格兰短裙搭配毛皮袋和长筒袜；旗袍上精美的刺绣和盘扣等。这样一方面向学生呈现了文化的多样性，丰富了书本上的知识；另一方面引发了学生对于文化差异的思考，而不仅仅局限于国家与服饰的单纯的一一对应。

3.由表及里，多视角呈现文化差异。微课不是简单地对常规课堂进行删减，而是针对特定知识点进行全面分析讲解。跨文化交际类微课涉及社会、教育、家庭、环境、日常生活等多个主题，透过表象比较中外文化差异，侧重比较深层文化差异，如价值观、思维方式和文化模式等。

以精通英语四年级上册Fun Time 2文化链接微课为例，目标要求学生了解西方的圣诞节。节日文化是小学生非常感兴趣的话题，教师可以巧借这个话题，以课本上的文化链接内容出发，介绍一些背景知识。但是教材中对于这一部分的介绍只有一张图片，这节微课就很好地对这一话题进行了多层面的拓展。微课从圣诞节的时间、圣诞老人的装束、圣诞树装饰、圣诞雪橇、平安夜大餐以及圣诞精神六个方面多角度呈现，挖掘圣诞节中的文化要素，感悟其中的文化内涵。

4.通过对微课的自主学习，培养学生独立思考能力，辩证看待文化现象。与传统教学模式不同，微课教学模拟的是一对一的授课情景，注重教师与学生之间的互动，引导学生对一些文化现象独立思考，形成自己的认识和观点。教师可引导学生查找类似的中西文化差异，思考文化差异的根源，从而达到抛砖引玉、增强互动的效果。利用一些网络平台，学生可以根据自身的学习情况，与教师进行在线交流，针对一些文化差异提出自己的见解。这种交互性也是传统课堂所不具备的。

（二）利用微课培养文化意识的途径

1.利用微课在情境中了解文化。教师对情境式教学方法并不陌生，它要求教师为学生创设一个真实的、合理的教学情境，使学生需要融入情境中，根据情境所展示出来的学习任务进行深入探究，在探究中达到对知识的认识、理解、分析、应用、综合甚至评价的目的。情境式教学鼓励学生进行自主学习、探究学习，微课恰恰可以为之提供帮助。学生作为课堂的主体可以凭借微课开展个性化的探究，根据自己的学习情况制定学习计划，自主地调控学习进度和学习方式。

如精通英语四年级上册Fun Time 1文化链接“Capitals of four countries”，目标要求学生了解中、英、美、加等国家及其首都城市，了解上述国家的标志性建筑以及风土人情。本课一开始，创设了Yang Ming收信的情境，由明信片上的图片引出本课有关国家及标志性建筑的主题，接着在阅读信件的过程中呈现相关文化知识，然后继续利用本课情境，创设任务，要求学生写一封回信给他的好朋友，介绍中国的首都及名胜古迹，如长城等。学生在学习外国文化的同时，树立学习、掌握本国文化的自觉意识。

2.利用微课在对比中了解文化。“有比较才有鉴别”，比较的目的是获取一种跨文化交际的文化敏感性，将中西文化在文化观念、思维方式、教育及日常生活等方面的差异自然地渗透到英语教学中。微课以呈现要素、直观对比、归纳总结等几个方式呈现中西文化差异，并从差异出发，探讨背后深层次的原因和各自的文化内涵。教师还可以透过比较，用融合的方式把跨文化教育的知识目标、情感目标、能力目标等有机地融入外语教学之中，将学生的跨文化意识与运用能力结合起来，让学生在学习语言中潜移默化地接受跨文化教育。

如精通英语三年级上册Fun Time 1文化链接“Chinese and Western food”，目标要求学生了解中、英、美、意的特色美食，拓展了解中西方饮食文化的差异。本课的第一步：由I'm hungry引入饮食话题，介绍中、英、美、意的特色美食。介绍知识的同时铺垫文化背景，比如饺子在我国已有1800多年的历史，被视为家庭团圆的象征，为后面介绍中餐饮食文化中的合餐制做铺垫。第二步：直观演示，对比呈现。两个盘子代表中西方饮食，通过动画演示，直观地呈现中西饮食文化差异，如使用餐具的不同、合餐与分餐制的不同、分享方式的不同等。

3.利用微课在话题中了解文化。以小学阶段英语教学为例，教材以话题划分单元。单元话题涉及生活的方方面面，而以话题带动语言学习在培养小学生综合应用语言能力中最为行之有效。跨文化交际类微课涉及节日、饮食、国家、运动等多个主题，同样以话题为中心，引导学生表达自己的情感、观点以及态度，掌握新的语言知识并形成新的语言能力。两者有很多共通之处。

如精通英语五年级上册Fun Time 1文化链接“Children all over the world celebrate Children's Day”。本课目标要求学生了解世界各国儿童节的日期和庆祝方式，开门见山引出儿童节话题，围绕话题展开一系列讨论：Do you like Children's Day? What do you do on Children's Day? 引导学生表达自己的观点和情感，并在此基础上以微信为平台，以话题为引领，导入各国儿童节的日期和庆祝方式，让学生在对话中自然地学习相关文化知识，了解差异。

天津市南开翔宇学校

整合课程资源　拓展课堂内涵

文 / 刘　岩

精彩片段

“语文教师应高度重视课程资源的开发与利用，创造性地开展语文学习，增强学生在各种场合学语文、用语文的意识，多方面提高学生的语文能力。”《义务教育语文课程标准》的这一建议，便于我们根据语文课程的需要，有效开发和利用资源的优势，丰厚课堂教学的内涵，实现语文教学的最优化。基于此，请看下面这个教学片段：

师：到我们的小礼堂看看去……现在终于挂上了我们自己伟人的像！看，这是民族的骄傲——

生：民族英雄（戚继光）、智慧化身（诸葛亮）、儒家创始人（孔子）、革命先行者（孙中山）这四个人物和他们的爱国故事。

生：我们为这些伟人是中国人而自豪，我为自己是中国人而自豪！

师：同学们的心已经沸腾，还有什么可以表达我们那份心情呢？你们的心里会涌出哪句话？

生：我是中国人，我爱中国！

师：假如你当时在场，面对着此情此景，你最想做些什么？

生：我想唱一曲《我的中国心》来表达我的全部感情！

生：我想朗诵余光中先生的《乡愁》来寄托我对祖国的爱和浓浓的思乡情。

生：我也想和这位船员一样大声说："我是中国人，我爱中国！"

师：是啊，我们和这位船员先生有着同样的爱国情！让我们再一次饱含深情地说出："我是中国人，我爱中国！"

背景简析

这是人教版语文五年级上册第七单元《难忘的一课》的教学片段。这是一篇经典之作，内容明了，情节流畅，文中的爱国之情炽热而浓烈。为引导学生加深对爱国情怀这个主题的理解，笔者在课堂上播放张明敏的《我的中国心》音乐，放映《战狼2》的电影片段，朗诵余光中的诗《乡愁》。课堂上学生纷纷深情诵读诗歌、绘声绘色地讲解故事、观看震撼心灵的《战狼2》电影片段等。通过音文互动和视听效果，学生在视听盛宴的享受中，在自主学习的体验中，胸中燃烧着爱国激情，把文本阅读提升到了一个更高的层次。学生的情感得到了体验和升华。这种多元而宽厚的课程资源融合给学生带来了非同一般的语文学习体验。

教学的本质是促进学生的生命发展，课堂学习过程就是学生生命成长的过程。学生在学习中，受到阅历的限制，对"我是中国人，我爱中国"这条情感主线的把握需要加强，笔者巧妙地借助教材内容，多方面融合语文课程学习资源进行教学。

主题论点

《义务教育语文课程标准》中对资源课程这样描述："语文课程资源包括课堂资源和课外资源，以及日常生活话题等也都可以成为语文课程的资源。"这其中蕴藏着自然、社会、人文等多种语文课程资源，教师要有强烈的资源意识，去努力开发，积极利用。"语文的外延与生活的外延相等"，我们的生活就是我们学习语文和运用语文的一个很好的环境。语文课程资源是无处不在、无处不有的。然而长期以来，我们却将语文课程资源狭隘化，仅仅停留于教师、教科书、课堂，这使课内与课外相脱离、学校与社会相脱离，导致整个语文教育教学缺乏生机和活力。

深度反思

新课改对语文课程资源整合与利用彻底突破了“以本为本”的传统教学理念，为语文课程改革提供了方向和空间。“问渠那得清如许？为有源头活水来。”教学中有效整合并运用课程资源，对教学结构进行优化，全面激发学生学习兴趣，这将有助于全面丰富语文课程，使学生拥有宽阔的视野，学习的深度、广度和厚度得以提高，学生的语文核心素养得以提升。如若脱离了以生活链接为主导的开放性课程资源的延伸涵养，将导致断源缺水的现象产生，最终会影响教学效果。为此，在语文教学实践中，笔者分别从以下五个方面——文本的深度挖掘、学科间的整合、与生活链接、从科技中汲取以及开展综合实践活动做了初步的尝试。

（一）在深度挖掘中补白

在现行小学语文教材中，一部分是保留的名家经典的文章，一部分是随着语文课程改革的深入新增加的篇目。所有这些，既是对学生开展“工具性教学”的良好素材，又是对学生开展“人文性教育”的优质资源。笔者在日常的教学中发现，教材中有的文章或隐或现地会存在“空白”或“意犹未尽”之现象这就为我们进一步挖掘教材中的课程资源提供了内在空间。

以人教版季羡林先生的《自己的花是让别人看的》一文为例，作者季羡林在将近半个世纪中先后两次来到德国，发出同样的感叹：“多么奇丽的景色！多么奇特的民族！”其中“奇特的民族”引人深思：既然是德国人民拥有“人人为我，我为人人”的境界，本应赞叹“多么高尚的民族”，作者为什么没有这样说呢？只有了解了这一点，才会让学生产生更深层次的理解和感悟。在教授这一课时，笔者通过“挖掘”德国民族历史给人类带来世界大战灾难的“前车之痛”，让学生感受到此时此刻季羡林先生心中不止有对德国美丽景色的赞美，而且还有对这个民族的客观评价，这样便深化了学生对文章的体悟，引起更多的共鸣。

（二）在学科整合中运用

语文学科虽然属于一门独立的基础性学科，但是它却和其他学科之间存在密切的联系。基于这个原因，教师在教学过程中，要合理运用各类学科资源，实现资源优化，从而激发学生的学习兴趣，全面拓宽学生视野，实现跨学科融合，提升综合教学效果。

以统编版教材中《京剧趣谈》一文为例，教师将语文学习与传统艺术学习相融合，学生通过阅读学习，明确文章的内容以及写法，教师将京剧艺术的来历、乐器、表演方式、唱腔名段等呈现在课堂上，将历史与语文课程相结合，语文与传统艺术相结合，这种多元而宽厚的课程资源融合将会给学生带来非同一般的体验。

（三）在生活链接中拓展

语文教学来源于生活，生活的外延有多大，语文的外延就有多广。《义务教育语文课程标准》对生活中蕴涵的语文教育价值和经验给予了相当的重视和关注，深刻地体现了语文教学生活化的思想。语文从根本上讲就是与生活相联系的。因此，教师在语文教学中，应让学生更多地直接接触语文材料，拓宽学生的学习空间。语文教学若脱离生活元素中的丰富内涵和不断润养，则像树叶逢秋，只能枯萎凋零。在教学过程中，笔者带领学生展开“语文生活化”活动，让学生更深入地体会语文学习的意义所在，为学生的学习打开通道，达到学用结合的目的。

如在人教版《自己的花是让别人看的》的教学中，结合文中的中心句“人人为我，我为人人”，笔者让学生联系自己的生活谈谈自己的理解。有的学生认为“只有我为人人，才能换来人人为我”，这种思想和行为是正确的；有的学生认为“如果我为人人，人人就能为我”，这种假设也是存在的；有的学生则认为虽然有的时候“人人不能为我，但我依然为人人”……这样的讨论有助于全面激发学生的发散性思维，增强其对课文的理解能力，领悟语文的魅力。

（四）在科技支撑中突破

以多媒体作为核心的现代教育技术，除了拥有“音、像、图、文”统一性的优势之外，还具有“更新快、储备足”等优势，为各类课程教学提供了更充裕的支持，是课程资源的重要“信息资源库”。

如教学部编版教材中的《伯牙鼓琴》，这则文言文可以说是将语言文字和音乐旋律结合的一篇短文。教学时，笔者通过多媒体适时播放琵琶古曲《高山流水》，在优美的乐曲声中，学生边诵读边感受，既营造了课堂良好的学习氛围，又丰富了学生的情感体验。学生能更好地感受并理解语言与音乐的结合之美，感受高山流水觅知音的真挚的朋友情谊。这种课程资源在传统教学中是根本无法获取的。

（五）在综合实践中成长

天津作为一座古老而又现代的城市，文化资源非常丰富。长期以来，博物馆、科技馆、纪念馆等虽有独特的馆藏资源，但与学校教育链接缺乏顺畅的沟通渠道，资源大多闲置或者没有得到充分的利用。社会大课堂综合实践活动使这些资源单位成为公众教育和终身学习的场所，成为一种特殊的资源载体。其厚重的教育氛围，浓郁的艺术气息，是学校环境所不能替代的。对这些资源进行整合和利用，会为语文课程实践学习创造更为广阔的空间，拓宽学生主动探寻与建构知识的领域。

学校组织学生走出校门，开展一系列社会实践活动，如参观科技馆、历史博物馆，秋季采摘等。科技馆中，学生亲身体验，躺在钉钉床上体验压强平均、分散压力的原理，骑行中人体骨骼的运动力学原理，离心率甩干机原理，……科技馆里提供帮助的讲解员就是知识渊博的教师，他们讲解生活中各种自然现象，学生阅读科技馆提供的背景知识，拓宽视野，教育氛围浓厚，俨然一个大课堂。参观完毕，笔者组织学生以“科技让生活更美好”为题展开讨论，大家各抒己见，表达了科技带给我们生活的变化和便捷。

“课外天地，大有作为。”学校课堂只是学生学习的“小天地”，而社会生活与社会资源才是学生学习的无边无际、活力四射的“大课堂”。不仅如此，积极开展丰富多元的语文实践活动，既可让学生把自己在课堂里学到的知识和技能更好地运用到实践之中，在实践中锻炼，在实践中不断成长，又能让他们在实践中更多地汲取、创新和生成，这对课程资源的整合学习大有裨益。

语文课程资源整合将课内延展到课外，将基础学科与多学科有机相联，将学校教育与社会生活共融，学生学习体验内涵更加丰富，学习资源更加多元而丰富。利用课程资源，为语文教学增添新的活力，语文课程资源整合的改革未来可期。

天津市南开中心小学

多角度思考　引导学生理解数学

文 / 张宝玲

精彩片段

师：在“4，5，6……23”这组数中一共有多少个数字呢？你能想到几种方法来解决这个问题？请大家小组讨论一下。

（学生汇报）

生1：我们可以把4到23这些数字依次写出来，然后再一个一个地数，数完发现这组数中一共有20个数字。

师：还有什么方法呢？

生2：我认为从数字4开始数不太容易，从数字1开始更好理解，所以想到了1，2，3，4……23比4，5，6……23只多了前面的1、2、3这3个数字，因此所求的这组数一共有23–3=20个数字。

生3：还可以这样列算式：23–4+1=20。

师：这位同学是怎样想的，你能猜到吗？请大家思考一下。

生4：我觉得他是先找到了一个规律，比如“4，5，6”这组数，用最后一个数字减第一个数字，就是6–4=2个，实际却有3个数字。“95，96，97，98，99”这组数，用最后一个数字减第一个数字，就是99–95=4个，实际却有5个数字。因此可以发现实际数字个数都比首、尾两个数字之差多1，所以可以用23减4的差再加上1，求出共有

20个数字。

师：还有不同的方法吗？

生5：我觉得也可以这样，把数列4，5，6……23中的每个数字都减去3，就变成了数列1，2，3……20。由此可知数列4，5，6……23中共有20个数字。

师：同学们想到的方法可真多呀，对比刚刚提到的这几种方法，你最喜欢哪一种或哪几种方法？说一说你的理由。

通过对比分析，一方面实现了学生对几种不同解题方法的再次回顾，另一方面也促使学生就哪种方法想起来更简单，哪种方法用起来更简捷、更具普遍适用性等形成自己的体会。

背景简析

该片段出自人教版小学数学四年级下册第三单元中利用加法运算定律对一些简单数列进行求和的问题。学生对于教材上的简单计算1+2+3+4+……+98+99+100能顺利完成分析和简算过程。但是当练习中出现变式，比如计算234+235+236+…+306时，又比如计算教材练习中的2+4+6+……+16+18+20等算式时，学生并不能快速地得出这些数列的“项数分别是几”，从而拖延了简算的时间。因此，确定“首项不为1的简单求和数列”或“公差不为1的简单求和数列”的“项数是几”的问题值得教师引导学生深入探讨和拓展分析。

主题论点

教师的教学思维影响着学生的学习观。生活中，我们遇到的实际数学问题是变化多样的，学生只有从课堂学习中培养出多维的数学思维能力，才能实现举一反三，活学活用。教师作为引路人，要巧妙引导学生多角度思考数学问题，促进学生理解小学数学内涵。教师要善于抓住学生的思维盲点、认知误区，以发展学生的数学核心素养为目的，由浅入深，逐步引导学生思考自己的方法，讨论他人的方法，让学生在探究中明数理，发展创新意识，提高应用能力。

深度反思

了解学生所想，才能解学生所惑。学生在解决数学问题的过程中，究竟“在哪里遇到了困难”“遇到了什么困难”是教师必须要用心了解并充分掌握的基本学情。教师知道了大部分学生思维“短路”的地方之后，再趁机给予少数有方法或有不同思路的学生机会，让他们带动其他学生的思维发展。在生生互相启发的过程中，学生往往会衍生出多种解题思路，能有效促进大家从多个角度思考问题，总结出多个方法。这时，教师再充分利用课堂生成，引导学生对比分析不同方法的优缺点，使学生在课堂活动中经历思考问题、互通方法、明晰道理、对比总结的过程。

前面的小片段是学生用简便方法计算“4+5+6+……+23=?”时经历的一个小环节。当时学生在认真观察数据特征之后，能顺利地发现该算式中首、尾两个数字顺次相加都得27，但究竟题中一共可以组成多少组27，大多数学生是没有头绪的，或者没有比较简单的思路。所以教师必须掌握住节奏，在此处慢下来，给学生充足的时间进行独立探究和合作发现。学生经过一次又一次的分析讨论，不仅在理解的基础上掌握了求项数的多种方法，而且对每种方法的优缺点有了自己的感受，同时也为解决其他变式题型打下了良好的基础。

当学生成功掌握了简算练习一“4+5+6+……+23=?”这种题型后，他们对于简单的数列求和问题就有了基本的自信和兴趣。此时，教师趁热打铁，出示简算练习二“2+4+6+……+36=?”学生经过观察容易得出该算式首、尾两个数字顺次相加都是38，同样，接下来教师要做的是耐心引导学生寻找题中“一共能组成多少组38”的方法，鼓励学生发表不同的想法，使生生之间互相启发，形成多角度的认知与理解。

关于练习二中遇到的“求项数”的问题，学生们通过自主探究，总结出了三种有价值的思维方法。

方法一：把2到36的双数依次写出来，然后数出一共有18个数字，再除以2，得9组，即算式中共可以组成9组和为38的数字。

方法二：像这样：$\begin{matrix}1, & 3, & 5, & 7, & \cdots, & 35 \\ & 2, & 4, & 6, & 8, & \cdots, & 36\end{matrix}$，把跳过的单数补齐，可以发现第一行数字个数与第二行数字个数相等，所以2，4，6……36，一共有36 ÷ 2=18个数字，再

除以2得9组，即算式中共可以组成9组和为38的数字。

方法三：利用化繁为简的数学思想，从少量数据中找规律，比如2，4，6共有6÷2=3个数字，又比如2，4，6，8共有8÷2=4个数字，所以2，4，6……36共有36÷2=18个数字，再除以2得9组，即算式中共可以组成9组和为38的数字。

当然，在实际课堂中也不可避免地会出现一些常见的错误，比如有的同学借助练习一的经验直接求出练习二中共有36—1=35个项数，忽视了每相邻两个加数项之间差是2不是1的情况，这时明白这一问题的孩子们会迫不及待地举手，进而用他们同龄人的语言方式指出错因，使大家更易理解。所以无论是正确的还是错误的课堂生成，利用好了都能促进学生思维的提升。

在学生对比讨论了三种正确方法之后，能够体会到方法一适用于项数比较少的数列，方法三适用于项数比较多的偶数数列，方法二最具普遍适用性，适用于像13+16+19+……+136这样公差大于2的求和数列。教师进而启发学生观察发现13，16，19……136中每相邻两项间跳过了两个数字，所以可以像下面这样补上两行数字，补的时候要注意每行数字的个数要和原数列13，16，19……136的个数相等。即：

15，18，21……138

14，17，20……137

13 + 16 + 19 + …… + 136

补完可以发现从13到138内的所有整数分布成了三行，每行数字个数相等，所以数列13，16，19……136共有（138−13+1）÷3=42个数字，再除以2得21组，即13+16+19+……+136=21×（13+136）=21×149=3129。

这样一个由浅入深、循序渐进的过程，既培养了学生从不同角度思考这类问题、用不同方法灵活解决这类问题的能力，又有效地拓展了学生的数学思维。同时，教师在课后也反思了一些需要改进的地方，比如对于学困生来说，教师应将更多的注意力放在他们对简单方法的理解和应用上，及时给予表扬和鼓励，帮助他们树立自信。这些都是我们在今后的教育教学中，要努力改进的地方。

其实，解决小学阶段数列求和问题还有一些好的方法，但不能着急，教师要尊重小学生的身心发展规律，严格按照小学数学课程标准有计划、有目的地展开教学。所以，关于其他方法，待到五年级学习了梯形面积、植树问题，六年级学习了数与形等知识之后,学生解决这类问题的思维会自然而然地得到进一步的发展。

学无止境,重在理解,理解之后的方法都是好方法。掌握的方法越多,学生应变的能力就会越强。因此,教师在日常教学中要引导学生多挖掘、多发现、多总结不同的方法和技巧,鼓励学生从多个角度思考问题,拓展思维,架构起知识之间的联系,促进学生对小学数学问题的深入理解。

天津市南开区勤敏小学

走进经典 滋润心灵

文/王 静

精彩片段

师:同学们,今天我们来读一读《绝句》这首诗。

生:“迟日江山丽,春风花草香。泥融飞燕子,沙暖睡鸳鸯。”

师:这首诗描写了什么季节的景色呢?

生:春天。

师:诗中哪些词语告诉我们春天来了?

生:迟日、江山、春风、花草、燕子、鸳鸯。

师:说说你从诗中看到了什么样的春天?

生:春天的太阳特别美。

生:春天的太阳特别明亮。

生:春天有花有草,还有淡淡的清香。

生:小燕子从南方飞回来了,用湿润的泥土筑巢。

生:还有在暖暖的沙土上睡觉的鸳鸯。

师:真是一个美好的春天呀,我们感受到了浓浓的春意。这样的春天我们都经历过,但是诗人杜甫能把看到的景物用精炼的诗句描绘出来,流传千古。我们见证了诗人的伟大,也见证了经典古诗文的伟大。我们再来美美地读一读吧。

生:“迟日江山丽,春风花草香。泥融飞燕子,沙暖睡鸳鸯。”

师: 这首《绝句》是在遥远的唐代,大诗人杜甫住在浣花溪畔草堂的时候写的。他还写了很多的绝句,我们来欣赏一下。

师: 杜甫还写了很多诗,有兴趣的同学课下搜集后读一读,还可以带到课堂上与大家共同欣赏。

背景简析

这是部编版三年级语文下册第一单元第一课《古诗三首》中第一首诗《绝句》的课堂实录。伴随着春天的脚步,学生读了《绝句》,感受到了春天悄悄地来了,也从诗句中感受到了春天的美好。学生边朗读边陶醉在诗情画意之中,笔者及时补充了杜甫的另外两首《绝句》,开阔了学生视野,使学生充分感受经典古诗文的魅力。“语文教师应高度重视课程资源的开发与利用”,古诗文学习是提高学生语文素养的重要途径,要想提升学生的传统文化素养,单靠教材中的古诗文远远不够,我们要重视语文课堂教学与古诗文经典诵读的有效整合。以教材的文本为“经”,以校本课程中经典古诗文为“纬”,构建经纬交错的学习网络,能够让学生在有效的拓展中积累、理解、运用、传承,从而促进学生语文素养的全面提升。

深度反思

依据教材特点,结合学生特点和学校的校本课程,我们尝试将低年级语文课堂教学与经典古诗文诵读进行一些整合,取得了一些效果。

(一)抓住主题进行整合

“主题”就是文章要表达的思想,在学习教材中的诗词时,教师搜集与其主题相近的诗词让学生来读一读,可以通过阅读向学生传递一种思想,一种情怀,对学生进行情感的熏陶。如二年级下册有一首诗《悯农(其一)》:“春种一粒粟,秋收万颗子。四海无闲田,农夫犹饿死。”学生在课堂上学习理解了这首诗以后,教师向其展示《悯农(其二)》:“锄禾日当午,汗滴禾下土。谁知盘中餐,粒粒皆辛苦?”让学生读一读,体会到古代劳动人民的艰辛,然后展示《陶者》:“陶尽门前土,屋上无片瓦。十指不沾泥,鳞鳞居大厦。”再展示《蚕妇》:“昨日入城市,归来泪满巾。遍身罗绮者，不是养蚕人。”学习了教材中的一首诗，诵读了课外的三首诗，这四首诗的主题相同，可以使学生对古代社会现实和民生疾苦有更深的理解，同时丰富了学生对经典古诗文的积累。再如学习完古诗《村居》（“草长莺飞二月天，拂堤杨柳醉春烟。儿童散学归来早，忙趁东风放纸鸢。”）之后，为了加深学生对古诗内容的深刻理解，可以让学生诵读《渔歌子》：“西塞山前白鹭飞，桃花流水鳜鱼肥。青箬笠，绿蓑衣，斜风细雨不须归。”还可以诵读《春晓》：“春眠不觉晓，处处闻啼鸟。夜来风雨声，花落知多少。”让学生在诗歌中感受到作者对春天的喜爱，也使学生在诵读诗文的同时受到美的熏陶。在古诗文诵读活动中，帮助学生积累古诗词，体会语言美、意境美，并培养学生良好的诵读习惯，为语文知识的学习打下良好的基础。

（二）抓住内容进行整合

部编版小学语文教材，选入很多文质兼美、语感鲜明的经典文学作品，这些作品就是学生走进经典的窗口，教师要进入窗口，为学生打开经典古诗文的大门。如一年级下册《识字六　古对今》：“古对今，圆对方。严寒对酷暑，春暖对秋凉。”学生诵读朗朗上口，意犹未尽。这时笔者就穿插了学校的校本课程“笠翁对韵”中的内容“天对地，雨对风。大陆对长空。山花对海树，赤日对苍穹。雷隐隐，雾蒙蒙。日下对天中。风高秋月白，雨霁晚霞红……”学生兴趣盎然地高声诵读，经典就这样悄悄地走进了他们心中。学习《识字八　人之初》：“人之初，性本善。性相近，习相远……”聪明的学生很快就背诵下来，笔者就让学生打开校本课程中的《三字经》继续朗读。“苟不教，性乃迁。教之道，贵以专。昔孟母，择邻处。子不学，断机杼……”学习《姓氏歌》一课，书中写道：“中国姓氏有很多，赵钱孙李，周吴郑王……”一年级小学生精力旺盛，摇头晃脑还想读，我们打开《百家姓》，课后认真读一读，看看能记住多少。结果几天以后，一本《百家姓》大部分同学会背一半，个别同学几乎会背诵全文。就这样结合语文教材内容拓展到学校校本课程，通过诵读经典古诗文，体会古诗词的韵律美，激发学生对我国传统文化的认同了解和热爱，让古诗文浸润学生的心灵。

（三）利用学生已有的知识储备进行整合

现在的学生在上学之前头脑中就有了一些知识储备，教师在教学时要善于利用学生已有的知识储备，尤其是学生在课外古诗文阅读中积累的文化知识，将其应用到课堂阅读教学中。这样既能够让学生主动吸收新知识，促进新知识的内化，同时将语文课堂教学与古诗文经典诵读有效整合。比如二年级上册学习李白的诗《夜宿山寺》时，教师在导入新课时，可以问问学生："你们知道诗人李白吗？谁能诵读李白的诗?" 这时就会有很多学生能背诵李白的诗词。几名同学背诵之后教师导入新课，调动已有知识激发了学生的学习兴趣。理解诗词时，教师应引导学生理解"危楼高百尺"是否真的是"百尺"高。当学生理解了这是夸张的修辞方法后，提问："你还知道李白的哪些诗也运用了夸张的修辞方法?"学生会想到"飞流直下三千尺，疑是银河落九天""桃花潭水深千尺，不及汪伦送我情"等。调动学生已有知识储备，加深了对李白诗词夸张特点的理解，也使课堂教学和经典古诗文诵读紧密结合，陶冶学生的情操，提高学生语文素养。

（四）与口语交际、阅读交流进行整合

语文教学中的口语交际能够培养学生倾听、表达、应对的能力，在一定情境中，学生进行交流，把话表达清楚，让对方听明白。笔者就利用这个平台，让学生结合经典古诗文展示自我，可以诵读诗歌，可以谈谈从诗句中获得的感受，可以向同学们推介古诗文，可以就不明白的问题提问等。教师对于做得好的同学，提出鼓励，表扬其好的做法；对于做得不好的地方，教师也要及时给出改进意见。如此，将口语交际、评价与学生的经典古诗文阅读过程结合起来，更加注重学生在阅读时的情感体验，既易于操作，又能增进师生间的情感，从而真正做到经典古诗文阅读质量的不断提高。

"走进经典古诗文"课程实施的目标是让学生在精力、记忆力最佳的小学时期为终身的文化底蕴打下坚实的基础，提高自身的语文素养。在具体实施的过程中，大部分学生古诗文积累的量渐渐增加，对祖国悠久文化的认同、热爱、自豪感慢慢形成。在学生成长的过程中，经典古诗文滋润着孩子们的心灵。但是如何让小学语文课堂教学与古诗文经典诵读的有效整合成为一种常态，各年级段如何衔接，还要进行进一步研究。

天津市南开区永基小学

整合绘本资源 让数学课堂生动有趣

文/宫 琴

精彩片段

《义务教育数学课程标准》提出“人人学有价值的数学,人人都能获得必须的数学”,强调了小学数学除了系统的数学知识教学外,还应密切联系生活实际,调整相应的数学内容,做到生活需要什么样的数学内容,就教什么样的数学知识。

数学绘本是一种很好的教学媒介。利用数学绘本《蜘蛛和糖果店》,教师询问学生:“通过阅读绘本你发现了什么信息呢?”让学生由具体情境产生联想,激发学生的好奇心,学生在阅读过程中,各小组相互交流、讨论。

教师问:“小蜘蛛被赶走了吗?”

学生答:“小蜘蛛没被赶走,反而帮助了糖果店老板。”

“那小蜘蛛是怎么帮助糖果店老板的呢?”

学生通过读绘本知道,每个小朋友来购买东西,小蜘蛛都能猜到他们要买什么。

“那么小蜘蛛怎么这么厉害呢?它是怎么做到的呢?”

小组间讨论,讨论好之后再汇报。

学生开始讨论。原来是小蜘蛛善于观察和记忆,通过数据分析得到正确结论的。这时候学生的情绪都被调动起来了,这样的学习过程让学生体验到了学习的快乐，学生在热烈的讨论中慢慢对统计和概率产生了感性认知，而不是简单直接的计算和结论。

看似不经意的提问追问，却与绘本故事本身紧密联系，学生通过“阅读—观察—发现—被提问—再推理”，最后得出结论，而这一切都是学生自主独立完成的，从发现问题到解决问题，教师只是一旁指引，并未参与其中，真正把课堂还给了学生，让学生成为课堂的主角。

背景简析

本次绘本教学与人教版数学二年级下册第一单元第一课“调查与收集证据”相结合进行授课，低年龄段学生注意力不能持续集中，小学数学绘本是根据儿童特有的心理，结合丰富生动的故事情节，通过故事形式把数学知识以图文结合的方式展现的儿童读物。小学数学绘本为学生提供了贴近生活实际的背景，让学生在阅读过程中体会生活中有很多有用有趣的数学知识。绘本阅读与课堂教学相结合，不仅为学生提供了倾听、讨论、交流数学知识的机会，还逐渐培养了他们应用数学知识的能力，同时也扩大了学生对数学知识本质意义的认知。这样的数学绘本阅读对于低年级的孩子来说是有趣的、好玩的、生动的，是富有数学推理逻辑的。

主题论点

《义务教育数学课程标准》指出：学生能通过观察、实验、归纳、类比等获得数学猜想，并进一步寻求证据，给出证明。数学绘本采用了图片形式，并配有简单的语句，具有可读性和趣味性，因此深受学生的喜欢。绘本以故事形态展示，引发学生学习兴趣，对培养学生思考问题、解决问题的能力有着非常重要的作用，借助故事情节，在阅读中激起学生对问题的思考，并由此猜测故事的结局，这与数学教学思想不谋而合。

数学绘本以情节跌宕起伏激发学生极大的学习热情。学生对故事情节有了充分了解后，通过有效阅读，积累丰富的情感体验，这时教师适时引绘本中的数学概念，对于学生有效理解数学概念将起到事半功倍的作用。《蜘蛛和糖果店》中包含一些相关的数学概念，如数据统计、逻辑推理（通过数据来推理）、概率等。因此，

《蜘蛛和糖果店》这本数学绘本可以有效地加强学生对上述数学概念的理解。

深度反思

在实际教学中，合理利用数学绘本，将教材与之巧妙结合势在必行。现在网络资源越来越丰富，学生的课外读物也很多，这就需要教师合理利用这些资源，将其与教材结合起来，寻找适合自己的整合课程。一节好的数学绘本课，并不是简单地将选好的数学绘本让孩子们阅读，而是根据教学与学生的需要，进行二次创作，使之有效地服务于数学课堂。

（一）将主题图故事化，让情境更有趣

在常规课的教学中，应用好主题图。由于并不是每一节常规课都有适合它的绘本，所以借助其他绘本故事的完整性这一特点，教师可以将一个主题图的故事编写完整，贯穿在整节课中，让主题图也发挥故事的效果，吸引学生去探索其中的数学知识。

例如教学数据统计、逻辑推理等这些术语，学生刚接触必然会抵触，把主题图故事化，让学生身临其境，学生的概括能力也能够得到发展。通过收集的数据来分析预测将要发生的事称为概率，而事件发生的概率有大有小，概率虽然能判断事件发生的可能性的大小，但不能保证百分之百准确，这些名词在《蜘蛛和糖果店》中都有体现，学生在故事化的情景中吸收的知识记忆会更深。

（二）将活动体验化，让探究更有味

学生喜欢动起来，这是孩子的天性。数学课堂应以生活为依据。数学绘本中的故事往往以生活中遇到的事物作为故事的载体，讲完这个故事，数学的知识就已融入课堂。教师不动声色地将数学与生活紧密相连，让学生会主动思考，并愿意动手去寻找策略，让学生在动中学习，这样有助于培养学生的观察能力、概括能力，让课堂充满数学的味道。

通过绘本阅读与课堂教学相结合，不仅为学生提供了倾听、讨论、交流数学知识的机会，还逐渐培养了他们应用数学知识的能力，同时也扩大了对数学知识本质意义的认知。这样的数学绘本阅读对于低年级的孩子来说是有趣的、好玩的、生动的，是富有数学推理逻辑的。

（三）将问题“思考化”，让数学更有效

小学生注意力不集中，要吸引他们就得有趣，绘本中讲述的故事把生活中好玩、实用的数学知识蕴藏在书中，让数学故事变得栩栩如生。理想的数学课堂教学应该是动静结合的，只有动静结合，才能让小学数学更加完美。学生在动手操作实践的同时，也要发挥自己的聪明才智，引发学生的数学思考，将问题“思考化”，这样学生的创造性思维才会得以提升，真正掌握知识。

在《蜘蛛和糖果店》这节绘本课中，教师需要制作动静结合的精美课件，使学生在对话中发现小蜘蛛的聪明，发现里面蕴含的数学知识点，在提出问题后思考，这样数学课堂才会更高效、有趣。

（四）将素材生活化，让数学更有用

数学来源于生活也应用于生活，同样，数学教学应该围绕教学活动中的主体，把学生在生活中所经历的事情作为教学内容，这样更容易让学生理解，并且能够用所学新知来解决生活中的实际问题。在数学绘本课中，把绘本中的故事和学生自己的实际生活结合起来是一种很重要的教学途径。

学以致用是学习的最终目的。统计和概率是学生们生活中经常会碰到的，教师应让学生根据自己已有的认知水平和生活经验去体验数学知识发现的过程，运用所学的数学知识去解决一些简单题，并思考统计和概率在生活中有哪些应用。

绘本带给学生的不仅仅是图文并茂的美的享受，更是学习数学的好工具。在实际教学数学绘本课的过程中，教师需要根据教学需要，合理删减绘本画面，同一绘本，可以适合不同年龄段教学。在实际教学中，教师应体会绘本的精髓，选择知识点，科学制定教学目标，有效组织教学，注意提升问题的有效性，迁移绘本经验，运用生活经验，让学生们真正爱上数学。

经过抽丝剥茧般地研究绘本，结合教材以及教学目标，教师一定会呈现出更加有效的课堂模式。这样的教学更会让教师感受到绘本的魅力，为教师提高数学教学的有效性搭建展示的舞台，更为孩子们开心、快乐地学习提供更为广阔的平台，相信这样的绘本课会使数学变得更加精彩。

天津市南开区义兴里小学

第五章 策略评价——让课堂更有效

在教学过程中使用形成性评价，是为保证教学目标得以实现、教学内容得以完善、教学方式得以调节而进行的确定学生学习成果的一种方式，是对教学工作质量所做的测量、分析和评定。

项目写作教学的探索

信息化学习评价在高中英语写作中的应用

心理绘画在生涯规划课堂教学中的应用

自主学习课堂的总结环节

以复利思维助推化学智慧课堂的构建

小学生课堂自主学习能力的培养

作业激励性评价——学生成长的助推器

基于戏剧化教学的小学英语课堂教学

基于学生需求的语文课堂中的有效倾听与反馈

《草船借箭》教学目标的设计与达成

做点亮学生心灵的明灯

项目写作教学的探索

文／高　原

精彩片段

高中语文部编教材必修上册的第二单元中的《以工匠精神雕琢时代品质》是一篇新闻评论，也是一篇很典型的议论文。为落实“思辨性阅读与表达”任务群的要求，教师设计了写作项目，进行议论文训练。

师：“倘若没有发自肺腑、专心如一的热爱，怎能有废寝忘食、尽心竭力的付出？没有臻于至善、超今冠古的追求，怎能有出类拔萃、巧夺天工的卓越？没有冰心一片、物我两忘的境界，怎能有雷打不动、脚踏实地的笃实？”这段话论证了什么观点？

生：工匠精神。

师：运用了什么写作手法？

生：排比和假设。

师：我们一起给这段话加入一个例子，如“假如没有探月工程团队精益求精，嫦娥号怎能飞到月球”，但是这个例子缺少细节，比较空洞，我们可以怎么改进一下呢？

生：假如没有探月工程团队挑战难题，攻克月球背面的通讯问题，嫦娥号怎能为我们揭开月球背面的神秘面纱？

师：这一句改动加入了“通讯问题”“月球背面”这样的细节内容，让议论更有说服力。

师：请同学们当堂写一段作文，以“工匠精神”作为论点，写一段议论文。要求：一是运用排比和假设的手法；二是在港珠澳大桥、墨子号通讯、高铁、贵州“天眼”等例子中选择一个，写出细节。

港珠澳大桥是学生作文中常用的素材，但往往缺乏细节，几乎全是口号式语言，而此段就生动许多。学生通过自己查找资料，写出这样一段文字，其实也是对这则例子熟稔于心，充实了自己的写作素材库。

背景简析

以上是在新教材的课堂教学时，教师布置的写作项目，包括如下要素：立足课本的素材和写作方法，给学生以抓手；调动学生对时事的关注；提出具体要求，避免大而无当；当堂写作。新课标中要求的必修课程有7个，其中和写作有关的有两个——“文学阅读与写作”和“思辨性阅读与表达”。然而在新的统编教材中，我们发现新教材并没有对写作教学进行专题设计。同时，初入高一的新生普遍存在无话可写、套用中考背过的素材等通病。因此，如何在开展任务群教学的同时进行写作教学，是一线教师亟待解决的问题。针对这一问题，我们提出并实践了项目写作。

主题论点

所谓的项目写作，就是将写作教学贯穿到每一组课文的学习中，由教师针对写作的各个环节来设计不同的写作任务，这些写作任务成为落实任务群目标不可或缺的一环。具体说来，可以包括主题小作文、写作方法、话题作文、整本书阅读项目等，相较于传统教材的“写作单元”或“写作模块”，这些项目更灵活多样，能够随堂练习，易于操作。

项目写作应把握的原则：一是写作项目的设立——教师首先要吃透教材，将任务群拆解成写作项目；二是写作项目的根本——立足于课本提供的素材和写作方法；三是写作项目的目的——将任务群教学落到实处；四是写作项目的实施——化整为散，侧重写当堂的小作文；五是写作项目的内容——主题小作文、写作方法、话题作文、整本书阅读等。

深度反思

《普通高中语文课程标准》对语文学习任务群有如下明确要求："以任务为导向，以学习项目为载体，整合学习情境、学习内容、学习方法和学习资源，引导学生在运用语言的过程中提升语文素养。"在写作教学中，教师针对单元和具体课文的内容，经过充分设计可以将"写作与表达"的任务群拆解成一个个灵活又具体的写作项目，有针对性地进行练习。

（一）主题小作文

将课本中作家丰富的个人生平和精神世界作为写作的素材，进行主题小作文的写作。如高一语文必修上册教材第三单元出现的诗人众多，有曹操、陶渊明、李白、杜甫、白居易、苏轼、辛弃疾、李清照。这几位诗人，人生经历丰富，精神世界独特，也是经常出现在学生作文中的例子。教师可以提供一系列写作项目，让学生思考并完成主题小作文。写作项目如下：人物经历方面——《曹操的入世与陶渊明的出世》；诗人情感方面——《李白的"愁"与杜甫的"悲"》；诗词风格方面——《东坡之词"旷"，稼轩之词"豪"》等。

需要注意的是，为了避免学生写得大而空，教师还要给一些写作的要求和角度，比如《李白的"愁"与杜甫的"悲"》，就要求学生在写作中必须要选择一个共同的意象，借助这个意象比较诗人不同的情感。

有的孩子选择"月"：

【例文】

"我寄愁心与明月，随君直到夜郎西。"（《闻王昌龄左迁龙标遥有此寄》）李白的愁似乎都是像这样，清俊又飘逸，仿佛一团朦胧的雾气，带着随风消散般的洒脱，带着举重若轻的随兴，连月亮都成了他的信使，给远在千里的王昌龄寄去一份深情的愁思。"万里瞿唐月，春来六上弦。"（《月》）杜甫的悲中似乎弥漫着时空的辽阔，夹杂着疾苦与悲慨，夹杂着颠沛流离。他的悲像一滴浑浊的泪，从饱经岁月沧桑的脸上滑落。万里长空，一轮孤月，一叶扁舟随着浩浩长江沉浮，那明月见证了他的孤苦无依。

这段文字选择“月”这个意象，结合诗人经历，融合空间、时间角度，避免了议论的空洞。

（二）利用课文，给予写作方法的指导

《普通高中语文课程标准》提出：“思辨性阅读与表达”任务群的学习目标之一：“学习表达和阐发自己的观点，力求理论正确，语言准确，论据恰当，讲求逻辑。学习多角度思考问题。学习反驳，能够做到有理有据，以理服人。”面对这样的任务群，结合高一教材中的新闻评论、时评文等议论文体，教师可以设计高中议论文写作项目。

如《反对党八股》中，对于党八股的每条罪状，都使用了“列举现象，揭示危害，深挖根源，提出解决方法”这种有驳有立的议论层次，并且使用了比喻、举例、比较、假设、引用等议论方法，是一个训练驳论和时评文思路的机会。我们设计了“沉迷手机现象”“逃值日现象”“明星要不要被黑”“校园霸凌现象”等话题，让学生初步掌握时评文的写作思路和方法。

在完成这些写作项目的过程中，有一个关键环节，即教师要在课上给予方法的指导。如果说方法是泅渡意义之河的船桨，那么写作项目就是一条条摆渡的小船，因而，学会运用议论方法，才是完成议论文写作项目的关键。

（三）善于利用单元话题，将其化为写作素材

新教材的每个单元都有一个话题，如劳动、学习、自然等，这些话题本身就可以变成一个话题作文。

如《以工匠精神雕琢时代品质》其实就是一篇“以工匠精神”为话题的作文，里面运用了细节、下定义、假设场景等议论方法和比较丰富的议论角度，从现实力量、价值原色、市场风尚、时代精神、生命哲学、人生信念等角度展开论述。在讲完这篇文章之后，我们让学生以“青春”为话题写小作文，并要求用上第一单元出现的素材：青春有革命的豪情，有红烛一样无私的牺牲和付出，有面对新事物的自尊和勇敢，有云雀一样的自由和美……同时还要求使用刚学到的议论手法和议论角度。

【例文】

“青”，东方也，勃发的力量；“春”，推也，春阳抚育，万物荣滋。青春少年，生机勃勃；青春中国，焕发荣光。青春，如雏鹰试飞，红日初升，充满希望。是一种禾苗

拔节的力量，不畏风雨，拼命向上；是一种初生牛犊不怕虎的勇气，冲破黑暗，迎接黎明；是向往天空的鸟儿，挣脱束缚，振翅飞翔。（此段使用了比喻、下定义、排比的方法）

青春的内涵又远不限于此，和年龄无关，青春是一种年轻的心态。倘若没有对新事物的渴望，年轻的香雪不会勇敢踏上火车；没有捣破铁索的豪情，青年毛泽东又怎能中流击水？没有对爱与美的呼唤，雪莱也不会留下动人的诗篇。（此段运用了假设的方法）

青春的颜色，不只有绿色，勃勃生机如台儿沟女孩们欢欣雀跃于开往现代文明的火车。青春也是金色的，那是独面欲望世界时香雪褒有的尊严和高贵所散发的光芒。青春也是红色的，如红烛一样燃尽自己、无私奉献。青春也是洁白的，如百合花一样的矜持与纯净。（这两段从情、景的角度巧妙地引用了第一单元的素材）

这个小练习，学生有素材可用，又有方法可以遵循，写起来就有话说，不觉得是难事了。

（四）利用整本书阅读，进行写作练习

高中语文必修上册的《乡土中国》中有一项任务："关注问题，学以致用"。并提出："以今日中国乡村的变迁为话题，从居住环境、精神风貌、文化生活、风俗习惯、乡村管理等角度任选一个，写一篇调查报告。"这个任务很有价值，但是因为教材给出的方向不够具体、虚无缥缈，学生操作起来很有难度。我们将这个任务拆解成一系列的写作项目，学生有抓手、好操作，也感兴趣。

项目一：文学与影视作品中的"乡土中国"。要求学生运用《乡土中国》中的概念和理论，重新阅读、分析一部小说作品或者一部电影作品。学生可以在如下作品中选择，也可以自主决定。小说：《祝福》《故乡》（鲁迅）《活着》（余华）《小二黑结婚》（赵树理）《平凡的世界》（路遥）《家》（巴金）《长河》（沈从文）；电影：《为奴隶的母亲》《那山那人那狗》《hello树先生》；纪录片：《乡村里的中国》。

项目二：以"今日中国乡村的变迁"为话题，调查访问，写一篇调查报告。要求：插入图片、表格；用上《乡土中国》中的观点作为理论支撑。提示：学生可以参考以下话题："从春节'年味'的变化看乡村变化""乡村小学的变迁""大数据时代对我的故乡的影响""我的哥哥/叔叔/爷爷是村官儿""度假农家院的变化""一个打工者的经济收入考查”“一个农村家庭的构成”“我的族谱”“姑姑(或其他人)的婚姻”“我的高中和乡村孩子的高中之异同”“奶奶(或其他人)用上了智能手机”。

学生通过完成这些写作项目初步掌握理论运用与现实调查相结合的方法。《普通高中语文课程标准》对“整本书阅读与研讨”这一任务群提出:“教师的主要任务是提出专题学习的目标,组织学习活动,引导学生深入思考、讨论与交流。”不管是整本书阅读、家乡文化生活调查还是具体的各个任务群,内容很宏大,教师一定要吃透教材,然后将内容拆解成学生可以操作的小项目,这样才能让学生真正得到锻炼。如果没有这样一个“教师吃透教材——拆解任务、设计项目——学生完成项目、落实任务”的过程,新教材教学很容易流于形式。

天津市南开中学

信息化学习评价在高中英语写作中的应用

文 / 强家虎

精彩片段

英语写作是高中英语教学的重点和难点，传统的英语写作评价方式需要教师消耗大量的时间和精力，教师往往也只是对学生存在的共性问题进行分析和指导，较难形成针对学生个体的系统性评价。如果仅仅依靠教师，学生较难在英语写作方面得到充分的评价及反馈，那么如何克服这一困难，进而找到英语写作教学中的突破口呢？信息化的学习评价可能是一种容易实现的好方法，下面我们来看一个例子。

此案例是一节高三英语写作课，主题是“How to polish your composition”。在课程开始时，教师引导学生将上堂课书写的作文输入到网络学习平台中。学生在输入时，该平台可以实时统计作文中出现的各类错误，教师通过错误类型统计，可以直观地了解到全班作文书写的薄弱环节。教师还可以很方便地获取每位学生的书写速度、错误类型等信息，这对教师针对学生个体进行指导很有帮助。输入完成后，网络学习平台会给出修改意见供学生参考。在学生修改完成后，网络学习平台会进行智能分析，对学生的词汇、篇章结构、内容相关度分别评分，并给出总体评价。学生之间还可以互相查看作品，进行生生互评。最后，每位同学会得到平台生成的写作轨迹报告，这有助于学生对作文修改的全过程进行梳理和总结，加深记忆，形成良好的写作习惯。

背景简析

《普通高中英语课程标准》突出强调培养学生用英语进行思考、表达的能力，对学生英语实际应用水平提出了较高要求。英语写作是训练和提升学生此类能力的重要途径，并且在高考中分值占比较大，因此需要教师和学生投入更多的精力进行研究。高中学生已经在英文词汇量、语法、阅读、应用等方面有了一定的积累，但很多学生对于英文写作提不起兴趣，甚至有一些抵触情绪。其原因是多样的，主要集中在英文写作难度较高、学习评价、反馈不够充分等方面。

主题论点

上文中描述的案例主题是“How to polish your composition”，这是一堂高三英语写作课。众所周知，英语写作的进步不是一朝一夕就可以完成的，需要进行长期、大量的练习、归纳、总结才可能实现。此外，适时、恰当的学习评价和反馈对英文写作的提升具有重大的意义，高质量的学习评价能够让学生在提升英语写作水平的道路上少走弯路，找到“捷径”。教师要突破传统的评价模式，更加注重过程性、多元化、个性化的发展性评价。教师可以借助信息技术手段，更好地实现发展性评价，让信息化的评价手段助力教师破解英语写作面临的难题。

深度反思

学习评价是教育三大重点研究领域之一，其是衡量学生学习效果的标尺，对学生整体学习过程有着重大的影响。学习评价最终是要关注学生各项能力的发展，但在教学实践中，很多时候教师仍然偏重考核性的、终结性的学习评价，忽视了过程性的、多元化的学习评价，这不仅不利于学生对知识的内化，更与以人为本、注重关键能力培养的教育理念相去甚远。

（一）传统学习评价普遍存在的问题

1.评价主体单一。学生是学习活动的主体，对自身在学习过程中的收获和感悟有最直接、深刻的认知。而教师对学生的评价更多地依赖评价工具和经验，难免产生评价不准确、不客观的情况，加之教师的精力是有限的，难以全面准确地掌握每一位学生的学习情况，因此，单纯依靠教师进行评价难以达到满意的效果。要解决这一问题，需要加大学生自评、互评的占比，更加充分地发挥学生的主体作用，让评价的主体多元化。

2.终结性评价占比过大。在提倡培养学生核心素养的大背景下，人们对考试、成绩的看法正在不断地改变，但其影响依然存在。对考试成绩的偏重容易造成学生为了“分数”而学习，从而产生死记硬背、被动接受知识的现象，不利于知识的内化和能力的培养。学习不是一蹴而就的，很多时候过程比结果更重要，更值得认真地组织评价，让学习评价全面地贯穿整个学习过程。

3.评价“维度”不足。学习是一个非常复杂的过程，包含了认知、体验、态度、情感等诸多元素。受传统教育观念的影响，很多教师只关注学生知识的习得，长此以往，不利于学生的全面发展。教师应贯彻以人为本的教育理念，把培养学生综合能力及树立正确的观念作为评价的导向。

（二）信息化学习评价的特点

信息技术的快速发展为解决上述问题提供了新的思路。可以说，现代信息技术的广泛应用在一定程度上改变了传统的教学模式，对教学的各个环节均产生了影响。信息化学习评价就是在这样的背景下产生和发展的，它是信息技术与发展性学习评价相结合而形成的评价形式。传统学习评价的理论基础主要是行为主义和认知主义，更多地是对知识获得情况进行评价。而信息化学习评价的理论基础主要包括建构主义、多元智能理论、弹性认知理论等，更关注对学生素养、能力进行评价以及过程性的评价。在理论基础之上，信息化的评价工具和手段丰富了学习评价的方式、方法，在很大程度上简化了过程性学习评价的实施难度，弥补了传统学习评价的不足，与强调以学生为本、培养学生关键能力的现代教育理念相得益彰。

1.信息化学习评价有利于发挥学生的主体性。在教育信息化的大背景下，学生不再单纯地从书本上获得知识，还能够借助各类数字化资源平台进行学习。学习的模式从被动接受变为主动探索，在这一过程中，信息化学习评价可以方便地实现学生自评、互评，突显学生在学习评价中的主体地位，引导学生养成学会学习、终身学习的习惯。

2.信息化学习评价有利于形成面向过程的学习评价。很多教师认为，在教学实践中实施过程性评价是比较繁琐和复杂的，这可能会增大教师的负担。信息化学习评价工具可以使这项工作变得简单、方便、快捷，有助于将过程性评价和终结性评价相结合，形成较为全面的学习评价。

3.信息化学习评价有利于开展多维度的学习评价。信息化学习评价更加关注学生的个体差异，不拘泥于对单一目标进行评价，而是对学习过程中产生的知识、技能、态度、情感等多个维度进行评价，这有助于实现学生个性化的、全面的发展。

常见的信息化学习评价工具有电子档案袋、评价量规等，网络学习平台作为新兴的信息化学习评价工具之一，在近几年发展得非常迅速，为实现高质量的学习评价提供了有力的抓手。

网络学习平台的优势有如下几点：第一是丰富的交互性。师生可以通过留言、即时通信等方式，方便地进行师评、自评、互评，评价可以是文字、语音、图片、视频等形式，丰富的表达形式有助于提升评价的准确性。第二是及时性。教师和学生可以及时地获得教学反馈，学生作业、作品的展示、网络资源的查找与获取、学习评价的查看和回复等都可以实时地进行处理。第三是多元性。许多网络学习平台可以灵活地制定评价目标和策略，为多元化的学习评价提供技术支撑。教师不仅能针对学生作品进行评价，还可以快速、准确地监测学生学习过程中的隐性表现，如工具的选择、逻辑的合理性、完成的速度等，这些是依靠传统方法较难实现的。

在大多数情况下，网络学习平台的使用确实能够在一定程度上解决传统学习评价中常见的问题，为教师教学提供灵感和助力。但是，如果过度依靠网络学习平台，也可能会出现一些负面效果：一是教师的主导作用容易被忽视。在进行学习评价时，网络学习平台能够“智能”地给出反馈，但学生面对大量的、多元化的、碎片化的评价和反馈时难以全面、完整地提炼和吸收。教师需要认识到，教师的引导作用是无法替代的，及时地给予学生高屋建瓴的总结和指引是非常必要的。二是学生的主体作用容易被忽视。学生在完成英语作文的写作后，对自己的作品进行修改是一个能够有效提升写作能力的方法。如果像案例中那样实时地反映出拼写、语法方面的错误，就失去了学生自我修改的过程。这一做法有利有弊，需要教师在不同的教学情境下恰当地使用该功能。

虽然信息化评价工具能够在学习评价方面提供巨大的助力，但是仍有很多值得完善的地方。教师应着眼于提高信息化评价在课堂教学中的应用水平，让以人为本的评价理论插上先进技术的翅膀，进而提高英语写作教学质量。

天津市南开区教师发展中心

心理绘画在生涯规划课堂教学中的应用

文 / 李伊伦

精彩片段

“我的家庭职业树包含父母与祖父母……”A同学以自豪的口吻详细介绍了家人的职业及工作范畴，他家庭的“职业树”挺拔粗壮、树冠茂密、果实丰盛，并以飞鸟、太阳、云、花等积极意象丰富画作，使整幅画充满生机与希望，可见其对家人职业的了解、认可与向往。

“我梦想成为一名芭蕾舞者，在舞台上展现曼妙的舞姿。”B同学以铅笔画的形式呈现其日常练习的芭蕾基础动作。虚线描绘的舞者栩栩如生，优雅舞姿尽显，流露出对芭蕾舞的热爱。但由于笔触无力且线条间断，人物手足缺失，不免显现出信心不足的问题，在以后应避免拖延，以行动力实现梦想。

“我最爱参观海洋馆，生物是我最擅长的科目，我梦想成为一名海洋学家。”C同学以明艳的色彩描绘了一条畅游在深海中的小丑鱼“尼莫”。鱼身为红橙渐变色，展现出乐观、积极的性格特质。画面选用蓝绿色加以点缀，彰显个体平和、细致的另一面。画风清新活泼、充满朝气，处处洋溢着画者对于水下世界的好奇，展现了其立志将兴趣转化为职业理想的坚定信念。

背景简析

该片段选自心理健康七年级下册第六单元“生涯规划ABC”第一节“有方向的船才能驶向成功的彼岸”。本课基于舒伯生涯教育理论，对初中生（13 ~ 15岁）能力期提出相关要求。伴随学生自我概念的明晰，可以逐步培养其对职业世界的认知、情感、态度，将职业意识植根于未来职业活动之中。教师应以讲述法、讨论法、问卷法及心理绘画的教学形式，多角度地帮助学生以家庭职业圈的影响为基础进行拓展，了解职业角色的多样性，建立初步的职业宏观概念，找寻人生理想。

主题论点

青少年确立良好的职业价值观可为成年后职业素质的养成奠定基础。心理健康课程是从根本上落实学生选择权的重要举措，可以培养学生生涯教育的核心素养，符合新高考背景下的选课走班制度，其以学科兴趣为导向，着力挖掘学生潜能，避免日后学生在专业选择方面的盲目性。心理健康课程以心理绘画技术贯穿始终，使学生在轻松的艺术氛围中绘出未来，抒发意气，让学生真正做到会选择、能选择、愿选择，实现“我的人生我做主，我的未来我选择”。

深度反思

本课以绘制“家庭职业树”“未来职业梦”为主要教学活动。通过绘画、释画、评画等方式探索职业心理，以表达性艺术的形式深入解析职业心理的动力系统，即个人兴趣、需要、性格、气质等特质因素。这一方法可以助力正值生涯启蒙期的中学生形成职业雏形，使其树立积极的职业道德观，将职业理想转化为学习动力，制定切实可行的计划，实现职业目标。

（一）心理绘画应用于职业生涯规划课堂中的理论基础及优势

1.生物学基础——大脑偏侧化理论。大脑左右半球存在优势分工，左侧大脑负责抽象逻辑思维分析与表述，右侧大脑负责空间知觉与音乐或图像性的反馈。这表明非语言性的绘画属于右脑掌控的心理机能，虽以言语为中介的疗法可有效更正不合理的认知，但绘画疗法能以图像色彩等元素刺激左右脑平衡协调发展，处理由创伤经历或情感障碍引发的情绪困扰。

2.心理学基础——投射理论。心理绘画以精神分析理论中的心理投射为理论基础。投射作为心理防御机制之一，可通过无意识主动展露自我的行为纾解内心郁结，以维护人格的完整，保持身心平衡。绘画是心理投射技术中艺术形态的展现。其以自主性的创作方式，将潜意识的内容视觉化，充分挖掘学生压抑于心的冲突、感受、诉求，将其投射于绘画中，加以想象式的合理释义。其中，主观统觉测试、罗夏墨迹测试均已被证实为有效的心理治疗的工具。可见，心理绘画在课堂中的应用具有可行性与实效性。

（二）心理绘画应用于职业生涯规划课堂中的优势

1.以画抒意施行动。绘画疗法可弥补言语无法触及的压抑于潜意识中的创伤体验，便于学生真实意愿的收集。绘画疗法通过心理意象的具体化以降低学生的心理负担，维系恰当的心理边界，促进学生安全释放，自由表达隐匿于认知中对与职业梦想的期望。教师可根据画中的实物进行提问、引导，帮助学生进行自我剖析，清醒地内观自我对于职业的理解，捕捉过往未曾留意或思考的生涯前景规划，达到心理治疗与绘画创造的平衡。

2.以画会友促沟通。绘画疗法不仅应用于个人，还可通过传画、评画、拼贴画等多种团体辅导形式开展。教师可组织学生对自己或他人的绘画进行积极理解与释义。在面对相似问题或困惑时，更应利用绘画独有的表现力与透视性，探索画中意向的含义及作画的动机。绘画疗法在轻松的氛围下，帮助学生增强人际信任，促进自我表达与他人沟通，帮助处于职业探索期的初中生建立正向职业价值观，将未来职业梦由仅停留在头脑中的幻想转变为具象的表达，让梦想变得不再遥不可及。

3.以画传情激兴趣。兴趣是学生建立清晰且符合自身发展态势的职业生涯规划起点。教师通过调动学生集体的参与度与自主性，让他们以天马行空的想象创作了解自己，充分挖掘潜能，敢于设想，展示梦想，进而增强对自身优劣势的主观认知，对未来选择不再迷茫。

（三）心理绘画在职业生涯规划课堂中的应用分析

本课题中包含绘制“家庭职业树”“未来职业梦”的教学活动。

“职业树”是规定性绘画，树的形态绘制因人而异。在心理画中，“树”是个体人格特质的象征，是具有生命活力、生活期许的意象。学生绘制“职业树”的常态多将家人的职业领域标注于树冠或果实之中。具体来看，树根粗壮，根基稳，画面饱满，与家庭联结深厚。树冠茂盛，果实丰收，枝叶盘根错节，充满了对家人职业的认可、自豪与向往。由此学生将家人所涉及的职业领域梳理呈现。反之，树型矮小，枯枝横生，可见学生对职业认知尚浅，动力不足。

“职业梦”是自主性绘画，人/物构图占比适当与自我认知客观性密切相关。比例失调且过小，表现出画者当前对职业理想不明晰，缺乏自信，侧面流露出拘谨、退缩的倾向。色彩搭配艳丽者，显现出对职业规划的内在动力与对未来理想的憧憬与热情。笔触果断且流畅，展现出画者充足的心理能量。反之，虚浮且犹豫的下笔，映射出对自我认知尚不清晰，有懈怠、焦虑之感。

（四）心理绘画应用于职业生涯规划课堂中的注意事项

1.努力营造安全的绘画环境，创设轻松的课堂氛围。为化解如拒绝作画、胡乱作画、不知如何下笔等“阻抗”现象的发生，教师可在学生自由创作前，以简单易行的热身活动缓解负面情绪，释放压力，卸下心理防备，坦露真实情感，毫无保留地绘出心声。

2.恰当引导促进学生表达，适时提点避免偏离主题。为聚焦绘画主题，教师可根据学生绘画的不同节点，予以恰当的指导语或提问，促使其思考绘画此物背后的心理动因。

3.教师应客观点评学生作品，以心理理论解读画作，勿持主观色彩，以个人知识经验释义画作，盲目贴标签、下定义。教师应秉持尊重与理解，谨慎与敏感并存的的态度积极肯定，鼓励当先，帮助学生提升开拓职业世界的自信心，以筹划对职业梦想的期望与愿景，坚定对未来发展的信念。

天津市南开中学

自主学习课堂的总结环节

文/张　北

精彩片段

学生学习了七年级数学下册“实际问题与一元一次不等式”这节课后，通过小组讨论的形式总结运用一元一次不等式解决实际问题的一般步骤，并将总结成果形成框图。

生1：“实际问题与一元一次不等式”这节课是不是与“实际问题与一元一次方程”的学习思路很相似啊？

生2：“实际问题与一元一次不等式”这节课是不是与“实际问题与二元一次方程组”的学习思路也很相似啊？

师：你们真是善于归纳总结的孩子，我们可以类比“实际问题与一元一次方程”“实际问题与二元一次方程组”的解题思路对本节课进行总结，还要注重找到它们的区别与联系。

各小组同学依据在学习“实际问题与一元一次不等式”“实际问题与二元一次方程组”时教师给出的解题思路知识框图，结合本节课内容进行修改，得到应用一元一次不等式解决实际问题的一般步骤，并形成知识框图。

师：小组代表能否分析一下一元一次方程、二元一次方程组与一元一次不等式解决实际问题的区别与联系？

生：在设未知数的时候是有区别的，同时还要会寻找不等关系。

师：总结得非常好，对于包含不等关系的实际问题，要学会利用不等关系设未知数，并准确列出符合题意的不等式。

在师生的共同努力下，本节课的总结成果形成了。

背景简析

本节课是七年级下学期“一元一次不等式”的第二节内容。学习这节课之前，学生已经学习了“实际问题与一元一次方程”和“实际问题与二元一次方程组”，由于已有原始知识的积累，利用类比的学习方法，整节课学习起来难度不大。利用一元一次不等式解决实际问题，既是对已学知识的运用和深化，又为今后解决实际问题提供了另一种有效的解决途径。同时，利用小组讨论的方式，极大地调动学生的积极性，使不同层次的学生都能得到发展。

主题论点

很多时候由于课堂时间的把握欠佳等原因，总结环节要么由教师全权代劳，要么干脆被教师和学生忽略。这些做法在不同程度上弱化了总结环节的作用。实际上，课堂总结是课堂教学中必不可少的，是需要学生积极投入其中的重要环节。总结环节既是一个独立的教学环节，又是贯穿课堂始终的教学策略。良好的课堂总结不是课堂的结束，而是高效课堂教学可持续发展的开始。

深度反思

结合总结环节的研究现状，立足数学学科特点及学校自主学习课堂教学模式，笔者从课堂总结的方式方法、内容选择和时机把握等方面进行深度反思。

（一）课堂总结的方式方法

课堂总结的方式方法在很多文章中都有所提及，根据不同学科的特点，总结的方式方法略有不同。通过阅读相关材料，在数学教学实践中，以下几种课堂小结方式能起到很好的作用：数字式总结、简明式总结、表格式总结、关联式总结，同一堂课可综合应用好几种总结方式。下面对以上几种常见的总结方式进行逐一介绍。

1.数字式总结。有时一堂课所讲内容比较多，总结时可用数字把每个内容的关键词连接起来，并排成一定的顺序；有时所讲内容的重点是某一解题方法，但课本中只有解题过程，却没有指明解法的具体步骤，学生学后对解法茫然，因此在总结时教师可用数字组合关键词划分出解法中的各个步骤，这类总结为数字式总结。在学习“实际问题与一元一次方程”时，教师与学生通过例题的练习，最后总结解决此类问题的步骤，即“一审、二设、三找、四列、五解、六检、七答”。

2.简明式总结。有时教师所讲一堂课的内容比较多，且要记的每一个内容的篇幅比较长。除了教学生用理解记忆、逻辑记忆等外，还要注意培养学生的趣味记忆。教师总结时把所教的内容概括成几个押韵的词或带有诗意的短句，使学生既感到简明有趣，又好懂好记。我们称这样的总结为简明式总结。

3.表格式总结。有时讲课的内容显得有些零碎，如果总结时把内容分类整理后列表，会使学生学起来感觉有条理，有规则可依，我们称这样的总结为表格式总结。有时讲课的内容虽然简单，但通过列表总结后，能使所讲内容更加深刻、具体、详细。在学习全等三角形判定后，教师可以鼓励学生通过表格的形式总结判定两个三角形全等的条件，表格形成之后很明显就可以看出几种判定方法之间的内在联系，便于学生通过比较，加强区别记忆。

4.关联式总结。有时所讲内容与内容之间具有一定的从属性，也有的内容与内容之间是一环连着一环的，其本质涉及的是解题步骤。教师总结时可以把相邻的两级或两步之间用箭头符号顺次连结，在箭头边上标出相应的条件或者说明。我们称这种流程图式的总结为关联式总结。教师应培养学生用知识树或知识框图的形式形成小结，这样既便于学生对本节课知识点进行梳理，也便于将所学相关知识以知识链的形式呈现。

另外，还要说明的是，同一堂课的课堂总结可能多种方式并用。除了以上四种形式的总结外，根据所授内容本身的特殊性，教师还可不拘一格地用其他形式进行课堂总结。教师一定要引导学生用适合、适当的方式进行总结，避免流于形式，无论选择哪一种总结方式，关键在于发挥总结在自主学习课堂教学中的重要作用。

（二）课堂总结的内容选择

课堂总结一般是从两个方面进行总结：所学知识点、运用的方法。对所学知识点的总结有这样两种情况，一是具体问题，可以是对一个具体的知识点的理解或具体应用某个知识点时出现的特殊问题，或者是对同一个知识点进行横向和纵向的比较；二是对章节知识结构的掌握程度，总结本节课内容在整章的地位和作用，总结本章中各节内容之间的关系，鼓励学生形成知识树或结构框图。对方法总结也有两种情况，一是对一特定的情景得出的特殊结论，如数学中数形结合、分类讨论的思想；二是学习过程中的好的方法，如在求解线段长度和角的大小时常用的"见比设k"的方法。

根据所学内容的不同，可以采用不同的总结方式。对于一节以观察体验为主的新课，可以尝试学生总结、教师点拨的方式。不同的学生可以根据自己的体会，从不同的视角对知识进行总结，教师要给予相应的精炼准确的评价和归纳。如在学习正方体展开图这一节内容时，学生动手操作，将准备好的正方体以不同的方式展开，通过组内合作总结出正方体展开图的不同形式。在学生的共同努力下，总结出正方体的展开图一共有11种。

教师根据学生画出的展开图的特点，鼓励学生进行分类，一节课下来学生不仅能够得到正方体的11种展开图，同时可以按照以下方式进行分类，即"一四一"型（6种），"二三一"型（3种），"三三"型（1种），"二二二"型（1种），学生动手操作，自己总结，教师点拨的过程可以强化学生对知识点的记忆，进而达到在轻松愉快的氛围中学会知识、学懂知识的目的。

对于一节抽象的以归纳为主的习题课，教师的总结就显得相当重要了，教师要针对不同题型进行总结，使学生通过典型题的练习达到举一反三的目的。如在学习了幂运算的三个法则之后，教师要安排一节综合运用三个法则的习题课，从正向运用法则、逆向运用法则、含参数求值三个方面安排习题，并对解决这三类问题的方法进行总结。

（三）课堂总结的时机把握

课堂总结既要有时间的保证，提要钩玄，又要做到适时适当。一节课下来，学生头脑里被输入大量的信息，这些知识往往是不稳定的，新知识与旧知识之间容易混淆。因此，教师必须把握时机，在自主学习的课堂中，总结环节应该贯穿始终。针对每一个授课环节教师都要给予相应的小结和评价，尽量做到层层小结，步步落实。

课堂总结是课堂教学的一个重要环节，它既有独立性，又贯穿于课堂的始终。恰当的课堂总结能起到画龙点睛的作用，因此，教师绝不能因为“没有时间而放弃总结”，我们不但要留给总结一个专属时间，更要突出总结环节在自主学习课堂中的重要地位和作用。

天津市天津中学

以复利思维助推化学智慧课堂的构建

文 / 周艳丽

精彩片段

片段一：复学后，我们做了一个关于初中化学知识点掌握情况的调查，分析了学生的问卷作答情况，摸清了学生的学习困境。在新学年的教学中，我们提前运用信息技术，按照认知规律，将相关知识难点录制成直播课或微课，在课前或课后把视频或链接发到班级群。学生可以打破时空限制，对课程进行反复地观看、学习，从而提高学生学习主动性，取得更好的学习效果。

片段二：在常见的化学反应——“燃烧”的课堂教学中，教师利用多媒体设备播放实际生活中燃料燃烧的视频，让学生以学习小组为单位交流、讨论燃烧的条件。学生通过讨论认为，燃烧的本质为可燃物与氧气发生氧化反应。然后，教师可以播放“钠在氯气中燃烧”的视频，并演示“镁在二氧化碳中燃烧”的实验，让学生形成认知矛盾与冲突，通过追问与反思证明燃烧不一定需要氧气，从而激活燃烧条件这一知识的生长点。学生参与到燃烧概念建立的过程，有效纠正了学生的前概念——燃烧需要氧气，体现了用证据说话的科学态度，培养了学生的实证意识和理性思维。小组讨论也激发了学生的团队合作意识，进一步拓宽了学生的思维。

背景简析

上述精彩片段发生于新冠肺炎疫情结束后的复课教学阶段。从学情上看，学生经过长期的线上教学，形成了一定的信息素养，初步适应了这种新型的教学模式。但与此同时，线上教学对学生的自律性要求较高，有部分学生没有跟上教学进度，差异明显，学生学习效果参差不齐。从教情来看，学校致力于课堂教学改革，形成了具有本校特色、内容完备的课堂教学模式。然而，新冠肺炎疫情给初中化学教学带来严峻挑战，传统的课堂模式显然不能适用于线上教学，这也促使我们初三的化学教师开始探索以信息技术为载体的智慧课堂。

主题论点

智慧课堂归根结底是为了更好地帮助学生成为全面发展的“智慧之才”。初中化学智慧课堂是将智慧技术与智慧发展有机结合，形成一种系统化的新型化学教育教学模式。复利思维是努力使一件事物按指数增长的思维方式，作用方式如下图所示。复利思维应用于教育当中，尊重学生的主体地位，符合核心素养中自主发展的要求，有助于提升复课阶段的教学实效。

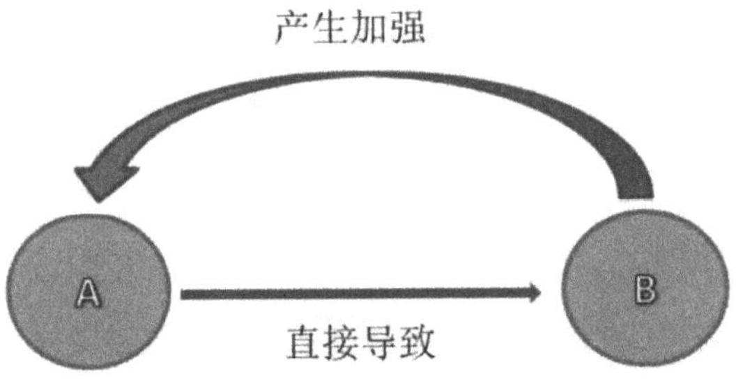

复利思维模型

深度反思

构建智慧课堂，培养学生的化学核心素养，培育智慧发展的能力，需要复利思维的深度运用。而贯彻复利思维，关键是充分发挥教师的主观能动性。

（一）众智众筹，排查摸底

首先，排查摸底，深入学情。学情是智慧课堂建设的重要依据。为了解学生在线学习的真实状况，笔者利用信息化测评机制，开展专题性的、基础性的诊断检测，以内容体系为模块设计检测试卷，试题要体现基础性、全面性，试卷难度适中。检测的目的是精准分析学情，找准教学起点，即找准线下教学的"零起点"。利用一周左右的时间带领学生梳理在线学习阶段的基础知识，通过多种方式（如思维导图等）对已学知识点进行梳理，弄清知识的来龙去脉，弄清化学相关知识点之间的内在联系。根据诊断检测结果，科学分析统计数据，梳理普遍存在的共性问题，查缺补漏，分析一些内容没有掌握好的原因，重点解决，补做一些相关的练习题，及时巩固。

其次，群策群力，精准备课。要弥补新冠肺炎疫情带来的损失，就要继续发挥智慧课堂教学的高效作用，而高效的源头在于有实效的备课。因此，笔者利用信息化教学平台的优势，众智众筹，群策群力，在对线上学习效果充分分析的基础上，再依据天津市中考时间合理定位课堂教育起点，科学制定教学进度，不因盲目追赶教学进度而随意补充或删减教学内容。原则上，对线上所有学习内容进行复习串讲，串讲时要特别注重模块知识体系的构建，利用好思维导图等方式关注学科知识体系，突出重点、夯实基础。

（二）张弛有度，合作探究

提问、讨论、点拨等环节是初中化学课堂教学的重要组成，也是提高教学效率的重要途径之一。为了使学生尽快适应学习状态，在复学阶段课堂教学的各个环节中，笔者主张采用递进式的授课模式。具体来说，就是问题的设置要逐层深入，通过启发由浅入深开展教学，再由学生通过合作讨论、生成结论，发展智慧。

如在课堂教学中，教师可以设置这样的问题：若将二氧化碳通入足量的氢氧化钠溶液中，那么你能从哪几个视角证明$2NaOH+CO_2=Na_2CO_3+H_2O$？你可以选择哪些试剂检验碳酸钠的生成？你有哪些办法证明实验过程中二氧化碳、氢氧化钠的减少？如果向氢氧化钠溶液中通入过量二氧化碳，产物还是碳酸钠吗？

设问之后，教师不进行过多讲解，而是组织学生合作探究，从而发挥"复利"的作用。这种具有智慧意义的提问、合作探究、总结方式，实际上就是以问题为导向，能够引发学生对化学问题进行深层思考，环环相扣，由浅入深，从而使学生的“智慧”思考活跃并贯穿整个教学流程，这对发展学生的创新意识具有重要的指导意义。

从层次上来看，前三个问题的思考、交流、评价，使学生掌握了本节课的基础知识，而第四个问题是对学生思维的拓展和延伸，该问题的设置有利于将学生对化学反应的认识从定性化上升到定量化，发展智慧，生成复利。而在此后的合作探究当中，控制教师讲解的时间体现了智慧课堂的价值。这并不意味着教师的作用被削弱了，反而使教师从繁琐、枯燥的灌输中解放出来，赋予了学生更多的动能。但值得注意的是，少讲不等于不讲，点拨不仅限于点评，提升更不等于增加题量、拔高题目的难度。教师对每一个环节的预设都要做到全面、到位和完整，不能任由学生随意发挥，否则教学效果可能适得其反。因此，在化学智慧课堂构建中，一定要注重小组活动后的反馈，反馈要及时和准确。

（三）优化实验，激发兴趣

化学学科的魅力源于实验教学，线上教学的突出问题是大部分实验教学无法有效开展，教师用教学视频代替了动手操作，仅有少部分实验可以指导学生在家完成。为提高学生的实验能力，复课后教师根据学情加强实验教学，将线上教学中的实验进行整合，利用复习课集中开展实验教学。

具体来说，新授课时的实验部分尽可能做到分组进行，让学生亲身体验。如初中化学有一个制取氧气的重要实验，我们将该气体制取实验以游戏竞赛的形式来组织开展。课前提前将学生分成七至八个小组，一组六人，教学过程中，让学生以小组为单位相互配合。在规定的时间和装配要求下，比一比哪一个小组配合组装得更快、更标准，最后由教师和小组长一起进行点评。

（四）关注差异，智慧辅导

线上学习使得学生产生了两极分化，教师要特别关注自主学习效果不佳的学生。在线上学习过程中，有部分学生学习效率低、效果差，学习进度落后于其他同学，这就需要教师分析这些学生自主学习效果不佳的原因，对他们进行个性化教学。教师要针对学生学习的难点、疑点和薄弱点进行深入讲解；也可以采取小组合作学习的方式，充分利用优秀学生进行“兵教兵”，及时弥补学困生个性化学习指导的不足。

智慧课堂也是有温度的课堂，教师要积极主动地关注学生的身心健康。如前所述，线上学习与在校学习有很大的差异，学生需要缓冲的时间来适应在校学习的节奏。教师应该积极舒缓学生的焦虑情绪，利用多元评价的方式疏导和鼓励学生。

此外，为实现智慧辅导，笔者采用线上教学和课堂教学相结合的"混合式教学"模式。事实上，课堂时间有限且教学任务繁重，复课阶段的课堂教学中普遍存在教学效率低的现象。这主要是由于教师只注重教学内容的讲授，常常忽略学生对所学知识的归纳总结、反馈测评，由此导致学生在课后复习时常感觉学习是一团乱麻。因此，教师应将线上教学期间设计的课件、学案、微课等教学资源共享到网络平台，方便学生在课后进行个性化学习，充分发挥线上教学与线下教学相辅相成的作用，使"复利"的闭环作用显现得更加明显。

天津市南开翔宇学校

小学生课堂自主学习能力的培养

文 / 王君阳

精彩片段

二年级下学期，我们班转来了一名叫沫沫的新同学，这个女孩非常内向、害羞，很少与人交流。起初，我以为她是因为不适应新班级、新环境才这样，后来我才得知，这个漂亮的小姑娘内心有些自卑，在学习上缺乏主动性。我与她妈妈交谈过几番，提过不少建议，可并不奏效。于是我决定利用班级这个大家庭来帮助她。

我在班内开展了"人人争做小教师"这一活动，每周请一名同学在班会上为大家普及自己喜欢的知识，这期间同学们都在认真准备，每个上台的小教师都自信满满并收获了大家真诚的称赞和鼓励。沫沫将这一切都看在眼里，我留意到她在聆听别人讲课时眼睛是放光的，这对我来说是个好的信号。时机到了之后，我决定请她来担任小教师。接下来我就在班里提前铺垫，召集了几个平时与她关系较好的女同学，帮助她搜集整理资料，让她充分融入其中。

果不其然，班会课上沫沫表现得极其精彩，既自然又大方，课后教室里响起了雷鸣般的掌声。下台后沫沫快步走过来，给了我一个大大的拥抱，然后什么都没说就跑回了自己的座位上。我知道，她心里是感激我的，她的内心被自信填满，那一刻我无比幸福。这也说明了自信心和自主学习能力对一个孩子来说有多么的重要。如果一开始我就以一个严师的姿态与她交流，填鸭式地教授，那么我的班里就会少一个阳光、积极、主动的孩子。

背景简析

以上片段出自二年级下学期的一次班会课。二年级上学期，我们班转来了四名学生，各有特点。由于现在的学生被家长保护得过好，缺少挫折教育，所以往往会因缺乏自信而缺少学习的主动性、自觉性。因此，我为沫沫量身定制了这堂小教师课。

主题论点

培养小学生自主学习能力是新时期教育教学改革的必然趋势。要培养学生自主的学习能力，就要通过各种有效途径积极探索和实践，让学生掌握必要的学习方法和学习策略，教会学生自主学习、合作学习、探究性学习的方法，最终实现学会学习。只有这样，才能使学生的基本素质全面发展，为学生终身学习奠定坚实的基础。

深度反思

著名教育家杜威曾说过："学校的最大浪费在于儿童在学校中不能自由地运用已有的经验而采用自己的方法去获取知识。"我们常说要因材施教，但是集体教学的弊端就在于难以因材施教，容易忽略孩子们的个性，产生"一刀切"的现象。当然，集体教学也有其自身的优势。那么怎样才能在发挥其优势的同时又能体现学生的主体地位并发展其个性、挖掘学生的潜能呢？培养自主学习不失为解决这种矛盾的好方法。

（一）培养学生的自主学习能力

自主学习能力就是学生在学习活动中表现出来的自觉、主动、积极地获取知识的一种综合能力。教师如想激发学生的这种能力，可以从两个方面入手：

1.增强学生的自主意识。首先，在教学过程中，教师要意识到学生是学习的主体，自己是教授者、引领者，在学习中教师是"外因"，做学问是要通过学生这个"内因"才能起作用的。所以，从上第一节课起，我们就有责任和义务让学生明白学习是自己的事。当学生有了这个意识后，便不会过于模式化和机械性地学习。教师要敢于放手，让学生自由自主地活动、学习，帮助他们克服学习上的依赖性，增强其自觉性，真正把学生推上学习的主人的位置上。我所带的四年级的学生已有能力利用工具书，作为教师我要在这适当的学段鼓励他们自己去解决问题、预习课文、理解词语、感悟课文内容等。这样，孩子们会在我们教授知识的过程中慢慢摸索到学习的方法，会去主动探索应该怎样听课，应该怎样做作业、复习，怎样思考、讨论和发言，从而逐步培养学生学习的独立性和自主性。

2.创设最佳的学习氛围。小学阶段的学生还属于儿童，所以我们在设计教学活动的过程中要遵循他们的年龄特点。孩子是天真活泼的，他们对新奇事物都有一种与生俱来的好奇心，在这种好奇心的支配下，儿童完全有能力自己进行探索性、创造性的学习。作为教师我们应该为孩子们创造最佳的学习氛围，让孩子们享受学习的过程。

（二）保证学生自主发展，对课堂教学进行适当的改革

1.创设情境，激发学生的学习兴趣。学生的学习兴趣是自主发展的原动力。在教学中，教师应积极地为学生创设一种情趣盎然的学习气氛，使学生受到感染，沉浸在其中，从而主动学习。我们在设计教学环节时首先要设疑布难，激发学生的好奇心。其次要巧设悬念，激发学生探知的迫切欲望。最后创设情境，使学生无论是在学习新知识或是复习旧知识时能够自然产生主动性。

如在教授低年级识字时，教师可把生硬的教学模式改为游戏教学。教师可以利用多媒体资源设计一个闯关城堡，把孩子们熟悉的动画场景和人物以及本课需要学习的生字添加在其中，教师设计每一关都应有明确的目的性，前几关是熟悉生字的书写方法，后几关则是复习、牢记。这样的教学模式会把课堂变得生机勃勃，从而激发了孩子学习的兴趣。这种方式带来的益处不仅仅是一堂课的，而是长远的。如果在学生入学时便使用了这样的教学方法，那么孩子们就会由一节课爱上一门学科，从而爱上了学习，并对今后的学习产生浓厚的兴趣，对课堂拥有无限的期待。

2.优化程序，引导学生主动思考。质疑是学生自主发展的前提。作为教师，我们必须把课本中现成的知识设计成若干步骤，转变为若干问题，让学生能够在学习中独立发现问题，主动提出并妥善解决问题，从而达到培养自主发展能力的目的。

为了达到这一目标，教师提的问题必须是学生确实感到困惑的、经过努力可以解决的、与现实生活密切相关的。我们的课堂时间有限，所以每一次教师抛出的问题都应是有用的、关键的，使学生既能够保持学习的兴趣，又能顺利解决问题。学生们在上课解答问题后无论是受到了教师的赞赏，还是获得了来自同学们肯定的目光，都会建立自信心，从而变相地促使他成为一个爱动脑、愿意主动思考的自主型学习人才。

3.提供机会，使学生养成参与的习惯。习惯是学生自主学习能力养成的重要标志。教师必须摆正教与学的关系，多提供机会，让学生参与问题的解决过程。具体来说，即教师在教学中要尽可能做到“七让”：一让学生明确目标，要知道这节课有哪些任务，这个问题我们要明白什么道理、学到哪个知识点。二让学生发现新知，每堂课之前都要有预习的任务，在预习过程中学生们就会参透这节课的重点有什么。三让学生参与过程，既然说学生是主体，那么我们就要慢慢调整教授的时间。比如在教学时，如果时间占得太满，就会耽误学生练习和反思的时间，即便下一节课是连下去的，也会让教学质量打一个折扣。不如把时间合理化，多让学生参与进来。四让学生讲解教材，我们强调自主学习，那么我们就要在适当的时候进行检验。学生在学习一段时间后肯定会摸索出某些知识的学习方法或某些问题的解决方法，那我们不妨让他们试一试。每个人的思维逻辑不同，或许在学生们的讲解下，这个知识点更容易让他们牢记，这也锻炼了他们自主学习的能力。五让学生提出问题，检验一堂课吸收率高不高的方法不单单只有测验这一种，学生所提的问题往往是一针见血的，这也省去了教师很多不必要的提问和检验，避免了重复性学习。六让学生归纳学法，能力强的学生会先做出榜样，给出示范，教师对其的肯定其他学生看在眼里，在其带动下后进生也会参照这个模板进行归纳总结，慢慢地每个学生便会形成一套最适合自己的学习方法。七让学生小结内容。让学生对每课的内容进行小节是为了培养学生的归纳总结能力，这也是自主学习必备的能力。我们要采取措施，通过不同方式让所有的学生参与进来，让他们成为每次学习活动的主角，让每一个学生的脑、口、手等都参与学习活动。

4.重合作交流，促进学生自主发展。课堂上，教师应鼓励学生大胆地把自己的想法提出来，大家畅所欲言，让学生感到课堂的平等性。如有学生提出问题，作为教师，不要急于直接讲解，而是应通过别的方式变相解答。如分组讨论或是全班讨论，给孩子话语权。不仅仅是在常规课上如此，我们也可以利用班会课的时间开展一些活动。如我们班自二年级开始在班级中开展“人人争做小教师”的活动。孩子们提前准备，自己选择内容、形式。每次班会课都有一名学生来当“教师”，在讲解自己准备的内容的同时也要将问题抛给大家，然后进行课上和课下的交流讨论。这样，不仅使每个孩子的自学能力和组织能力得到了锻炼，也让合作交流的精神渗透到日常生活的各个环节中。

培养学生自主学习的能力是一个循序渐进的过程，我们作为教师不能受固有思想和传统教学模式的禁锢，要大胆地放手，遵循不同学生的年龄特点，尊重个体差异，相信孩子的自主学习能力，为学生们创建一个适宜的、轻松的学习环境，从而培养学生们真正的自主学习能力。

天津市南开实验学校

作业激励性评价——学生成长的助推器

文 / 董惠娟

精彩片段

曾几何时，教师批阅学生作业时，巨大的“×”被小巧的“、”代替；小巧的“、”经过教师回批后，默默地变成了“√”；学生作业中除了“优”“良”“合格”“不合格”等级以外，又多了一行行饱含深情的评语……这些红色的评语，我们谓之为作业激励性评价。

“老师喜欢你这种勤于动脑的孩子！”“近期的作业有退步，还需认真对待！”“孩子，用上格尺，你的作业会更加整洁的！”“先读题，从中提炼相关信息！”“努力些，再努力些，一会更棒的！”“字母的书写还要更加舒展，才能漂亮！”“这学期，老师相信你会改掉粗心的毛病！”“注意，句首的第一个字母一定要大写！”“孩子，这学期你有了些许进步，教师期待你下学期的飞跃！”……

这一串串饱含深情的鲜红色字符，在学生的作业本上适时地飞舞、跳跃，给学生带来愉悦的心理感受，也拉进师生之间的心理距离，更让家长感受到教师对学生的浓浓关爱。这一行行文字，是教师一颗颗火热、跳动的心。透过这些具有生命力的字符，我们仿佛看到了学生们的一张张笑脸，感受到了他们成长的快乐。

背景简析

这些红色评语是学校检查教师批改作业情况时看到并积累起来的。这样的评价还有很多很多,翻开学生的作业随处可见。这些激励性评价是学校激励教育的一部分,也是对教师教学工作的具体要求。这种管理举措主要目的就是让教师激励学生的学习,关注学生学习过程与结果,关注学生学业水平与情感态度,帮助学生认识自我,建立信心。目前,这种管理要求已经由学校的硬性规定逐渐转化为教师的自觉行动,因为教师感受到了学生悄然之间发生的变化。

主题论点

激励性评价策略作为激励教育的一种手段,对学生的成长和发展具有积极影响。在日常教学中,教师应当明确激励性评价的目的和意义,分门别类,合理使用。在使用过程中要注意针对性,言之有物,还要积极互动,发挥教师的榜样示范作用。要给不同层次的学生以恰当的评价,或是充分的肯定,或是激情的赞扬,或是殷切的希望,或是真诚的指导。只有用心、用情、得法,才能达到期待中的积极效果。

深度反思

(一)作业激励性评价的分类

按语气可将作业激励性评价划分为高度肯定型(如“你的思路总是与众不同,真是个聪明的孩子”,学生看到这样的评语,总是面含羞涩,微微一笑)、寄予希望型(如“你的作业都对了,再把字写得更美一点就更好了”,这样的语言会激励学生不断进步)、真诚指导型(如“这样的作业你自己满意吗?希望你认真对待每一次作业”),这种善意的提醒总能给学生指明前进的方向。

(二)作业激励性评价的内容

1.端正态度方面。“看到你认真听讲的样子,老师就知道你是一个爱学习的好孩子!”“不要轻言放弃,老师相信你能行!”……这些作业激励性评价会及时提示学生不断端正学习态度,养成攻坚克难的意志品质。

2.培养习惯方面。“希望你养成及时改错的习惯!”“努力把字写漂亮好吗?”“给你的作业本穿上外衣吧，它也冷！”这些幽默的语言会提示学生随时养成良好的学习习惯。

3.指导方法方面。“划准提示语是解题的关键！”“结合题目要求，注意举一反三。”还有的教师将学生写的不规范的汉字、数字、单词在作业本上进行范写，这其实也是一种作业激励性评价——指导性意见。

（三）作业激励性评价的作用

作业激励性评价的类别虽然不同，但是其作用却是一样的——都能促进学生的成长与发展，渗透对学生的人文关怀，增强对学生的信任与尊重，有利于促进学生的转变与发展。

1.增强学生学习的自信心。“课堂上你的表达很清楚，作业中你的思维很独特。”当学生总是看到这样的评语，定能激励他产生战胜困难的勇气，因为他知道，在教师眼中，他是一个有思想、有能力的孩子。

2.密切教师与学生的关系。教师的作业激励性评语，可以使学生感受到教师慈母般、朋友式的关注、赞赏、信赖、期盼或指导，渐渐拉进师生心与心的距离，让学生在和谐、愉悦的师生关系中快乐学习、健康成长。

3.提高学生的学习成绩。教师的作业激励性评价可以使学生感受到教师对他的鼓励和信任，感受到教师与他的心灵的沟通交流，特别是有些方法的点拨，可以提高学生的学习效率，使其学业成绩不断上升。“信心+习惯+方法=成功。”学生在不断体验成功的征途上，是教师的激励性评语在助推他们的成长。

（四）作业激励性评价的使用

作业激励性评价是学生前进的动力，可以帮助学生树立信心，找准方向，不断进步。教师使用时应注意以下几点。

1.要言之有物，切忌内容空洞。在进行激励性评价时，教师要抓住学生的优点或存在的问题，将评语写得具体一些，不能简单地用“好”“真棒”“加油”等代替。我们可以把这些词语作为我们评语的前言或后缀，写成：“今天的作业完成得很有质量，好！”“真棒！你这个思路是老师都没有想到的，你真是个聪明的孩子！”“近期你作业的字迹工整了，加油！”具体的语言可以让学生明确今后努力的方向，而笼统的话语却不会留下太深的痕迹。

2.要真诚点评，切忌虚情假意。教师进行作业激励性评价，应是一种真情的流露，要做到真诚点评，而不应该过于功利或为应付上级的检查而书写。我们提倡教师评价时要“有话则长，无话则短”，但必须是“有感而发，为之所动”。这其中需要教师怀揣一颗爱生之心，细心地发现孩子的优长和不足，真诚地肯定他们的优点或指出不足，指导他们在未来的学习生涯中走得更远、更长。

3.要体现特点，切忌千篇一律。教师的激励性评价要根据学生的表现，体现学科的特点和教师的不同风格，根据学生的实际情况给予不同的评价，使评价的针对性和实效性更强。教师也可根据学科的特点进行书写。如语文教师会写道：“书山有路勤为径，学海无涯苦作舟。努力吧，你会成功的！”数学教师会说：“天才是1%的灵感加上99%的汗水，孩子，成功的前提是加倍的努力！”英语教师除了“good”“best”等等级外，还可以对学生说：“Try to do a better job！”另外教师也会因年龄、性格、风格的不同写出不同风格的评语。

4.要体现互动，切忌单边使用。作业激励性评价本就是架起师生沟通的桥梁，既然是桥梁，那么就应有此岸和彼岸。教师单方面的评价，没有激起学生的情感就不是好的评价，所以要用心交流并期待学生及家长的互动。互动的基础是让学生明了，知晓评价的具体内容。比如英语学科教师在写激励性评语时可以用双语书写。有的教师还要求学生在收到评语后写出自己的感受，更有家长在检查学生作业时会回复教师的激励性评语。这样的互动会更加促进教师与学生、教师与家长的顺畅沟通，将一些误会和矛盾化解在萌芽之中，有利于工作，更有利于学生的健康成长。

5.要字体工整，切忌龙飞凤舞。学生有很强的向师性，在不自觉中会模仿教师的一言一行，因此教师在书写作业激励性评语时要注意字体的规范、工整和美观，一笔漂亮的好字或许会培养出未来的书法家。如果我们字迹潦草，又怎能要求学生整洁地书写作业？

法国教育家第斯多惠曾说：“教育艺术的本质不在于传授，而在于激励、唤醒和鼓舞。”愿小小的作业激励性评价发挥巨大的作用，成为学生的良师益友，伴随学生成长，助推学生进步。

天津市南开区华苑小学

基于戏剧化教学的小学英语课堂教学

文/马　驰

精彩片段

场景：学生们创设表演“过春节”的戏剧场景。

教师请一组同学到教室前面，然后递给他们一张卡片，上面写着Spring Festival（春节），然后让这几位同学把卡片上的内容以戏剧表演的形式表现出来，最后让其他同学一起来猜一猜是什么。

同学们根据教师提供的服装、头饰、道具等物品，设计自己的动作，进行定格表演。有的学生换上了新的衣服和帽子，有的学生戴上了漂亮的头饰，有的学生放起了鞭炮，有的学生用筷子吃着碗里的饺子，有的学生贴对联，还有的学生提着红红的灯笼……不同的同学都展示了各自的表演内容，而所有的同学则共同组成了一幅共度春节的画面。此时，画面便定格于此。接下来，教师就可以在完成本课新授内容的基础之上，与同学们进行交流了。

师：Students, what festival is it? Can you guess?

生1：New Year's Day?

生2：Spring Festival?

师：Watch carefully, please! There are so many Chinese elements in it, such as red clothes, red lanterns, paste couplets……

（A few seconds later.）

生：Spring Festival.

师：Good job！ When is it?

生：It's usually in January or February.

师：Who can introduce Spring Festival?

生1：People call it Chinese New Year now！

生2：Children usually wear new clothes.

生3：People usually play fireworks.

生4：People usually paste couplets on the door.（with the help of the teacher.）

生5：Children usually get money from their parents and grandparents.（with the help of the teacher.）

生6：People usually go back home to celebrate Spring Festival.

生7：People usually eat dumplings on the eve of the Spring Festival.

教师在学生们关于春节的踊跃发言之后，可以将同学们的发言进行归纳整理，进而完成对本课的教学评价。

背景简析

本教学片段选自人教版六年级精通英语第四单元第19课的教学内容。这一课学习的是关于“一月”和“二月”及其相关节日。其中，春节作为中国的传统节日，对于每个中国人来说都是非常重要的。尤其是对于孩子们，春节可以说是大家既熟悉又高兴的日子。因此，教师就可以结合实际生活，安排学生将此节日以戏剧的形式表现出来，从不同方面、不同角度来展示春节，并让其他同学来猜一猜、说一说，从而引导学生完成本课的教学任务。

主题论点

基础教育阶段英语课程的一项任务就是使学生掌握一定的英语基础知识和听、说、读、写技能，形成一定的综合语言运用能力。戏剧化教学恰恰可以较好地完成这一任务。在戏剧表演过程中，既有语言的输出，也有语言的输入，因此，学生在不断练习中提升了自己的听力水平和口语表达能力。戏剧表演是在学生与阅读材料之间搭建了一座桥梁，为学生能更好地阅读和理解文本铺设了平坦的道路。戏剧表演的过程实际上也是学生亲自实践、亲自运用、亲自感受的过程，可以更好地提升语言文字的表达水平。

深度反思

笔者在自己的教学实践过程中，发现教师不能简单地将戏剧化教学理解成摆摆动作、说说台词，它是为了我们的课堂教学服务的，尤其是评价环节，它为教师及时掌握学生的学习效果提供了第一手信息。

（一）遵循教学规律，提高教学效果

1. 戏剧活动的开展必须要在教师的组织和指导下有序进行，做到活而不乱，使学生养成“有令即行，有禁即止”的良好习惯。学生在活动的时候，教师可以鼓励学生尽情地展开他们的想象力和表现力，将所有的内化的东西通过表演而展示出来。而当教师停止的时候，所有的同学都应该听从指令，按照教师的安排有序开展活动。

2. 戏剧活动的开展必须有明确的目的，不能为了活动而进行。戏剧活动的设置一定是围绕着本课的教学目标而开展的，它的活动也是为了语言的学习而搭建的一个实践平台，绝不能与教学目标相背离。

3. 戏剧活动的开展必须要面向全体学生，不论学生的能力高低、成绩好坏，要让每一位学生都能参与进来，并承担剧中的角色。能力稍强的同学可以多分担一些组内的任务，能力稍弱的同学可以在其他同学的帮助下少分担一些组内的任务，但必须要做到“人人参与，人人有份”，让每一位孩子都能感受到其在组内的价值。通过角色任务的完成，从而让每一位学生都能体验到学习带来的快乐，能力较弱的孩子也能在一次又一次的实践中逐渐找到学习的自信心。

4. 戏剧活动的开展应兼顾趣味性、灵活性和多样性，不断激发学生的学习兴趣。戏剧活动的形式和内容可以根据教学内容来进行选择，不要固化为角色扮演或其他某种形式。任何一种活动形式如果长期使用，小学生都会产生厌倦感，从而影响学习效果。

（二）灵活运用教材

教师在设计戏剧活动时，应围绕着本课的教学目标展开，将教材上的语言与戏剧内容相结合，从而达到让学生在活动中理解语言、学习语言、运用语言和掌握语言的目的。这样，教师就很巧妙地将枯燥乏味的语言知识转化为学生乐学、易学的内容，学生也由被动地死记硬背、单纯模仿的学习方式转变成积极主动、活学活用的学习方式。

（三）精心设计环节，有效提升教学效果

1.精心设计导入环节。该环节的设计应以教学目标为指导，与本课的教学内容相联系，以调动学生的积极性和激发学生学习兴趣为原则，并且使该环节的设置能够为接下来的教学活动做好准备。主要的导入方式有歌曲、问答、图片、视频、游戏等。

2.改变学习方式，提高学习效率。在教学过程中，教师可以鼓励学生分组学习，使学生在心、眼、脑、手、嘴的共同作用下共同学习。在学习的过程中，同学们既可以表达自己的观点态度，又可以聆听他人的想法和建议，从而大大提高学习效率。

3.共同展示学习成果。在表演环节中，教师要尽可能给每个小组展示的机会，同时，组内的每一位成员都要承担一定的任务。最后，教师和其他同学还要对该小组的表现进行点评，从而使表演的过程更加完整。

戏剧化教学以学生为主体，其符合学生的年龄特点和认知规律，让学生在教师的指导下，通过感知、体验、实践、参与和合作等方式完成学习任务，实现教学目标，同时带动学生的合作意识、团队意识、自主学习意识、责任意识和科学意识等的提升，进而全面提升学生的学科核心素养。

（四）本节课教学片段存在的问题

教师在完成了新授内容后，在评价环节设置了戏剧表演这一形式，其良好的效果主要体现在以下三个方面：首先，在表演的过程中，新颖的评价方式会极大地调动学生的学习兴趣，增强学生的学习自信心。传统枯燥的评价方式既不能激发学生的学习兴趣，也不能准确及时地反映出学生的学习效果。因此，教师也无法依据此结果来为自己制定更加合理高效的教学设计。其次，通过戏剧表演的方式，可以让学生对本课的学习内容——春节有了更多的了解，同时也有了更多语言（英语）

积累的机会，拓展了知识面，提升了语言技能。最后，通过戏剧表演，可以培养学生的参与意识、团队意识、想象能力和观察能力。

戏剧表演不是一个人就能完成的，它需要同学们认真观察，共同参与交流讨论，并根据教师规定的内容，发挥大家的想象力去设计动作和台词，最后进行表演展示。如在前文的片段中，学生为了完成教师规定的关于春节的表演，就要一起讨论交流关于春节的信息，大家集思广益共同设计表演动作，完成教师布置的任务。

但是，该片段在设计上也存在着不足之处。由于本课所涉及的关于春节的信息量较大，生词量自然也较大。因此，在戏剧表演开始前，教师可以先将会涉及的关于道具的生词进行简单地介绍，让学生对所涉及内容有个初步的认识，同时也为接下来的语言输出做好铺垫。

天津市南开区艺术小学

基于学生需求的语文课堂中的有效倾听与反馈

文/王　倩

精彩片段

某次课上，我让学生分组合作，对“完璧归赵”这一故事进行表演，并以课文为依据，对刚才的演出进行评价。

生1：我觉得刚才饰演蔺相如的同学表演得特别好，他演出了蔺相如的机智和勇敢。

师：你的点评一语中的，抓住了人物特点这一重要的判断标准。

生2：我也认为他表演得很好，他把课文的细节都演了出来，像“蔺相如捧着璧，往后退了几步，靠着柱子站定”，蔺相如的机智就体现在这些动词里。

师：你能够抓住“细节”去思考，了不起。是啊，我们的课文正是通过动作描写等，勾勒出蔺相如的有胆有识。

课程至此，学生们都按照我的课前预设，一言一语地讨论了起来。

突然，生3举手说道：“我觉得刚才的表演还是有漏洞的，故事尾声蔺相如明明是在自己休息的地方转交和氏璧，同学表演的时候却紧张兮兮的，太夸张了。”

当我倾听到这一不同的声音时，马上肯定其对于表演细致入微的观察。但同时我再次提问：“虽然他们是在旅舍之内，但是他们真的安全吗？”

学生就此展开讨论，最后达成共识——身处秦国，没有一处地方是可以安下心来的。“蔺相如”那紧张的神情，正好可以体现出他们所处环境的危险，进一步表现了蔺相如的机智勇敢。

背景简析

本课的教学重点之一是结合具体事例谈人物形象，为单元习作“结合具体事例写出人物特点”做铺垫。在之前的教学中，学生对课文内容已经有了初步的把握。精彩片段所呈现的教学设计旨在以表演为媒介，以“评议”为核心，调动学生主观能动性，让其通过观察、阅读、比较、思考，学习作者是如何写出蔺相如等人的人物特点的。

主题论点

《义务教育语文课程标准》中指出，阅读教学是文本、学生、教师之间对话的过程。对话不仅仅是发言，更重要的是倾听。教师要倾听学生对于文本的多样化解读，在尊重的基础上进行适当地引导，不能单方面向学生灌输自己已有的理解或者照搬标准答案。教师只有认真聆听学生个性化的理解，才会在语文课堂中产生有效的思维碰撞，激励学生进行主动思考，进而把课堂交还给学生，使之成为课堂的主人。

深度反思

近些年来，随着“以学生为课堂中心”的教学观的确立，语文课堂中出现了许多形式主义的倾听与反馈。这种形式化的沟通虚有其表，在教师抛出问题后，学生象征性地进行讨论、发言。执教者在听到想要的答案后，按照自己原有的思路进行教学。整堂课貌似充斥着许多学生的声音，却只是虚假的繁荣。学生成为揣测教师意图的“传声筒”，严重违反素质教育的实质。究其原因，是教师没有尊重学生思考的独特价值，没有真正聆听学生的发言，没有关注到学生的内在需求，没有给予有针对性的反馈。想要解决这个现状，可以从以下五个方面入手：

（一）倾听学生的求知需求，引导开放、有序的提问契机

教师应鼓励学生发言，倾听学生的疑惑。当学生拥有自主发言权而不仅是跟

随教师问题进行思考时，才是真正的生本位课堂。倾听学生提出的问题，有助于教师掌握其学习水平，有针对性地加以讲解，满足学生的求知需要。一旦学生的小脑袋里充满了问题并且可以勇敢地表达，就可以极大地促进自主学习和探究学习的实现。只有教师倾听学生的求知需求，认真对待每个学生提出的每个问题，才能激发他们对提问的兴趣，产生求知欲望。

（二）倾听学生的交往需求，创设师生、生生对话情境

倾听学生的交往需求，要求教师树立以人为本的新观点，打破传统教育观念的束缚，尊重学生在对话中的平等地位，激发他们学习语文知识的兴趣。教师要在语文课堂中主动让出知识学习的话语权，将课堂的主动权归还给学生，自己扮演好引导者与辅助者的角色，通过倾听与对话，实现与学生心灵的沟通，帮助学生更好地学习、理解、掌握和运用语文知识，进而提高他们的综合素质。

（三）倾听学生的安全需求，营造宽松愉悦的课堂氛围

在语文课堂教学中，有的学生顾虑重重、提心吊胆，经常害怕教师提问自己，尤其惧怕需要大段表达的主观问题。每当这时，我都会耐下心来，细心引导，主动缓解学生恐惧、焦虑的心理，满足其心理安全的需要。

（四）倾听学生的尊重需求，建立平等和谐的师生关系

语文课程的教学是对学生进行文化知识和人文思想双方面的教学，教师在教学实践中应坚持做到倾听学生的尊重需求，注重学生的个人意愿，这样学生才能够在语文课堂上了解和发掘自身的潜能。每个学生都是独一无二的，都有着自己的个性特点。

（五）倾听学生的成就需求，及时予以表扬激励

教育家陶行知说过："真教育是心心相印的活动，唯独从心里发出来，才能打动心灵的深处。"有的教师在课堂表扬学生时，流于形式，形成一种廉价的、公式化的表扬，"好""不错""好极了"成了口头禅。这样冰冷生硬的表扬缺乏评价依据，更谈不上师生之间情感的交流，导致很多学生对于表扬已经习以为常，反馈平平。

为此，教师在使用表扬性言语评价时必须要加大情感的投入，倾听到学生的独特性。孩子们的内心都渴望着自己的行为引起关注，得到赞许。教师在表扬时除了"不错""很棒"等言语外，应该情感真挚地对其优异的表现或进步进行具体

表扬，有针对性地指出其可以提高的地方，要让学生感受到现有成绩的同时，明白自己拥有更大的进步空间。倾听学生的需求，不仅仅是一种教学手段，更是一种尊重学生的教育思想，一种走进心灵的教育境界，一场师生之间平等的心灵沟通与交流。

当前语文课堂中存在"失聪"现象，究其根源，在于教师没有把学生作为学习的主体，缺乏倾听意识。倾听是双向的、互动的、平等的。语文课堂中，教师与学生不断进行倾听，在彼此尊重、相互接纳、敞开心扉的基础上进行双向互动的交流。如果教师不真诚地倾听学生们内心的声音，不关注每个学生的需求，那么他就永远无法了解学生说话的意图，这种缺少精神层面沟通的问与答就失去了存在的意义。

教育绝不是教师单向灌输、机械重复、简单操练的过程，而是教师与学生通过语言进行沟通交流，师生共同创造的一种教学活动，因此教育教学，尤其是语文教育教学必将走向倾听与对话。我们不仅要在倾听的基础上开展教学，还要培养会倾听的人。教师成为倾听者，倾听的艺术影响着学生，学生在教师的榜样作用下发展倾听能力，养成倾听习惯，由此成为会倾听的人。倾听以共情的方式达成倾听者与倾听对象的融合。在这一过程中，不仅实现了学生素质教育的目标，教师也将得到长足的发展。因此教师的倾听行为与教授行为同等重要，而学会倾听或许就是新手教师打开魅力殿堂的第一把钥匙。

在精彩片段的教学中，我有意识地去认真倾听每位学生的发言，关注其成就需求、尊重需求，用有针对性的激励反馈提高其学习兴趣，抓住学生不同的声音，及时予以课堂生成，给孩子们提供进一步提高的"支架"。但是该教学过程构架的对话平台局限在了一对一的师生之间，应该增加更多的生生交流，让孩子在课堂上学习如何倾听他人的发言，并进行有效沟通，满足其交往的需求。

天津市南开区前园小学

《草船借箭》教学目标的设计与达成

文/孙 娜

精彩片段

课堂上，两名学生在分角色朗读：

生1：周瑜说："我们就要跟曹军交战……"

生2：诸葛亮说："用弓箭最好。"

生1：周瑜说："对，先生跟我想的一样……"

生2：诸葛亮说："都督委托，当然照办……"

"哈哈……"听的同学止不住地笑出声，读的学生也是强忍着笑读完。

师：哪里好笑？

生3：整段都是周瑜说……诸葛亮说……周瑜说……诸葛亮说……这作者水平不高呀！

师：好吧，下面这些词语供大家选择。请大家静下心来读这段对话，为其选择一个合适的词语，丰富到提示语中吧。

（从容不迫、心中暗喜、面带微笑、一本正经、将计就计、明知故问、心中一惊、脱口而出、胸有成竹、迫不及待。）

教室里异常安静……

师：选好了吗？请大家和同桌交流交流，做适当的调整。

教室里热闹起来……

师：请刚刚朗读的那两位同学再给大家读一读。

生1：周瑜（明知故问），“我们就要跟曹军交战……”

生2：诸葛亮从容不迫地说：“用弓箭最好。”

生1：周瑜心中暗喜，说：“对，先生跟我想的一样……”

生2：诸葛亮面带微笑说：“都督委托，当然照办……”

生1：周瑜迫不及待地说：“十天造得好吗？”

生2：诸葛亮将计就计，说：“既然就要交战，十天造好，必然误了大事。”

生1：周瑜心中一惊，说：“先生预计几天可以造好？”

生2：诸葛亮脱口而出：“只要三天。”

生1：周瑜一本正经地说：“军情紧急，可不能开玩笑。”

生2：诸葛亮胸有成竹地说：“……我愿立下军令状……”

背景简析

该片段出自统编教材五年级下册《草船借箭》中的第一自然段的教学。整段为人物对话。对话的提示语都是“某某说”，惹孩子们发笑。作者之所以这样写，我觉得这是作者有意留白。“透过人物语言去揣摩人物的心理，品析人物的性格”是本课的教学目标。提示语中的留白激活了学生的思维，在对人物语言反复揣摩后，学生进行了“补白”，给学生足够的时间去读、去想、去辩，填上合适的词语后再读，人物的性格跃然纸上，以此实现了预定的教学目标。

主题论点

实现高效的课堂，必先具备有效的教学目标。阅读课的主体是学生与文本的对话，在对话过程中有所感，有所悟，这是阅读课的终极目标。本文以统编教材五年级下册《草船借箭》为例，总结出阅读课教学目标要建立在对文本精准的解读之上，具体明确的表述、清晰的指向，教师心知、学生眼明。课堂教学目标既是一堂课的的起点也是终点，教师围绕教学目标设计精巧的导语，提炼文章的精华，找准切入点，引导学生练笔，在有效教学活动中达成目标，进而实现高效的课堂教学。

深度反思

（一）精准的解读——确定目标

文本的准确解读是制定教学目标的前提。教学目标如果面面俱到，一节课40分钟很难落实到位，这样去讲授，学生难有所得，何谈课堂的实效？向40分钟要质量，目标不宜过多，一堂课一两个就可以了。完成核心的目标，其他目标也会在实现核心目标的过程中自然而然地得到落实。在研读中我发现：课文是以人物对话展开的，因此将目标锁定为“透过人物语言去揣摩人物的心理，品析人物的性格”，抓“三段两句”（即周瑜与诸葛亮的对话、周瑜与鲁肃的对话、鲁肃与诸葛亮的对话以及曹操的话和结尾周瑜的话），从中品析出周瑜的嫉贤妒能、鲁肃的忠厚守信和曹操的谨慎多疑，更重要的是，诸葛亮的神机妙算在“三段两句”中也能体现出来。围绕这一目标，让学生阅读、思考、感悟、练笔，让学生从容地与文本对话，找到情感的共鸣。

（二）精巧的导语——明确目标

一堂课犹如一出大戏，大幕拉开，戏要开好头。上课铃响，课要导得巧。一堂课的开场白，语言要符合高年级学生的年龄特点，短小精悍，形式简洁有效。教师要注重对上节课知识的复习梳理，自然过渡到本节课学习，起到衔接的作用。

导语的目的是让学生明确学习任务，心明眼亮。在教学《草船借箭》一课时，我采用的是复习式。

师：（出示题目“草船借箭”）请大家回忆课文是按什么顺序来写的？

生：按借箭的起因、借箭的经过、借箭的结果叙述的。

师：请大家填空，概括每一部分的主要内容。

生：借箭的起因：周瑜（妒忌）诸葛亮的才干，用（十天）造（十万支）箭来为难他，诸葛亮却说，只用（三天），并立下（军令状）。

借箭的经过：诸葛亮请（鲁肃）帮忙做好准备，在第三（四）更（大雾漫天）之时，利用（草船）向（曹操）借箭。天亮后，船（顺风顺水），驶回南岸。

借箭的结果：诸葛亮（如期交箭），周瑜（自叹不如）。

师：文中出现的历史人物有诸葛亮、周瑜、鲁肃、曹操，文中描写最多的是人物的语言。这节课我们就来“透过人物语言去揣摩人物的心理，品析人物的性格”。

（三）精炼的切入——直通目标

教师作为引导者，带领学生进入文本，直通目标，需要找到一个牵一发而动全身的突破口。《草船借箭》的切入可以采用以下方法：

1.抓课题。课题是文章的眼、文章的心。“草船借箭”这个课题概括了文章的主要内容，也暗含着文章的中心。教师可以从课题入手，让学生质疑。

生：为什么借箭？（引出周瑜与诸葛亮的对话、周瑜与鲁肃的对话。）

如何借箭？（引出诸葛亮与鲁肃的对话。）

向谁借箭？（引出曹操的话。）

成功与否？（引出结尾周瑜的话。）

哪个字体现了诸葛亮的神机妙算？（借。）

这样抓住文章的眼，理清文章的线，直击文章的心。

2.抓词语。在一篇文章中往往是某个词语揭示了人物的品质，某个词语概括了课文的主要内容，某个词语暗含着文章的中心思想。在教学《草船借箭》一课时，我让学生找出一个可以体现诸葛亮性格特点的词语，学生找出“神机妙算”。接着我让学生说一说什么是神机妙算，进而使学生找出体现诸葛亮神机妙算的语段（三段两句），这样引导学生整体感知课文，即使是理解词（句），也不离篇（段），“牵一词而动全文”。我设计了“跟着词义写词语”这个环节：“‘神机妙算’在词典中的解释，在诸葛亮身上是如何体现的？”让学生在词语本上用心地去写“神机妙算”这个词。学生在书写中体验，在书写中感悟词语的内涵，在书写中走进主人公的内心世界，感受人物的性格特点。因为用“心”写，所以感受深，进而能够抓住了文中的精华。

3.抓中心句。

师：哪句话点明了文章的中心？

学生通读文章后，很容易会找到“周瑜长叹一声：诸葛亮神机妙算，我真不如他。”这句。

师：周瑜因何发出这样的赞叹？诸葛亮神机妙算，体现在哪里？（由此进入“三段两句”的学习）

4.抓矛盾点。研究文本可知，文本中的矛盾点是学生学习的疑点。寻疑、解疑可达到事半功倍的效果。学生初读《草船借箭》后心有疑惑：诸葛亮明明知道周瑜要害他，为什么不揭穿，不拒绝？诸葛亮明知鲁肃是周瑜派来探听的人为什么还请他帮忙？学生通过细读课文，品味词句，搜集资料，解开疑惑，明白这看似矛盾的地方恰恰体现了诸葛亮的识大体、顾大局。

（四）精美的练笔——达成目标

对于高年级的阅读课而言，练笔是检验阅读效果的方式。在教授《草船借箭》一课时，我引导学生通过语言品析人物性格后，让学生想象借箭成功后，周瑜与诸葛亮见面后会说什么。写话前让学生说一说要注意什么，如符合历史人物身份、符合人物性格，诸葛亮心胸宽广，以大局为重；周瑜心高气傲，心胸狭窄。

学生的练习：

周瑜："先生神机妙算，令人佩服呀！"诸葛亮："都督过赞，我只是懂得一点天象而已。"周瑜："今后对曹作战，还要仰仗先生。"诸葛亮："不敢当，不敢当，一切都听都督调遣。"

这样的练笔使学生巩固了阅读的所得，深化了阅读所悟，掌握了透过人物的语言展现人物的性格的写作方法。

教学目标是课堂的灵魂，教师在新课程标准的指引下，在新教材使用中，静下心来读课文，潜下心来思考，制定有效的教学目标，采取有效的策略达成目标，以此实现高效课堂。

天津市南开区跃升里小学

做点亮学生心灵的明灯

文 / 魏文婷

精彩片段

原课堂：讲授一年级下册课文《荷叶圆圆》。

师： 荷叶下不仅有笑嘻嘻的小鱼，还有快活的小青蛙，谁来读一读？（小青蛙说："荷叶是我的歌台。"小青蛙蹲在荷叶上，呱呱地放声歌唱。）

（生1读。）

师： 读得真好。还有谁想读？

（生2读，学生语调非常快地一口气说了四个"呱"，但是没有感情。）

师： 你读的这四个"呱呱呱呱"音调比较平，语速也比较快，看不出来此时的小青蛙很快乐，能再读一遍吗？

（生2再读了一遍，读得有进步。）

师： 比刚才好多了，让我感觉到了小青蛙的快乐。

诊断问题：教师评价生硬，言语缺少童趣。当学生的朗读符合老师要求时，教师的评价虽然清晰但很生硬，没有最大限度地调动学生的课堂积极性和满足感，也没有指出该学生读得好的地方在哪里，也就不能给后面朗读的学生做出示范。当学生的朗读出现偏差时，教师的评价虽然解释了原因，但是会让该同学产生尴尬的情绪和窘迫的心理，不利于调动学生的课堂积极性。

改进后课堂：

师：你们读给同桌听，读得非常好，现在你们读给老师听，谁来？（生1读。）

师：呱呱呱，瞧，这位小朋友不仅读得好，还把小青蛙蹲在荷叶上的动作表演得很棒，你真是所有小青蛙的偶像，呱呱呱！还有哪只小青蛙来——

（生2读，"呱呱"读得很滑稽。）

师：你这样读是想表达什么呢？

生2：这里的虫子真多啊！（学生小声地笑。）

师：这位同学唱得不是很响亮，原来你的力气全部用来吃虫子了。（同学们哈哈大笑。）

磨课分析：改进后的教师评价语言既俏皮又活泼，与低年级学段学生的特征相契合。教师从学生的童心出发，努力营造一个童话般的课堂，把学生们也想象成了小青蛙中的一员，大家在荷叶上快乐地歌唱，这样的点评方式更易拉近师生之间的距离，同时能够让学生以更加饱满的状态投入到学习中。

背景简析

在实际的课堂教学中，对于新手教师来说，他们首先将更多的注意力放在了学生回答问题的答案上，直接判断对与错，其次关注学生的纪律会不会影响教学进程的推进，在评价语方面关注比较少。实际上，教师的课堂评价语直接考验着教师的课堂灵活应变能力，是衡量教师专业发展水平特别是教学对话意识和教学技艺的重要指标。笔者通过多次实践，反思低年级语文教学中同一节课、同一教学环节中评价语言的锤炼过程，研究教师评价语言的现状和策略，所得结果具有很强的现实意义。

主题论点

（一）从评价性质角度，教师评价可分为肯定性评价、否定性评价和半肯定式评价

在课堂上，如果老师的评价对学生的表现持认可的态度，我们就认为这是一种肯定性评价。如"'彬彬有礼'这个词用得真好""真好，读出了感叹的语气"。反之

我们则认为是一种否定性评价，如"'练'中的'东'这个说法不正确"。当学生的回答或行为表现不完全正确时，教师可以在肯定性评价语的基础上委婉地提出问题或需要改进的地方，如"声音太小，高一点儿就更好了"。

（二）从评价内容角度，教师评价可分为针对学习结果的评价、针对课堂表现的评价和针对道德品质的评价

这是以《义务教育语文课程标准》中的三维目标为依据划分的。针对学习结果的评价是对学生知识掌握程度进行评价，如"几位同学回答得不仅对而且好，他们把'到处'解释得十分清楚"。学生在课堂上表现既包括学习态度、学习方式，还包括和课堂纪律有关的行为。针对道德品质方面的评价就是对学生在学习中或是学习后能否树立起正确的价值观所做出的评价，如"明白了，办事情不能太性急，但是也不能走向另一个极端，为了怕犯错误就连正常的事情也不去做了。"

（三）从评价方式角度，教师评价可分为言语评价、体态语评价和物化评价

言语评价是课堂评价中最常见也最常用到的评价形式。体态语评价是教师利用自身身体所发出的动作或表现的姿态对学生进行的评价，一般包括眼神、手势、头势、面部表情等。体态语是言语的补充，学生不仅可以根据教师的言语评价"察其言"，还可以根据教师的体态语而"观其行"。低年级学生很在意教师的评价，尤其是伴有一定物质形式的评价更能调动学生的积极性，如小红花、表扬信、加分等，这些都可称之为物化评价。

（四）从评价目的角度，教师评价可分为强化性评价、激励性评价、修正和解释性评价及总结性评价

强化性评价是在肯定学生回答的基础上，将师生交流的成果推展到全班，起到巩固知识或升华主题的作用。当学生在课堂上回答正确或十分精彩时，教师给予恰当的肯定，鼓励学生再接再厉，这就是激励性评语。当教师或学生给出好或不好的评价后，进一步给出之所以这样评价的原因，以及当学生的表现出现偏差或未达到预设目标时，评价者用自己的反馈言语给学生一个信息，引导学生自我修正。如"有些同学叹的气不大好。为什么呢？因为叹气的时候总是笑眯眯的。大家想一想，谁伤心叹气的时候笑眯眯的？"总结性评价语一般是老师将一个问题抛给学生之后，学生们从不同角度进行讨论和回答，教师最终对这些回答进行归纳，提升学

生对该问题的认识水平。

深度反思

（一）提高评价技巧，彰显机智性

“课似看山不喜平”，如果一堂课顺风顺水，课堂就会失去很多意外的精彩。课堂是一个动态生成的过程，如果对学生的错误答案一味地否定，不仅会挫伤学生学习的积极性，还会暴露教师教育智慧的不足。教师应就错改错，适时引导，使一些始料不及、似是而非的信息转化为一种难能可贵的教学资源。

（二）增强接纳意识，突出激励性

德国著名教育家第斯多惠曾说过：“教学艺术的本领不在于传授，而在于激励、唤醒和鼓舞。”教师及时地接纳或顺应学生的回答，可以更大限度地激发学生持续思考的积极性，同时营造良好的课堂学习氛围。

（三）融于具体情境，具有适应性

课堂上教师的评价会受学生性格、认知风格、课堂气氛等各种因素的影响，因此，每一次的评价应该从具体的学习情境出发，做出与情境和学习者相匹配的评价，评价要具有针对性，避免评价语言空洞，流于形式。

（四）完善教学设计，具有预见性

课前，教师要做充分的准备，把课堂评价作为备课过程中教学预设的有机组成部分，用科学的、规范的评价语言推进高效课堂，激发学生的学习热情，将教师评价的作用发挥到最大。

教学语言是一门艺术，而课堂评价语是这门艺术中最灵动的表现，也是教师教育理念、教学经验、人格魅力、教学机智的直接展示。如何提高教师的评价技能，帮助学生最大限度地提高与发展，需要我们在实践中不断摸索、思考和总结。

天津市南开区中营小学